은유로서의 건축

언어, 수, 화폐

은유로서의 건축

언어, 수, 화폐

가라타니 고진 지음 / 김재희 옮김

한나래

은유로서의 건축: 언어, 수, 화폐

지은이 | 가라타니 고진
옮긴이 | 김재희
펴낸이 | 한기철
편집인 | 이리라
편집 | 이수정, 이소영

1998년 11월 30일 1판 1쇄 펴냄
2017년 5월 31일 1판 9쇄 펴냄

펴낸곳 | 한나래출판사
등록 | 1991. 2. 25. 제22-80호
주소 | 서울시 마포구 토정로 222, 한국출판콘텐츠센터 309호
전화 | 02)738-5637 · 팩스 | 02)363-5637
e-mail | hannarae91@naver.com | www.hannarae.net

은유로서의 건축: 언어, 수, 화폐 / **Kojin Karatani** 지음, 김재희 옮김.
— 서울: 한나래, 1998.
272p.: 23cm(패러다임 총서)

원제: *Architecture as metaphor: language, number, money*

KDC: 138.5
DDC: 121.68
ISBN: 978-89-85367-69-1 94100

Ⅰ. Karatani, Kojin(柄谷行人), 1941～. Ⅱ. 김재희, 옮김.
Ⅲ. Title — *Architecture as metaphor: language, number, money.*

차례

일러두기

· 한글 표기를 원칙으로 하되, 필요에 따라 외국어와 한자를 병기하였다.
· 한글 맞춤법은 '한글 맞춤법' 및 '표준어 규정'(1988), '표준어 모음'(1990)을 적용하였으나 혼란이 있는 경우는 출판사의 원칙을 따랐다.
· 외래어의 우리말 표기는 개정된 '외래어 표기법'(1986)을 원칙으로 하되, 그 중 일부는 현지 발음에 따랐다.
· 사용된 기호는 다음과 같다.
  논문 등: <   >
  책이름: ≪   ≫
  옮긴이 주: [   ]

옮긴이의 말

카오스로부터 어느 정도의 질서를 확보하는 것, 그것은 우리가 살아남기 위한 지적 전략일 뿐이다. 통제할 수 없는 우연적 사건들로 가득 찬 현실을 총체적으로 구성해 냄으로써 그 꿈틀거리는 현실의 다양성을 다스려 보고자 하는 욕구, 그것은 비단 서구인들의 삶에만 본래적인 것은 아닐 것이다. 그러나 그러한 이론적 세계관을 대변해 온 것은 서양의 형이상학이었고, 그것이 보편주의라는 미명 아래 세계화된 거대 담론의 형태로 서양의 '주변' 세계들을 지배해 온 것도 사실이다. 자생적인 담론 한번 제대로 구성해 보지 못한 채, 그야말로 사유의 대건축물을 한 채도 지어 보지 못한 채, 주체의 죽음과 이성의 몰락까지 언급하는 것이 우리의 현실이다.

이 책 ≪은유로서의 건축≫은 서양 형이상학의 메커니즘에 대한 비서양인으로서의 자생적인 비평력을 탁월하게 보여준다는 점에서, 저자와 같은 비서양인인 우리에게 시사하는 바가 크다. 서양 형이상학의 원동력을 '건축에의 의지'라 부르는 저자가 그 의지의 산물인 견고한 이론 체계들의 허구성과 근거 없음을 드러내 보이는 방식은 이른바 텍스트 중심의 해체론이 아니다. 형식 체계를 안으로부터 공격하는 내적 파열 방식으로 이론적 메커니즘 자체의 불가능성을 드러내는 것은, 여전히 형식 체계의 진정한 바깥으로 나가지 못한다. 저자가 제시하는 진정한 해체 방식은, 그 체계 밖으로부터의 공격이다. 즉, 체계 이전에 있는 체계 바깥의 '세속적인 타자'를 그 자체로 인정하는 방식. 안과 밖의, 동일자와 타자 간의 근원적인 비대칭성을 그대로 드러내면서, 모든 이론화 작업은 그 형식화·체계화 바깥에 있으면서 사유되지 못하는 혹은 망각된 기원으로서의 '타자'로부터 비롯된 가상적 구축물에 지나지 않는다는 것을 밝히는 것이다.

개념적 사유의 틀, 형식주의, 이론적 체계의 구조 바깥에 있으면서 그 틀 안으로 결코 내면화될 수 없는 타자, 그러나 그 틀의 존립 자체가 가능하기 위해서 부단히 소통되지 않으면 안 될 타자, 그런 타자의 존재를 양각화하는 저자의 사유는 이미 그런 '타자'로서 잊혀졌던 우리 자신의 존재 방식을 다시 생각하게 만든다. 또한 놀라운 것은, 이러한 해체의 길을 개척해 가면서 저자는 서양 철학의 이론들을(다른 분야의 이론들도 마찬가지로) '문자 그대로' 실어나르는 것이 아니라, 자신의 문화적 토양 속에서 자라난 사유의 힘으로 밀고 나간다는 데 있다. 비록 해체의 주제 자체가 우리의 현실적인 체험에서 비롯된 것은 아니지만, 이 책을 통해서 우리는 서양 형이상학의 파장 안에서 우리 사유의 자립성을 키워 가려는 노력이 어떤 것이어야 하는지를 간접적으로 느껴 볼 수 있을 것이다.

이 책을 접하기 전까지 가라타니 고진이 뭐하는 사람인지도 몰랐던 나에게 이 책과의 만남 자체는 하나의 우연적 사건이었다. 일본인 저자의 영어판 저서라는 사실도 낯설었지만, 한국어로 번역해야 할 원저서가 이미 영어 번역본이라는 사실이 당황스러웠다. 영어판 저서를 원저서로 삼고 한국어로 번역해 가면서 저자의 컴퓨터 하드에만 남아 있는 일본어 원고의 출력본을 참조하는 감수 과정을 통해서 이루어진 이 한국어판 ≪은유로서의 건축≫은 그야말로 일본어 - 영어 - 한국어라는 '다른 체계'들 간의 '질적 도약'을 거칠 수밖에 없었던, 무엇보다도 '공통의 규칙을 공유하지 않는 타자'들과의 대화로부터 비롯된 하나의 사건이 아닐 수 없다.

이 사건에 함께 조우했던 '타자'들을 감사한 마음으로 소개하자면, 우선 이 책을 처음 소개시켜 주고 번역을 권했던 김재인 씨, 이 책의 내용에 관해서 또 번역의 일반적인 문제에 관해서 진지하게 토론하며 아픈 충고를 아끼지 않음으로써 나의 사유를 한층 이끌어 준 반려자 배식한 씨, 그리고 바쁜 가운데서도 일본어 감수에 결정적인 도움을 주셨던 황종연 선생님, 마지막으로 원고 전체를 세심하게 살피면서도 차분한 마음으로 작업에 임할 수 있도록 배려해 준 한나래 출판사 여러분들. 바로 이들이 내 이름 석자 뒤에 감춰진 고마운 타자들이다.

이제 그 우연적 사건은 나에게 뛰어난 통찰력을 가진 한 사람의 진정한 '비평가'를 알게 했다. '가라타니 고진'이라는 비평가의 진면목이 이 책을 통해서 독자 여러분에게 제대로 드러날 수 있기를 바랄 뿐이다.

1998년 11월

김재희

저자 서문
(한국어판)

1991년 미국의 어느 출판사로부터 ≪은유로서의 건축≫을 번역 출판하겠다는 제의가 있었다. 그것은 내가 1980년에 쓴 논문이고 이후 그것을 본격적으로 완성하려다가 좌절하여 내버려 두었던 것이다. 따라서 그대로는 도저히 출판하고 싶지 않아서 전면적으로 재편집하고 그 후에 쓴 ＜언어, 수, 화폐＞에서 ≪탐구 1≫에 이르는 작업을 압축해서 3부로 정리했다. 하지만 단순한 정리는 아니다. 과거의 작업을 검토하는 고통을 거치면서 나는 새로운 전망을 찾아 냈다. 그러므로 이 책은 1990년대에 쓰여진 새로운 작품이라 생각해도 좋을 것이다.

일본에서는 사상의 유행과 교체가 빨라 하나의 저술이 몇 년에 걸쳐 논의되는 일은 없다. 결국은 아무런 흔적도 남지 않는다. ≪은유로서의 건축≫을 썼을 때 나는 일본의 맥락에서 '건축성'의 문제를 항상 염두에 두었다. 그러나 실제 문제로서 이러한 반反건축적인 흐름에 맞서는 것은 어려운 일이다. 내가 이처럼 추상적인 작업을 지속적으로 해낼 수 있었던 것은 한편으로는 외국 독자를 상정하고 있었기 때문이었다.

그리고 실제로 책이 나왔을 때 그것을 오랫동안 진지하게 문제삼아 주었던 것도 외국이었다. 그것이 없었다면 나는 이러한 작업을 계속하지 못했을 것이다.

나의 주제는 규칙을 공유하지 않는 '타자'이고 그렇기 때문에 최선을 다해서 명석하게 쓰려고 노력했지만 실제로 '타자'가 내가 쓰는 것에 그러한 응답을 보여 주리라고는 예기치 못했다. 나는 이 책을 일본어판으로 출판하지 않았다. 앞으로 출판하게 될지도 모르지만 당분간은 생각이 없다. 따라서 일본인으로 이 책을 읽은 사람은 극소수다. 한국의 독자들이 이 책을 먼저 알게 된다면 유쾌하지 않을까.

번역을 해 준 김재희 씨, 그리고 감수를 맡아 준 황종연 씨에게 감사한다. 황종연 씨는 1990년 내가 컬럼비아 대학교 대학원에서 가르칠 때 만난 우수한 유학생이었다.

1998년 10월 18일 동경에서

가라타니 고진

서문
위기의 지도

가라타니 고진은 일본에서 문학 비평가로 출발했다. 영어로 번역된 그의 작품 ≪일본 근대 문학의 기원 *Origins of Modern Japanese Literature*≫과 이 책 ≪은유로서의 건축 *Architecture as Metaphor*≫은 둘 다 원래 문학 잡지에 발표되었던 것이다. 가라타니가 한때 쓴웃음을 지으며 내게 말한 바에 따르면, 이 책 첫 판이 몇몇 책방에서 과학/공학 분야에 전시되었다가 문학/철학 분야에 다시 놓이기까지는 한동안 시간이 걸렸다고 한다. 공식적인 신분이 비록 '문학 비평가'지만 그는 철학, 논리학, 정치 경제학, 문화 인류학, 사회학, 도시 연구를 포함하는 폭넓은 영역에서 도출된 문제들과 씨름한다. ≪은유로서의 건축≫을 분류하는 데 여러 책방들이 애를 먹은 것도 그 책을 제목에 따라서만 배치하다 보니 그렇게 된 것이 아닌가 하는 생각이 든다. 일본에서 건축은 흔히 (문화 분야보다) 과학/공학 분야에 포함되기 때문이다.

이 일화는 가라타니의 독특한 입장을 우회적으로 보여 준다. 그는 연구 주제들에 따라 분류되는 오늘날의 학문 영역 구분에 완전히 무관심하다. 그 영역들은 임의적으로 분류되었음에도 불구하고 결국엔 각자 자신들의 상아탑을 구축하면서 침해할 수 없는 불변의 경계들을 형성해 버렸다. 그의 글은 이러한 경계들을 가로질러 다닌다. 마치 그러한 경계들이 애초에 없었던 것처럼 말이다. 여러 학문 분야를 일반적인 차원에서 두루 꿰고 있는 많은 사람들과 달리, 그는 각각의 영역 안에 머무르는 동시에 그 영역을 수직으로 파고들어가는 물음을 사용해서 범주들을 넘어간다. 그가 문제에 접근하는 방식은 한결같이 과격하다. 그것은 순수한 급진주의의 실천 양상과 흡사하다. 그는 기원에 해당되는 무언가가 깊숙한 곳에 존재한다는 신념을 갖고 있음에 틀림없다. 그는 ≪일본 근대 문학의 기원≫에서 일본이라고 불리는 민족 국가가 문학을 통해서 어떻게 미학적 허구로 구축되었는지를 폭로하고자 한다. 그는 풍경, 내면성, 고백, 병, 유년 시절, 작품의 구성과 같은 개념적 장치들을 정교화함으로써 '일본'을 발굴해 낸다. 마찬가지로 ≪은유로서의 건축≫에서도 그는 기원에 해당되는 뭔가가 존재하는 깊은 곳으로까지 건축을 파 내려간다. 가라타니의 이 '건축'은 실제로 건축가들의 관심인 콘크리트 건물로서의 건축물과는 아무런 상관이 없으며, 비록 제목이 그렇게 보이더라도 과학 / 공학 분야에 놓일 수 없는 것이다. 그러나 나는 바로 그러한 분류할 수 없음 때문에, 가라타니의 건축이 건축가들에게 건축에 대해서 다른 방식으로 생각할 수 있게 하는 자극제가 될 것이며, 건축가 자신들과 밀도 깊은 관계를 맺을 것이라고 믿는다. 특히, 건축 담론들이 모든 국면에서 심각한 위기에 처해 있는 오늘날 같은 풍토에서는 더더욱 그럴 것이다. 이 서문에서 나는 그 위기를 그려 보고자 한다. 그렇게 함으로써 가라타니가 추출한 건축의 역할이 좀더 넓은 맥락에서 어떻게 이해될 수 있는지를 그려 보고자 한다.

가라타니는 건축을 하나의 은유로, 즉 구축하려는 의지 *the will to construct* 로, 그리고 다양한 형식화가 생겨나는 하나의 체계로 다룬다. 이런 의미에서 건축이란 서구 사상의 토대가 되는 형이상학을 불가피하게 존재하게 했던 메커니즘의 다른 이름이라고 할 수 있다. 그 밑바닥에 놓여 있는 이 개념에 접근하기 위해서 그는 플라톤주의와 마르크스주의를 비판하고, 통속화된 그 '~주의'를 사건의 파편화된 원래 모습으로 분해하고 찢는 것으로 나아간다. 그런 절차를 수행하기 위해서, 그는 괴델과 비트겐슈타인을 들여와 해체를 위한 개념적 장치 역할을 맡긴다. 결국, 플라톤과 마르크스는 정제되고 발가벗겨진다. 플라톤은 '사실상 약한 자의 성질로 간주되는…… 건축에의 의지'에 사로잡혀 있는 자고, 마르크스는 끊임없이 '운명을 건 도약'을 반복하는 상품들과 사랑에 빠진 자다. 여기서 나는 타자와 절망적인 소통을 계속하지 않으면 안 될 존재들에 대한 가라타니의 깊은 공감을 감지하게 된다. 가라타니의 이런 면모는 지아니 바티모 Gianni Vattimo 의 '약한 사유'와 마시모 카치아리 Massimo Cacciari 의 '부정적 사유'와 관련 있는 것처럼 보인다. 나는 이런 연관으로부터 걸러진 건축 담론이 범세계적인 건축의 위기라는 맥락 속으로 들어가면, 중요한 역할을 하기 시작할 것이라고 생각한다.

건축은 지금 위기에 처한 것이 아니라 '근대 건축'이라고 이름지어진 이후 항상 위기 속에 있었다고 할 수 있다. 내가 관찰한 바에 따르면, 그 위기들은 100년 간격으로 커다란 물결처럼 되돌아왔다. 그리고 지금 우리는 그 세 번째 물결의 출발점에 서 있다. 첫번째 위기는 18세기 말에 나타났다. 그때까지 모든 건축 담론들은 비트루비우스의 ≪건축에 관한 열 권의 책 *Ten Books on Architecture*≫ 주위를 맴돌았으며, 건축가의 작품이란 경전처럼 떠받들어진 그 비트루비우스 글의 여백을 채우는 것에 지나지 않았다 해도 과언이 아니다. 그 책은 고전주의 언어로 이루어진 건축적 사유에 하나의 기초를 제공하는 것으로 믿어졌고, 이것은 마치 종교적 사유를 위해 성경이 담당한 것과 같은 역할이었다.

첫번째 위기는 그 책에 대한 건축가들의 믿음이 흔들리기 시작했을 때 나타났다. 세계 여행의 시대가 도래했고, 동양과 같은 다른 문명들의 상이한 건축 양식들에 관한 지식이 도입되었다. 고고학적 지식이 확장됨에 따라, 선사 시대 건축의 특징들이 점차적으로 시야에 들어오게 되었다. 그 당시 건축가들을 가장 놀라게 한 것은 고대 그리스의 실제 건축이 비트루비우스의 책에서 원형으로 여겨지고 기술되었던 것과 달랐다는 점이다. 실제로 고전주의 세계란 닫혀진 실재였으며, 시간과 공간에 대해 다른 감각을 가진 수많은 세계들이 그 울타리 밖에 존재했다는 것이 명백해졌다. 이것은 또한 비트루비우스에 의해 제시된 건축의 규범이 정말로 유일 무이한 보편적 원리였던 것이 아니라, 단지 많은 건축 원리들 가운데 하나였을 뿐이라는 것을 의미했다. 이런 식으로 고전주의의 건축 언어는 불가피하게 상대화되었다. 이런 상황을 헤쳐 나가기 위해서, 건축가들은 그 책이 한때 차지하던 자리를 박탈하고 그 자리를 비워 놓았다. 그리고 나서 그들은 다양한 건축 언어들을 주워 모음으로써 디자인과 이론 둘 다를 포괄하는 '프로젝트'라는 새로운 패러다임을 구축했는데, 이것은 비트루비우스 책의 여백을 다시 쓰는 것이었으며, 결과적으로는 하나의 '부록'을 이루는 것이었다. '건축적 글쓰기'라고 할 수도 있을 이 부록은 그 빈 자리를 채우기 위한 프로젝트들의 수만큼 많은

'단 하나뿐인' 이미지들을 생산했다. 그러나 그 어떤 '단 하나뿐인' 이미지도 결정적인 것은 되지 못했다. 게다가 역설적이게도, 그와 같은 프로젝트를 완성해야만 한 사람의 건축가로 대접받을 수 있었다. 나중에 이 빈 자리는 제도화되어 예술이라고 불리게 되었다. 19세기에 와서 이 제도는 국가에 의해 보장되었다. 헤겔은 건축을 모든 예술의 어머니라고 불렀다. 건축은 자율적인 것이자 음악, 미술, 무대 공연 등과 같은 다른 영역들을 포함하는 것으로 생각되었다. 한편, 국가의 지원으로 이루어지던 예술은 사실상 이러한 구분들을 넘어서는 메타 개념을 형성했고 우월한 사회 제도가 되었다. 그 이후로 한 건축가의 프로젝트는 모두 예술 개념에 비추어 인정되어야만 했다. 이제 건축은 '예술로서의 건축 *Architecture as Art*'이 되었다. 예술가들이 끊임없이 자신들의 작품을 그 텅 빈 자리로 투사하는 이런 실천 양상은 근대에 새롭게 확립되었다. 가라타니의 사변 속에서, 예술의 이러한 개념적 운동은 자본의 운동과 유사하다. 그것은 오직 무기한으로 자신의 종말/정주定住를 지연시킴으로써만 살아남는다. 그런데 결국 이 모든 것은 단지 작은 물결들을 생산하고 조작함으로써 커다란 물결을 피하고자 하는 하나의 시도일 뿐이다.

그러나 건축가의 프로젝트를 지탱하는 예술 개념은 단단하지 못해서 비트루비우스의 책을 끊임없이 환기시켰다. 게다가 예술 개념이 하나의 국가 제도가 된 이후로는 억압적으로 되었다. 바로 이 순간 그 빈 자리에 대한 긍정적인 전망을 불러일으키기 위해 유토피아가 소환된다. 유토피아란 문자 그대로 어디에도 없는 곳이다. 그러나 이상적인 이미지와 진보적인 운동들이 그 위로 투사될 수는 있다. 유토피아가 그 빈 자리로 올라가기 위해선 이전에 그 자리를 차지하고 있던 예술이 제거되어야만 했다. 이것은 19세기 말에 도래한 건축의 두 번째 위기를 알리는 것이었다. 고트프리트 젬퍼 Gottfried Semper, 오토 바그너 Otto Wagner, 아돌프 루스 Adolf Loos는 이 위기를 극복하기 위한 새로운 전략, 즉 건축 담론들을 가지고 예술의 제도를 공격하고 예술과 건축의 결합에 종지부를 찍는 전략을 제안했다. 그들의 방법론적 절차에서, 건물은 분석적으로 네 가지 요소들로 분해되고 그 요소들은 '필연성'에 따라서 다시 조직된다. 이런 과정은 건축으로부터 지나친 장식을 모두 제거하고 건축을 하나의 골격 구조로 환원시켜, 건축은 예술과 아무 상관이 없으며 오직 구축이어야만 함을 주장한다. 이렇게 해서 '구축으로서의 건축 *Architecture as Construction*'이라는 문제틀이 이 두 번째 위기를 극복하기 위한 방향 설정으로 받아들여졌다.

건축가들은 이 필연성 지향의 방법론을 유토피아를 구축하기 위한 방법으로 다시 읽었다. 여기서는 **프로젝트로서의** 건축적 글쓰기가 건축을 공리주의적인 존재로 구축하고 유토피아를 향한 진보적 운동을 가속화하는 쪽으로 그 초점을 맞추었다. 이러한 아방가르드 운동에는 논리적인 모순이 내재해 있었다. 즉, 유토피아란 아무 데도 존재하지 않는 것임에도 불구하고 오직 그런 유토피아에 대한 구체적인 이미지를 제시하는 프로젝트만이 인정되었다는 점이다. 더욱이 가시화된 하나의 이미지는 제시되자마자 사회적으로 실제 있는 것이 되어버려 정의상으로는 더 이상 유토피아라고 불려져서는 안 되지만, 그럼에도 불구하고 그것이 실제로 지을 수 없는 사회적 조건들을 포함하고 있는 한 실현될 수 없기 때문에 그것은 여전히 '유토피아적'이다. 20세기 중반 이후 모더니즘이 세계를 둘러싸기 시작했고, 한때 유토피아적인 것으로 생각되었던 건축과 도시의 이미지들이 현실 공간을 채우기 시작했다. 1960년대에 이것은 포화점에 이르렀다. 유토피아가 아이러니컬하게도 실현되었던 것이다. 그것이 의미하는 것은 문자 그대로의 유토피아는 사라졌고 그 문자 그대로의 유토피아를 향해 나아가던 아방가르드 운동들도 불가피하게 막을 내리게 되었다는 것이다. 1968년의 문화 혁명이 그 날을 표시했다. 그 때 이후로 건축가들은 거대 서사 *grand narrative* 의 소멸 속에서 '주체 상실'의 상태에 놓이게 되었다. 이것이 새로운 종류의 위기로 생각되어야만 할 것이고, 바로 오늘날의 우리가 그 속에 살고 있는 위기, 즉 세 번째 물결인 것이다.

나의 책 ≪건축의 해체 *The Dissolution of Architecture*≫(1975)는 이러한 위기들을 개관하고자 하는 하나의 시도였다. 그 책은 내가 마지막 위기가 시작된다고 느꼈을 때 계획되었다. 그 책은 유토피아가 사라진 이후, 건축가들에게 주체를 공급해 온 **텔로스** *telos* 가 상실될 징후를 자세히 검토했으며, 진정한 주체는 '주체의 부재'여야만 할 거라고 제안했다. 따라서 나는 건축 디자인을 일종의 인용들의 짜 맞춤으로 재구성하면서, 또한 대문자 A로 시작하는 건축 *Architecture* 의 개념이 여전히 그 인용을 허용한 텍스트성 배후의 어딘가에 존재하며 그 개념의 구속력이 어디 있는가를 알아 내는 것이 필요하다고 생각하기 시작했다. 대문자 A로 시작하는 예술 *Art* 의 개념이 이미 문화 영역의 중심적인 범주로 자리잡은 서구에서는 건축이 거기에 결합되도록 고무되었다. 그래서 서구에서는 이 두 가지 — 예술과 건축 — 가 한때는 가깝게 동화되기도 했지만, 나중엔 구축으로서의 건축 — 유토피아적 프로젝트 — 이 예술로서의 건축을 대체했다는 것이 명백해졌다. 이와 반대로, 일본에서는 건축의 문제틀이 결코 그와 같은 방식으로 제기될 수 없을 것이다. 굳게 뿌리 박힌 전통은 예술을 일상 생활의 장식에 지나지 않는 것으로 간주한다. 하나의 건물이 하나의 '프로젝트'로서 구축된다는 근대적 믿음은 결코 받아들여지지 않았다. 바로 이러한 경향이 1980년대의 특이한 포스트모더니즘을 갑작스럽게 꽃피게 했다. 거기엔 비판성이 결여되었다(지금도 여전히 그러하다). 즉, 건물들과 도시들은 주체 없이 단지 텍스트성에 의해서만 생각 없이 구성되었다. 일본에서는 대문자 A로 시작하는 건축은 존재한 적이 없다.

가라타니의 ≪은유로서의 건축≫이 일본에서 출판되었을 때, 나는 이 책이 대문자 A로 시작하는 건축의 위치, 즉 내가 텍스트성 배후에서 느꼈던 현존을 찾아 내고 있다는 사실에 몹시 흥미를 느꼈다. 그리고 나는 건축이 은유로 채택되는 과정들을 해체하기 위해 사용한 그 절차들에서 깊은 인상을 받았다. 나는 ≪은유로서의 건축≫이 단지 그 제목에 머무르는 것이 아니라, 오늘날의 건축을 위한 이중적인 은유로서 기능할 것이라고 생각한다. 즉, 그것은 여전히 이전의 은유적 힘을 짊어지면서, 동시에 이제 새로운 위기에 직면하여 예상치 못한 문제틀의 형성으로 향한다. 이 책에는 어떻게 대문자 A로 시작하는 건축이 붕괴될 수 있는지에 대한 논리적 도식이 기가 막히게 펼쳐진다.

'가라타니 고진'이라는 이름이 붙여진 작품은 일본에서, 즉 한 외로운 섬 위에서 **단독자** *der Einzige* 의 모양을 하고 계속 생산된다. 그 곳은 항상 특이한 조건들로 둘러싸여 있으며, 그것은 서양의 조건들과 완전히 다른 것이다. 일본에서는 가라타니 자신이 주장한 대로, 완전히 비판적이기 위해서는 이중의 역할을 해야만 한다. 이러한 상황은 내게도 친숙한 것인데, 내 작품도 마찬가지로 일련의 이중 구속들에 의해서 짜여졌기 때문이다. 우리는 일본 비판에 참여해야만 하고, 또 외부 세계 비판에도 참여해야만 한다. 만일 이 양면적인 자세를 우리가 완전히 구축할 수 없다면, 우리의 작품은 결코 그 외로운 섬의 한계들에서 벗어날 수 없을 것이다. 가라타니의 이 작품에서 열쇠가 되는 개념들 가운데 하나는 외부 공간과의 교통 *intercourse* 이다. 그것은 일본이라고 불리는 고립지와의 영구적인 싸움에 참여하려는 그의 결단에서 나온 것이라고 나는 믿는다.

20세기가 저물어 가면서 건축의 위기가 어디에 있는지 점점 더 분명해지고 있다. 그것은 유토피아가 사라진 이후로 발가벗겨진 건축이 유토피아가 있던 그 장소에서 재발견된다는 것을 의미한다. 이제 포스트유토피아 건축 비판은 다른 차원들로 문제틀을 확장하기 위해 길을 닦고 있다. 이 새로운 국면에 직면한 최근의 작품들로는 데니스 홀리에 Denis Hollier 의 ≪건축에 대항하여 *Against Architecture*≫와 마크 위글리 Mark Wigley 의 ≪데리다의 유령: 해체론의 건축 *Derrida's Haunt: The Architecture of Deconstruction*≫을 생각할 수 있다. 전자는 바타유를 언급하면서 건축을 일종의 신인 동형론적 체계 *anthropomorphic system* 라고 비판하고, 후자는 데리다의 분석을 통해서 일상적 사유 뒤에 감춰진 건축의 개념을 분해한다. 가라타니의 ≪은유로서의 건축≫은 완전히 다른 계열에서 내려온 것임에도 불구하고, 기원에 대한 지칠 줄 모르는 회고를 통해서 동일한 위기의 핵심을 직접적으로 파악하고자 한다. 100년 간격으로 도래했던 처음의 두 물결 — 처음에는 예술로서의 건축, 그 다음에는 구축으로서의 건축 — 을 헤쳐 나간 이후에 ≪은유로서의 건축≫은 현재 우리의 위기를 극복하기 위한 하나의 길을 제시하는 것처럼 보인다.

이소자키 아라타 磯崎荒田

옮긴이의 말
(영어판)

≪은유로서의 건축≫ 영어판에 대하여

≪은유로서의 건축≫은 플라톤 시대 이래로 서양의 지적 실천을 암묵적으로 정상화해 온 형이상학적 메커니즘에 맞서고자 하는 가라타니의 가장 단호한 시도다. 이 책은 은유로서의 건축이 다양한 영역 — 철학, 문학, 도시 계획, 언어학, 문화 인류학, 정치 경제학, 정신 분석학, 수학 등 — 에서 우리 사유를 지배하는 방식을 철저히 분석함으로써 '은유로서의 건축'이라는 형태의 과도한, 심지어 완강하기까지 한 구속력을 파고들어가고자 한다. 동일한 연구 방향을 따르는 다섯 편의 주요 에세이가 있는데, 그것들은 ＜마르크스: 그 가능성의 중심 マルクスその可能性の中心 / Marx: The Center of His Possibilities＞(1974), ＜내성과 회고內省と遡行 / Introspection and Retrospection＞(1980), ＜은유로서의 건축隱喩としての建築 / Architecture as Metaphor＞(1981), ＜언어, 수, 화폐 Language, Number, Money＞(1983), ＜탐구 Researches＞(1985~현재)다. 이 글은 모두 나중에 각각 같은 제목의 에세이 모음으로 출판되었는데, 그 가운데 예외적으로 ＜언어, 수, 화폐＞는

≪내성과 회고≫(1985)에 포함되었고, <탐구>는 ≪탐구 Ⅰ≫(1986)과 ≪탐구 Ⅱ≫(1989) 두 권으로 출판되었다.

≪내성과 회고≫ 발문으로 실린 에세이에서 아사다 아키라淺田彰는 '전쟁들에 관한 기록,' 더 구체적으로 말하자면 '패배한 전쟁들에 관한 기록'이라는 견지에서 이 시리즈의 중심적인 세 에세이에 대해서 말한다. 아사다에 따르면, 이 작품은 "형이상학의 닫힌 영역을 벗어나고자 하는 시도…… 이지만, 예를 들어 데리다의 전략과 같은, 어떤 제한된 영역 안에서 특정한 수사학에 의존함으로써 벗어나려는 것이 아니다." 그 시도는 대신 '모든 분야를 관통해 들어가면서 열리는 더 일반적인 영역에서' 수행된다. 아사다는 계속해서 다음과 같이 말한다.

> 가장 크고 가장 강한 적과의 그런 무모한 직접적인 대면이 즉각적인 성공을 거둔다면, 그것은 정말 생각지도 못할 일[이라 할 것이다]. 반대로, 그 행군은 장애물들로 가득 차 있어서, 한 걸음 나아갔다고 생각되자마자 곧 정체의 순간이 찾아온다. 동일한 접근이 단지 뉘앙스에서 약간의 전략적 변화만 가지고 자꾸만 반복된다. 즉, 새로운 탈출구가 발견되자마자 곧 그것은 포기되지 않으면 안 된다. 이와 같이 끊임없는 출격을 반복하면서, 작가는 지치지도 않고 항상 달라지는 위치에서 자신의 공격을 재개한다. 그리고 바로 이러한 믿을 수 없는 집요함이 이 책에 거의 비극적인 빛을 던진다.

실제로 가라타니의 10년 동안의 긴 싸움은 텍스트 자체의 자율적인 성취라는 견지에서보다 오히려 냉혹한 투쟁의 물결들이라는 견지에서 더 잘 기술될 수 있다. 그 물결들은 자기 자신들의 전략적 자리 바꿈들을 기록하면서 자기 자신을 하나의 생산 속으로 엮어 넣는다. 가라타니 자신은 이 기간에 사용했던 접근법의 성격에 관해서 다음과 같이 말했다.

> 나는 일부러 나 자신을 '안'에 묶어 두려고 했다. 이 과정에서, 나는 나 스스로 엄격하게 둘 가운데 어느 한 태도를 취하지 않도록 금지했다. 즉, 한편으로 나는 바깥을 실체적으로 존재하는 어떤 것으로 상정하지 않도록 결정했는데, 바깥이란 일단 그렇게 파악되고 나면 이미 안이 되기 때문이다……. 동시에 나는 이 문제를 '시적으로' 다루지 않기로 결심했는데, 그것은 마지막에 가서야 기댈 수 있는 것으로서 일반적이고도 관대한 수법이기 때문이다. 나는 형식화에서 슬쩍 벗어날 수 있는 모든 방법을 차단하기 위해서 가능한 한 엄격하게 말하고자 했다.
>
> 이러한 이중 구속은 나에게 상당한 어려움을 야기시켰다. 그러나 나는 애매하고 비일관적인 담론들에 대해서 단호하게 치명적인 일격을 가하기 위해서, 이 엄격하게 제한된 최소한의 길을 자발적으로 선택했다. 그 결과, 지금은 적어도 '내성'으로 시작되는 방법들에 의해서 가능한 모든 것을 했다고 나 스스로 자부할 수 있다. ≪언어, 수, 화폐≫는 이전 10년 동안의 내 모든 시도들을 총결산하려 한 것이지만, 그것이 낳은 위기가 너무나 심각해서 — 그것은 정신적, 육체적으로 나를 너무나 고통스럽게 했다 — 나는 그것을 포기해야만 했다.

이 책의 부제에 그대로 적혀 있는 것에서도 보듯이, 이 책에는 <언어, 수, 화폐>의 급진적인 어떤 점이 새겨져 있다. 실제로 이 책은 이전에 언급된 모든 에세이들의 몇몇 측면들을 흡수하고 있다. 즉, 제1부와 제2부는 <탐구> 이전의 작품들과 상관이 있고, 제3부는 ≪탐구 I≫의 몇몇 측면들을 구현하고 있다.

가라타니 자신의 고백대로 <탐구>는 하나의 결정적인 전환점을 나타내는 표지다. 그것은 그의 이전 작품에 대한 근본적인 비판 기능을 수행한다. 그럼에도 불구하고, 그것을 결론적인 것으로 보아서는 안 되는데, 어떤 의미에서 그것은 ≪마르크스: 그 가능성의 중심≫이라는 첫 작품에서 비록 더 직관적으로 제시된 것이긴 하지만 이미 제시되었던 그 관점의 재검토이기 때문이다. 이런 의미에서, 텍스트 상호간에 일어나는 현실적 운동을 '발전'이나 '종합'이라는 개념들을 가지고 밝히기는 어려울 것이다.

마지막으로, 여러 가지 면에서 이 영어판은 위에서 언급한 어떤 것과도 독립적인, 그 자체로서 독특한 완성도를 지닌 전혀 새로운 책이다. 그리고 이 책은 <탐구>를 포함하는 것들과 그 이전 작품 사이에 다리를 놓아 준다는 점에서도 독자적인 것이다.

가라타니의 비평 활동에 대해

가라타니는 27세였던 1969년에 첫 작품을 출간한 이후, 잠정적으로 '비평'이라 불릴 수 있는 영역에서 작업해 왔다. 일본에서 그는 문학 비평가로 알려져 있고, ≪일본 근대 문학의 기원≫의 영어판 출간(Duke University Press, 1993)과 더불어 문학연구자로서 미국 학계에 공식적으로 소개되었다. 그러나 ≪일본 근대 문학의 기원≫에서의 그의 접근법에서 볼 수 있듯이, 가라타니에게 '문학'(*bungaku*)이란, 담론적 사건들의 핵심에 놓여 있는 철학적 문제틀에 대한 비판에 해당된다. 현대 일본의 지적 풍경 속에서 그의 역할은 사실상 문학계 너머에까지 영향을 미친다. 그는 스스로를 비평가라고 부르지만, 여기서의 비평가는 특정한 장르에서 **작품** *oeuvres* 의 가치를 평가하는 자라는 의미에서가 아니다. 그것은 오히려 여러 영역들을 꿰뚫으면서, 담론의 역사적 메커니즘 속에 '초월적으로' 관여하는,

독립적인 비판적 정신을 의미한다. 가라타니의 접근법은 철학이 형식화에 몰두하고 있음을 보여 주는 폴 드 만 Paul de Man의 철학에 대한 '언어 중심적인' 평가와 맞닿아 있다. 그러나 그는 또한 하나의 은유로서 건축이라는 연줄이 어디서나 존재하고 있음을 밝히기 위해 형식화에 대한 비판을 (**담론**이라는) 더 큰 힘의 장으로 확대하려는 의지를 굽히지 않는다.

이 책의 서문에서 이소자키 아라타는 다양한 학문적 장르를 가로지르는 가라타니의 특이한 경향을 이렇게 언급했다. "그는 각각의 영역 안에 머무르는 동시에 그 영역을 수직으로 파고들어가는 물음을 사용해서 범주들을 넘어간다." 이 책의 파편적인 성격은 바로 이런 접근법에 기인하는 것이다. 즉, 각 장은 상이한 학문적 틀을 다루지만, 각기 떨어져 있으면서도 함께 어우러져 그것들 모두는 은유의 메커니즘을 간파하도록 배려되어 있다. 가라타니의 목소리는 일단의 전문가들을 향하는 것도, 그들에 의해 소모되는 것도 거부한다. 그는 자신의 활동에서 의도된 독자의 정체 자체를 의문시하며 철저하게 그 거처로부터 쫓아 내 버린다. 그것은 규범적 코드화라는 메커니즘의 함정에서 벗어나고자 하는 시도인데, 그 메커니즘은 다양한 목소리들을 무차별적인 블랙홀로 흡수해 버리는 폐쇄된 공동 사회를 양육하기 때문이다. 그의 목소리의 이러한 거리 둠은 그것이 일본에서 두드러지게 목격되는 지정학적 조건들로부터 완전히 떨어져 있었더라면 그렇게 의도적으로 나타나지 않았을지도 모른다. 그러나 그의 작품이 단순히 '일본적 성격'을 철저히 검토함으로써 해명될 수 있는 것이 아니라는 것 또한 명백하다.

가라타니의 전술은 더 나은 미래를 향한 하나의 대안적인 '공동체' 모델 그 자체를 구축하기보다 오히려 '사회적' 문제틀 안에서, 있는 그대로의 우연적 사건 *eventuality* 이라 부를 수 있는 것을 들추어 내고자 하는 비판적 실천에 집중되어 있다. 이 우연적 사건은 본성상 전도되어 있는 담론 안에 억압되어 있을 순 있어도 결코 해소되거나 지양될 수는 없다. 바로 이러한 우연적 사건이, 인식의 토대를 이루는 것에서는 배제되어 있지만, 우리 의사 소통의 가장 보편적인 조건을 이룬다. 그것은 우리가 더불어 살고 있는 어떤 것이지만 (그 존재를 깨닫진 못하고 있으며) 따라서 언급할 수도 없는 것이다. 그것은 절대적 바깥이다. 그러나 그럼에도 불구하고 그것은 우리의 존재 양식을 (안으로부터) 묶는다. 가라타니의 작업은 관념화되고 구조적인 코드화로부터 끊임없이 벗어나는 이 불가능한 메커니즘을 — 비록 번갯불과도 같이 날카롭고 강렬한 어떤 한 순간을 위해서일 뿐일지라도 — 의식할 수 있는 가능성을 열어 놓는다.

가라타니는 여러 경로를 통해 우리 담론들의 생성과 우연적 사건 사이의 복잡하게 얽힌 관계 속에 있는 아포리아에 접근한다. 그의 분석적 절차는 인과성 속에 내재하는 잘못된 전도를 폭로하는 니체의 계보학과 다소 가깝다. 그러나 가라타니의 '계보학'이 지닌 특이함은 그것이 **내재** *Inexistenz* 에 대한 현상학적 비판의 궤적을 따라간다는 데 있다. 모든 인식 과정이 사실상 우리의 의식과 더불어 시작하는 (그리고 그것에 따라서 나아가는) 한에서, 종국에 가서는 의식이 스스로를 하나의 결과로 보든 또는 어떤 다른 것의 동인動因으로 보든 상관없이, 분석은 일차적으로 '내성적'이지 않으면 안 된다. 가라타니의 '계보학적 회고'의 방법론은 따라서, 예를 들면 '담론'이나 '기록문'과 같이 그 대상에 직접적으로 접근하기보다 후설적인 방식으로 내성에 의해 나아가기를 고수한다.

가라타니는 니체와 후설의 실제 비판 활동 속에 들어 있던 내성적 충동과 회고적 충동 간의 뒤얽힌 상호 관계에 대해 이야기한 바 있다. 다음의 인용문은 ≪내성과 회고≫(1980)의 저자 서문에서 가져온 것이다.

> ≪권력 의지 *The Will to Power*≫에서 니체는 의식을 직접적으로 문제시하는 의식의 위험성을 강조하면서 오히려 '출발점으로서 육체와 생리학'을 문제삼으라고 우리에게 주의를 준다. 그러나 그의 방법의 본뜻은 의식의 생성을 의식 외적 사실에 의해서 설명하는 것이 아니다. 그런 외적이고 객관적인 사실은 원인이 아니라 오히려 의식 자체의 결과로서 발견되는 어떤 것이기 때문이다. 다시 말해서, 이러한 외적이고 객관적인 사실이라는 개념이 이미 '의식'의 그물에 걸려 있는 것이다. 의식을 직접적으로 문제삼는 대신에, 니체가 '육체를 문제시하는 것'은 '주체가 주체에 관해서 직접적으로 문제시'하면서 동시에 바로 그렇게 할 때 겪게 되는 '위험'을 계속적으로 우회하는 전술 이상의 어떤 것도 아니다. 사실 여기서 결정적으로 중요한 것은 니체가 자신의 물음을 가지고 해명했던 것이 아니라, 오히려 그가 물은 방식, 즉 이러한 물음의 방식을 불가피하게 만드는 문제틀의 본성이다. 그의 회고적 질문들은 일반적으로 이해되고 있는 문헌학이나 계보학과 거리가 멀지만, 문헌학 또는 계보학이라고 부를 수 있을 것이다. 니체에게서 회고는 결코 외적 — 생물학적, 물리적, 역사적 — 사실성에 따라 행해지지 않는다. 그것은 오직 내성 안에서만, 그러면서도 동시에 내성의 거부로서만 행해질 수 있다.
>
> 후설 현상학은 '의식을 직접적으로 문제삼는 의식'의 가장 정교하고 극단적인 형태다. 그럼에도 불구하고 그것은 니체가 지적했던 '위험'에서 면제되지 않는데, 육체의 출현에 이르기까지 지속되는 후설의 내성적 회고는 결코 자신의 신학적 틀에서 벗어날 수 없었기 때문이다. 니체에게 회고는, 한편으론 현상학적 회고이고 다른 한편으론 그 회고에 내재하는 각각의 신학적

> 자세를 차례로 뒤집는 어떤 것으로서 존재한다. '육체를 문제삼기'라는 니체의 명제는 그와 같은 것으로 보아야만 한다. '문제삼기'라는 말은 그것이 내성적/환원적 질문이라는 것을 함축한다. 동시에 그럼에도 불구하고 '문제가 되는 것'은 '의식'이 아니라 '육체'라는 것을 주목해야만 한다. 이런 맥락에서 '육체'란 현상학적 환원의 마지막 귀결로서 산출되는 것이 아니라, 역으로 환원 안에서의 내성적 명증성을 거부하는 것이다. 그러므로 '육체를 문제삼기'라는 구절은 하나의 은유다. 그것은 현상학적 회고면서 동시에 그와 같은 회고를 가능케 하는 신학적 순응의 해체다.

더구나 가라타니의 마르크스 읽기는 많은 부분에서 다음의 분석적 절차와 관계가 있다.

> ≪자본론 *Capital*≫에서의 이른바 마르크스의 '변증법'이라는 것은, 헤겔의 범주화에 함축되어 있는 전도 — 우연으로부터 필연을 짜 맞추어 내기 — 를 회고적으로 드러내는 그 독특한 기술에서 성립한다. 그것은 헤겔 사유의 노선을 따라가는 동안 내내, 어떤 범주가 생겨날 때마다, 하나씩 하나씩 각개 격파식으로 이러한 메커니즘을 밝혀 낸다. 달리 말해서 ≪자본론≫의 역학은 헤겔의 방식으로 문제틀을 구축하고 동시에 그것을 해체하는 것이다. 실로 헤겔에 대한 '비판'을 수행하는 다른 가능성이란 이것 외에는 없기 때문이다.

가라타니의 인식론에서 볼 때, 헤겔이 구축한 영역에 대한 마르크스의 관여는 후설의 내성에 니체의 '계보학'이 적용될 수 있는 방식에 상응한다. 니체와 마르크스는 둘 다 비판자로 보인다. 마르크스는 헤겔 현상학에 대해서, 니체는 후설 현상학에 대해서. 그래서 가라타니의 계보학은 니체적일 뿐 아니라 마르크스적인 것처럼 보일 수 있다. 우리가 <탐구> 이전과 이후 작품들의 관계에서 보았던 대로 거시적인 차원에서 보면, 형식화(내성)와 그것에 대한 비판은 실제로 그의 잇따른 접근법들 사이를 이어 주는 어떤 사건들의 연속으로 연결된다. 이 ≪은유로서의 건축≫ 영어판도 따라서 '형식화'가 선행하고(1부와 2부) 메타 비판이 그 뒤를 따르는(3부) 구조를 공유한다.

가라타니의 단독성에 대하여

3부에서 눈에 띄는 용어들 가운데 하나는 '단독성單獨性'이다. ≪탐구 II≫(1989)는 <단독성과 특수성 Singularity and Particularity> 이란 제목의 에세이로 시작하는데, 거기서 가라타니는 개인적인 회상으로 자신의 논증을 시작한다.

> 10대에 철학을 읽기 시작한 이래로, 나는 항상 내가 읽는 것 안에는 '이 나'가 사라지고 없다는 것을 느껴 왔다. 주체, 실존, 인간 존재 등등을 그것이 어떤 식으로 나타나든, 철학적 담론들은 언제나 일반적 용어인 '나'를 다룬다. 그 '나'는 수백만의 사람들에게 속할 수 있는 어떤 것일 뿐 '이 나'에는 해당되지 않는 것이다. 내가 철학과 친해질 수 없고 항상 그것으로부터 소외감을 느끼는 이유가 바로 거기에 있다.
>
> 하지만 나의 관심은 '나'에 관한 것이 아니었고, 또 그것이 '이 나'가 특별하다는 것을 말하기 위한 것도 아니다. 나는 특별하지 않다. 나는 내가 얼마나 평범한지 안다. 그러나 '이 나'는 '다른 어느 누구도 아니'라는 걸 느낀다. 여기서 중요한 것은 '이 나'에서의 '이'이지, 의식인 나가 아니다. 그러므로 '이 나'가 철학적 담론들에서 빠져 있다고 말하는 대신에, 다른 방식으로 그것을 말할 수 있을 것이다. 즉, '이것'이 철학적 담론들에서 빠져 있었다. 예컨대, 내가 '이 개'라고 말할 때, 그것은 (통상) *Canis* 라고 부르는 유類에 속하는 특수한 하나를 가리키는 것이 아니다. 타로라고 이름지어진 이 개의 '이것'임은 그것의 생김새

와 특성들과 아무런 상관이 없다. 그것은 단순히 '이 개'이다.

나는 '이 나' 혹은 '이 개'의 '이것'임을 **특수성**과 구별시키기 위해서 **단독성**이라 부를 것이다. **단독성**은 나중에 설명되겠지만, 어떤 것이 오직 하나뿐이라는 것을 의미하는 것이 아니다. 특수성이 일반성의 관점에서 보여진 개별성이라면, 단독성은 그것과 대립되는 것으로서 더 이상 일반성의 영역에 속할 수 없는 개별성이다. 우리는 (1) '나는 존재한다'를, (2) '이 나는 존재한다'와 구별해야만 한다. 즉, (1)에서의 '나'는 일반적인 나 가운데 하나(특수자)고, 그 나 가운데 어떤 하나라도 상관 없지만, (2)에서의 '나'는 어떠한 다른 나에 의해서도 대체될 수 없는 **단독자** *singular* 이다. 물론 이것이 '이 나'가 너무나 특별해서 결코 대체될 수 없다는 것을 의미하는 것은 아니다. 그러므로 '이 나' 혹은 '이 개'는 어떠한 특별한 특성들을 지니지 않는다고 하더라도 여전히 **단독자**이다.

가라타니가 막스 슈티르너 Max Stirner 와 키에르케고르의 피를 이어받아 단독성에 대해 실존주의적인 문제 제기를 하고 있음은 의심의 여지가 없다. 그러나 동시에 그의 탐구 과정은 전도된 그들의 '내성'과는 거리가 멀다. 우선, 그의 논의는 수학적 의미에서의 '단독성' — 미분될 수 없는 점 — 에서 단서를 취한다. 라이프니츠의 단자론 / 미분에서 하나의 개별자가 일반성을 표현할 때, 단독성은 일반성과 관계 없는 개별자 속의 '이 개별성'을 의미한다. 달리 말해서, 이 점(monad)은 특수자라기보다 단독자이다. 단독성으로서의 '이'는 단순 지시사가 아니라, 실제로 '이것 외의 다른 어떤 것도 아님'을 가리키며 이는 '다른 방식으로 있을 수도 있었지만 이런 방식으로 있게 됨'을 의미한다. 바로 이 시점에서 양상(가능 세계) 이론이 도입되어야 한다. 솔 크립키 Saul Kripke 가 했던 것과 다소 비슷하게, 가라타니가 단독성을 고유 명사의 문제틀로 다루는 것이 바로 이런 맥락에서이기 때문이다. 그는 특수성과 구별되는 단독성이 고유 명사와 분리될 수 없음을 강조한다.

그러나 주목해야 할 것은 단독성 문제를 다루기 위해서 그가 사용한 절차의 복잡함이다. 즉, 한편으로 그는 단독성에 대한 실존주의의 논의를 고유 명사의 문제틀로 변화시킨다. 그리고 다른 한편으로, 더 나아가 실존주의의 문제틀을 고유 명사에 대한 논의 속으로 재도입하고자 한다. 그의 '사회적'이란 용어가 이중적 함의를 가지고 나타나며 따라서 크립키의 공동체 우선성에 대한 개념과 구분되는 것으로 이해되어야만 하는 것도 바로 이런 전략에 의해서다. 가라타니의 '사회성'은 명백하게 키에르케고르의 '도약'을 포함한다. 또는 마르크스의 '사회적'이란 말을 통제할 수 없는 우연적 사건을 드러내는 듯한 뉘앙스로 읽은 것도 가라타니다.

그러므로 비록 그가 단독성에 대한 이와 같은 견해들과 또한 질 들뢰즈 Gilles Deleuze 의 견해에서 영감을 받았다 할지라도, 이 단독성을 일원론적인 개념으로 결코 내면화할 수 없는 고유 명사의 우연적 사건으로 파악하는 독특한 유물론을 취한다는 점에서, 그의 입장은 서양 철학자들의 견해들과는 길을 달리한다. 그는 단독성을 '사회적'인 것과는 완전히 분리되고 대립되는 영역 속에 위치시키는 대신에, 즉 관념론적인 공통 본질이나 실존주의적 주체 속에 포함시키는 것이 아니라, 오히려 '사회성'을 드러내는 것이 바로 이 단독성이라는 것을 강조한다. 이 책에서 논의되는 것처럼, 고전 경제학은 모든 상품/개별자 안에서 '공통 본질'(객관화된 노동 시간)을 찾기 때문에 각각의 개별자는 특수화된 일반으로 다루어진다. 따라서, 교환에 내재하는 '위기'가 무시된다. 아니, 오히려 사건으로서의 교환 그 자체가 빠져 버리게 된다. 그러나 현실적으로는 두 개의 상이한 상품들이 '공통 본질'을 공유하는 것으로 간주되는 것은 실제로 일어난 교환(등식)이라는 사건의 결과 외에 다름 아니다. 결국, 고전 경제학은 원인과 결과를 거꾸로 혼동한다. 가라타니가 '마르크스의 계보학'을 끼워 넣는 것도 바로 이 점에 대응하면서이다. 가라타니식으로 바꿔 말하자면, 마르크스가 '사회적'이라고 불렀던 것은 '운명을 건 도약'(*salto mortale*)으로서의 교환 / 의사 소통으로, 이는 공동체성을 전제할 수 없다. 그리고 이 사회성은 각각의 상품 또는 개별자가 본성상 일반성으로 귀속될 수 없는 단독적인 존재라는 사실과 떨어질 수 없다.

가라타니는 우리의 사회적 실천 / 사변 속에 있는 이러한 빈 칸 — 지식에 속하지 않는 것 — 에 빛을 던지기 위해 다양한 담론적 맥락들에서 수많은 형태의 우연적 사건을 추출한다. 이 빈 칸은 결코 일관되게 기술될 수 없고, 오직 모험 · 내기 · 도약의 형태로만 표현될 수 있을 뿐이다. 그렇지 않다면, 그것은 단지 **사후에** *ex post facto* 허구적으로 구성된 것에 지나지 않을 것이다. '이것'을 향한 가라타니의 태도는, 가장 결정적으로는, 형이상학 비판으로서 기획된 것이다. 그는 이런 입장을 '사변의 철학'이라고 부른다. 물론 이것은 우리가 보통 말하는 사변 철학을 의미하는 것이 아니다.

3부에서는 '공동체,' '사회,' '상호 교차 공간'(*Verkehrsraum*)과 같은 용어들이 불거져 나온다. 이 개념들은 앞서 언급한 '사회성'과 분리될 수 없다. 교환을 위해서 공통의 규칙이 공유되는 공동체적 공간에 대립되는 것으로서, 공동체들 '사이에 있는' 사회적 공간에서는 원리상 어떠한 공통 규칙도 상정될 수 없다. 더욱이 가라타니가 강조한 대로 '세속적인 비극'을 형성하는 것이 우리의 일상 상황에서는 이례적인 것이 아니라 오히려 근본적인 것이다. 그러므로 가라타니는 일반적으로 공동체 모델에서 출발해서 그 다음에 외부와의 관계를 논의하는 사회학적 방법의 순서를 '계보학적 회고'나 '마르크스 계보학'의 방식을 통해서 뒤바꾸어 버린다. 그는 개별적인 공동체들은 상호 교차 공간인 넓은 바다 위를 떠다니는 섬들과 같다고 말한다. ≪탐구 Ⅱ≫에서 인용한 다음 글은 어떻게 사회적인, 상호 교차하는 공간이 가설적으로 추출될 수 있는지를 말한다.

> 먼저 우리의 가설은 안과 밖의 구분이 완전히 없는 '상호 교차 공간'을 상정한다. 그 다음에 우리는 본래는 구별이 불가능한 그 공간 여기저기에 각각의 공동체들이 자신을 안쪽으로 접은 것처럼 해서 자신들의 '안'을 만들어 냈다고 생각할 것이다. 이 구별 불가능한 공간은 공동체 이전 단계에서부터 존재해 왔고 오늘날까지도 존속한다. 오늘날에는 화폐에 의해 매개되면서 그것은 끊임없이 조직되고, 해체되고, 재조직되는 전지구적 관계망을 형성한다. 이 '상호 교차 공간'은 개별 공동체들(민족 국가들)이 결코 분할할 수 없는 초국가적 운동이다. 단일 공동체는 어떤 것이든 다 그 공간에 전적으로 의존해 있음에도 불구하고, 각기 자신의 '안'의 동일성을 유지하기 위해서 그로부터 스스로 분리되려는 강박적 시도를 결코 포기하지 않는다.

이 구절 다음에 이어서, 작가는 '공동체'를 정의하는 어떤 방식을 강조하는데, 이는 '안'과 '밖'을 생산하고 유지하는 모든 공간을 포함할 수 있도록 공동체 개념을 확장시키기 위해서다. 실제로, 이런 메커니즘은 민족 국가에서 개인에 이르는 다양한 실재들에서 여러 가지 의미로 관찰될 수 있다.

번역에 관한 몇 가지 문제

일본의 현대 이론을 영어로 번역하는 것은 서양어와 비교하여 일본어가 갖는 특이한 입장 때문에 불가피하게 몇 가지 복잡한 문제들을 갖는다. 예컨대, 마르크스가 사용한 **자연 생장** *Naturwüchsigkeit* 이라는 독일어 명사는 영어로 번역될 때, 흔히 '*spontaneous*'가 된다. 그러나 독일어에는 **자발성** *Spontaneität* 이라는 단어도 있으며, 로자 룩셈부르크 Rosa Luxemburg 는 이 말을 레닌주의자들의 중앙 집권주의에 반대하는 것으로 사용했다. 여기서 주목해야 할 것은 *Spontaneität* 가 함축하는 이신론理神論적 뉘앙스(예정 조화)를 피하기 위해서 마르크스가 일부러 *Naturwüchsigkeit* 를 사용했다는 점이다. 한편으로, *Naturwüchsigkeit* 는 때때로 '*naturally grown*' 혹은 '*grown naturally*'로 번역되지만, 어떤 것도 원래의 독일어처럼 명사 형태를 유지하지 못한다. 이것은 번역자의 의도가 투사되어 그렇다기보다 영어라는 언어의 구조가 그렇게 규정되어 있기 때문이다. 그와는 반대로, 그 용어의 일본어 번역(自然成長性)은 명사 형태를 유지하며, 문자적으로나 구조적으로도 원래의 독일어 원어에 더 가깝게 맞아떨어진다. 영어와 독일어가 가까운 친족 관계를 가짐에도 불구하고, 일본어와 독일어는 형태소 조합에 의해서 더 자유롭게 신조어를 만들 수 있다는 측면을 공유하고 있다. 가라타니의 마르크스 읽기라는 맥락에서는 *Naturwüchsigkeit* 를 하나의 단어로 개념화하는 것이 중요하다. 따라서, 나는 그 용어가 처음 나올 때 '*grown-by-nature-ness*'를 사용한 것을 제외하고는 계속 독일어를 그대로 사용했다.[1)]

가라타니의 마르크스 읽기에서는 ≪자본론≫의 첫판이 필

1) 여기서는 독일어를 그대로 사용하지 않고 명사 형태를 유지하면서 그 뉘앙스를 살릴 수 있는 '자연 생장'이라는 용어로 옮겼다. — 옮긴이

수적이다. 작가는 유독 이 판에서만 발견되는 어떤 표현에 최대한 주의를 기울이는데, 그 표현은 러셀의 논리적 유형화가 필연적으로 붕괴되도록 하는 것과 같은 종류의 역설을 함축하기 때문이다. 마르크스의 문제틀과 수학의 문제틀 간의 이러한 상응성을 발견한 것은 경제학자 이와이 가츠히토岩井克人와 함께 바로 가라타니였다고 말할 수 있다. 이러한 마르크스 읽기는 1980년대 초 일본의 지적 풍경에 막대한 영향을 미쳤다. 나는 이 ≪자본론≫의 특별한 판의 영어 번역본이 있음을 이와이 씨를 통해서 알게 되었다. (그것은 *Values: Studies by Marx*, A. Dragstead (ed.), London: New Park Publications, 1976에서 발견된다.) 여하튼 미국의 지적 풍토에서는 마르크스에 대한 이런 특별한 **독해**에 관한 집중적인 논의는 없었던 것 같다.

이를테면 *Naturwüchsigkeit* 에서 보여지는 것처럼, 개념의 변환 / 텍스트의 번역은 유럽에서 일본으로 가든 미국으로 가든 각각의 맥락에 따라서 다른 충격과 결과를 갖는다. 한 책의 번역 과정에서 그 책 자체는 물론이고 그 책의 잠재 의식이라 할 수 있는 유럽적인 개념들의 이러한 서로 다른 변형들까지도 태평양 위에서 충돌하기 시작했다. 마치 유럽에서 출발해서 동과 서를 향해 나뉘었던 원이 닫히는 것처럼.

유럽과 미국에서 일본으로 지적 생산물을 수출한 오랜 역사의 한 응답으로, 이제 겨우 일본으로부터, 더 넓게는 극동으로부터 새로운 교통 노선을 위한 개발과 도전이 — 특히, 이론적 작업 영역에서 — 시도된다. 이와 대조적으로, 대서양을 둘러싸고 있는 유럽과 미국 간의 상황은 약간 다르다. 즉, 상호간의 지적 교환이 이미 영어권, 독일어권, 프랑스어권 철학들 사이에서 활발하게 있었다. 존 라이히만 John Rajchman 은 1980년대에 대서양을 넘어서 이루어진 이러한 교환을 '주인 없는 번역'으로 기술한다. 번역의 관습적인 상황과 달리 여기서는 주인의 목소리에 의해 제공되는 토대를 (번역하는 쪽과 번역되는 쪽) 어느 쪽에서도 취할 수 없다. 그 토대는 번역되는 것의 최종 목적지를 판단하기 위한 표준적인 척도를 적절히 정해 주는 것이었다. 그는 이런 특성을 다음과 같이 쓴다.

> 이러한 지배력의 결여, 이러한 자유는 다음의 두 가지 다른 번역 상황 혹은 이미지들과 대조될 수 있으며 또한 이것들을 분석하는 데 사용될 수 있다. 즉, **충실성**의 경우 타자가 주인이고 여기서는 그 주인의 언어와 일치하는 것이 관건이다. 반면에 **자비**의 경우에는 스스로가 주인일 수밖에 없고, 여기서의 관건은 타자를 위해서 좋거나 참인 것이 무엇인지 또는 좋거나 참이었던 것이 무엇인지를 아는 이타적인 것이다. 충실성의 강박적 측면(주인의 말과 딱 들어맞을 수 있는 어떠한 다른 말도 있을 수 없다)과 자비의 자폐적 측면(타자의 말 속에 있는 어떤 것으로도 자신을 확인하기 위해 사용하는 기본 표상들을 바꿀 수 없다)을 분별할 수 있게 해 주는 것이 바로 이 번역의 자유다. 바꾸어 말하자면, 주인 없는 번역이란 상대를 이해하려고 노력하면서도 그의 단독성에 대해 자신을 드러내고, 그런가 하면 상대와 자신을 동일시하면서도 그와 결별하는 기술이라 하겠다.

'주인 없는 번역' — 근본적으로 이런 새로운 교환 조건 — 은 어떠한 공통의 토대도 상정될 수 없고 어떠한 중립적/초월적 입장도 둘 사이에 밑바탕으로 존재할 수 없다는 의미에서, 가라타니가 우리의 기본적인 사회 조건들 속에서 간파한 '가르침-배움'과 '판매-구매' 관계에 내재적인 '비대칭 관계'를 생각나게 한다. 여기는 또한 **운명을 건 도약**과 절대적으로 직면하지 않으면 안 되는 장소다. 그러나 동시에 그런 상황에 있는 그대로 마주친다는 것은 의식적이고 전략적인 측면에서 보자면, 존 라이히만이 정의한 '자유'에 도달하는 것일지도 모른다.

여러 가지 의미에서, 이 책의 번역은 그 자체로 가라타니가 이 책에서 도전한 아포리아의 한 예증이었다. 아주 이상하게 들릴지 모르지만, 전부는 아니더라도 이 책의 몇몇 측면들을 구성하는 의사 소통에 있어서의 중추적인 문제들이 번역 과정에 실질적으로 계속 개입해 왔다는 점에서 이것은 '자기지시적'이다. 즉, 이것은 자신의 모국어(일본어)를 '타자'의 언어(영어)로 번역하는 — 다른 언어를 자국의 언어로 번역하는 통상적인 번역의 규범을 위반하면서 — 번역가에게는 하나의 **운명을 건 도약**이다. 동시에, 그것은 어떠한 결과도 예측할 수 없는 — 공동체들의 경계를 넘어서는 — 상호 교차 공간 안에서의 예측 불가능한 교환이다.

가라타니는 세계관이 닫혀지는 순간에 역설적으로 얻어졌던 '무한'의 개념에 대해서 이렇게 말한 바 있다.

> 데카르트는 안과 밖으로 구분된 우주 공간을 생각했다. 이 공간은 무한한 연장이다. 그러나 데카르트에게 이 무한은 유한한 것의 부정으로부터 나온 개념이다. 이와 대조적으로, 스피노자는 무한한 것을 긍정적으로 파악했다. 그는 세계 자체를 무한한 것으로 바라보았다. 그것은 사실상 세계가 닫혀 있으며, 이 세계(= 신 = 자연) 너머에는 아무것도 없고, 초월적인 신조차도 이 세계 안으로부터 나온 상상적 산물에 지나지 않는다는 것을 의미한다.

그리고 유클리드의 평면이 구球로 변형되는 비유클리드 기하학과 다른 행성들에 대해서 지구의 개념을 상대화시킨 조르다노 브루노 Giordano Bruno 를 스피노자와 연결함으로써, 가라타니는 세계를 닫는 이러한 행위를 다른 여러 영역들에서 생각하도록 만들며, 특히 나에게는 이제 보여지게 될 전지구를 둘러싼, 특히 극동과 미국 간의 변환/번역의 가능성을 생각하게 만들었다. 분명히 이러한 닫음은 세계가 동질적인 체계로 획일화되는 것을 의미하는 것은 아니다. 반대로, 그것은 서로 다른 것들 사이의 더 커다란 이질성과 더 많은 대결을 드러낼 것이다. 그러므로 비관적인 의미에서가 아니라 비판적인 의미에서 '위기의 지도'를 공유하는 것이 필요하다. 내용으로 봐도 그렇고 상황으로 봐도 그렇고, 완전한 의미에서의 한 사건으로서 ≪은유로서의 건축≫은 태평양을 넘어서 '주인 없는 번역'의 도래를 나타내 준다.

사부 고오소 Sabu Kohso

저자 서문
(영어판)

1970년 이후로 많은 것들이 해체 *deconstruction* 의 이름으로 주장되었다. 이어지는 장들에서 나는 구축 *construction*[1]의 관점, 즉 건축의 관점에서 해체의 문제틀을 검토할 것이다. 1960년대 이후 많은 건축가들이 철학과 문학 비평에서 발전되던 다양한 해체론들과 나란히, 어떤 경우에는 심지어 그보다 선구적으로 따라서 독립적으로 작업했다는 것은 이제 분명하다. 해체론과 후기 구조주의의 다른 담론들을 포함하는 개념이자 사상으로 이해되는 포스트모더니즘은 정확하게 말해서 건축에 그 뿌리를 둔다고 말할 수 있다. 구조라는 것은 그것이 하나의 개념으로 이해될 때와 마찬가지로 확실히 건축적이다. 실제로 건축적 은유들은 구조주의와 후기 구조주의의 여러 담론들에서 폭넓게 사용되어 왔다.

---

1) *construction* 은 통상 '구성'으로 번역되지만, 가라타니는 '건축 *architecture* – 건축적 체계 *architectonic* – 건축성 *architectonicity*'에 대한 참조 속에서 이 말을 사용하고 있다. 이런 맥락에 따라 *construction* 을 '구축'으로 번역하고자 한다. — 옮긴이

철학자를 정의하기 위해서 플라톤은 건축가를 은유로서 사용했다. 플라톤에게 건축은 다른 무엇보다도 생성을 '제작 *makings*'에 의해 재구축함으로써 모든 '생성'에 저항하고 버틸 수 있게 하는 능동적인 입장을 의미했다. "**짓기**(*poiesis*)란 본래 단순한 창작을 말하지요. 그런데 창작에는 여러 종류가 있다는 것은 당신도 아시죠? 무엇이든지 없던 것이 있는 것으로 옮아갈 때, 그 원인이 되는 작용은 언제나 **짓기**라고 부를 수 있지요. 따라서 모든 기술적 과정이 **짓기**의 일종이요, 모든 기술자가 창작자(*creators*)지요."[2] 플라톤은 그런 입장을 취했던 철학자들을 건축가에 비유했다. 그러나 그 시대의 다른 아테네인들과 마찬가지로 플라톤 역시 건물 짓는 데 관련된 수공업적 노동을 경멸했다. '반半생성'이라고 불릴 수 있는 것의 영역에 속하는 건축이 실체적인 물질성을 지니는 것과 달리, 플라톤의 건축은 은유적이다. 플라톤이 건축의 은유를 사용한 것은 그를 뒤따랐던 데카르트, 칸트, 헤겔과 마찬가지로 견고한 토대 위에 지식의 대건축물을 구축하고자 하는 의지로 이해되어야만 할 것이다.

플라톤은 일관되게 기하학을 하나의 규범으로 받아들였지만 바빌로니아에서 발전해 왔던 대수 체계는 간과했기 때문에 실제적인 의미에서 수학에 대한 그의 기여는 적다고 할 수 있다. 대신 플라톤은 대수와 기하학 둘 다를 새 틀에 불어넣어 견고한 대건축물의 형태로, 즉 하나의 건축적 체계로 만

---

2) Plato, *The Symposium*, Walter Hamilton (trans.), Harmondsworth, England: Penguin, 1951, p.85.

원본의 영역본 3권에서 모두 *poiesis*를 *poetry*로 번역했다. 그러나 이 책의 맥락에 더 정확하게 일치시키기 위해서 나는 '시*poetry*'와 '시인*poets*'을 **짓기** *poiesis*와 창작자 *creators*로 대체했다. — 옮긴이(영어판)

들었다. 건축과 마찬가지로 수학 역시 반생성임에도 불구하고 플라톤 이래로 철학자들은 수학에 관심을 기울였는데, 그것은 수학이 진정으로 새로운 어떤 것이 세워질 수 있는 이상적인 토대 내지 건축적 체계를 직접적으로 제공했기 때문이다. 철학은 사실 이 **건축에의 의지** *will to architecture* 에 대한 다른 이름에 지나지 않는다. 은유로서의 건축은 1931년 쿠르트 괴델 Kurt Gödel 의 불완전성 정리가 건축적 체계를 위한 토대로서의 수학을 무력하게 만들 때까지 수학을, 심지어는 건축 자체까지도 지배했다.

1970년대에는 지배적인 은유 내지 비유로서 '텍스트'가 건축을 대체했다. 롤랑 바르트 Roland Barthes 는 텍스트를 작품과 구분하면서, 작품은 자신의 의미와 의의를 작가에 의존하는 자기 완결적인 전체인 반면 텍스트는 인용구들과 환유적 미끄러짐들로 짜여진 조직과 같은 것으로서 작가의 권위에 의지하지 않고 의미를 산출한다고 주장했다. 그러나 바르트와 문학비평의 다양한 작업들이 텍스트성의 발전에 유일한 개척자는 아니었다. 유사한 전략들이 많은 분야에서 출현했다. 예를 들자면, 인류학자인 클로드 레비스트로스 Claude Lévi-Strauss 는 제작에 **브리콜라주** *bricolage*[3]라는 개념을 대립시켰다. 그리고 건축에서는 이 당시에 이미 텍스트가 — 그런 이름으로 불리지는 않았다 해도 — 지배적인 은유로서 건축을 대신하고 있었다. 이런 경향이 바로 우리가 지금 포스트모더니즘이라고 부르는 것이다. 지배적인 은유가 건축에서 텍스트로 이양된 이러한 변화는 제작보다 생성을 선호하는 것이며, 텍스트적인

3) 기술자에 의해서 어떠한 계획 아래 착수되는 공사(제작에 해당됨)와 대비되는 것으로, 생활 주변의 자질구레한 일을 특별한 계획 없이 손 주변에 닿는 가벼운 도구들을 가지고서 고치거나 손질하는 일을 말한다. — 옮긴이

다양성을 긍정하는 흄(칸트와 대립)과 몽테뉴(데카르트와 대립) 같은 사상가들의 전통에서 계속된다. 이러한 이양을 곰곰이 생각하다 보면 우리는 결국 플라톤에게 되돌아가게 된다.

건축에서 텍스트로의 변화에 대한 나의 공감에도 불구하고, 내게는 뭔가 미심쩍은 것이 많이 남아 있었다. 나는 이 책의 1부를 후기 구조주의의 문제를 재검토하던 1980년 예일 대학에 있을 때 썼다. 북미의 지적 상황에서, 후기 구조주의는 나에게 문학 비평과 너무나 밀접하게 연관된 것으로 보였다. 예를 들자면, 자크 데리다 Jacques Derrida 의 초기 작품들 가운데 하나는 에드문트 후설 Edmund Husserl 의 ≪기하학의 기원 *The Origin of Geometry*≫에 대한 하나의 주석이지 문학 분석이 아니라는 점이 그 때는 거의 간과되었다.[4] 나에게는 데리다 자신조차도 너무나 엄밀하게 자신의 작품을 북미 문학 비평에 맞추는 것처럼 보였다. 나는 비록 문학 비평가지만, 그 때 나는 그와 같은 문학 우선적인 경향에 저항하고 싶었다. 해체는 철저한 구축을 통해서만 실현될 수 있을 것이고, 그렇지 않다면, 그것은 단지 말놀이로 전락할 것이라고 나는 주장하고 싶었다.

플라톤은 시인들을 공격했다. 19세기 낭만주의에서 시작된 플라톤에 대한 시인 쪽에서의 반격은 그 후 니체에 의해서 발전되고 확대되었다가, 텍스트주의가 특권화된 은유의 지위로 오르게 되자 또다시 확대되었다. 이러한 공격은 해체론을

---

4) 데리다의 서문과 함께 번역된 프랑스어판 Edmund Husserl, *L'origine de la géométrie*, Epiméthée, Essais Philosophiques, Collection fondeé par Jean Hyppolite, Paris: Presses Universitaires, 1962를 보라. 또한 영어판으로는 Jacques Derrida, *Edmund Husserl's "Origin of Geometry": An Introduction*, John P. Leavey, Jr. (trans.), Lincoln: University of Nebraska Press, 1962가 있다.

너무나 유별나게 문학적으로 만들고, 그럼으로써 그것의 구축적 측면을 희미하게 만드는 데 기여해 왔다. 문학 텍스트는 애매하기 때문에, 그 의미의 결정 불가능성을 강조하는 것이 쉬울 뿐만 아니라 관대하기조차 하다. 그러나 엄밀성과 결정가능성이 본질적인 것으로 간주되는 학문인 수학에서는 결정 불가능성의 출현이란 보다 근본적인 도전을 나타내는 것이다.

결정 불가능성을 수학에 도입한 사람이 쿠르트 괴델이다. 내 관점에서 볼 때, 만일 해체론이 형식화된다면, 그것은 괴델의 증명과 마찬가지일 거라고 생각된다. 그러나 이것은 수학의 지배력도, 수학의 무능력도 함축하지 않는다. 괴델의 증명은, 수학을 **체계화** *architectonize* 하려는 시도가 수학적 토대의 확립이 아니라 수학적 토대의 불가능성으로 귀결되는 경우를 제시한다. 그러나 수학적 토대의 결여에 대한 괴델의 증명은 수학을 제한하기보다 오히려 해방시킨다. 수학은 관계에 초점을 맞춘 학문이다. 즉, 수학이 수와 양에 관한 학문이라는 낭만주의적 관념과 대조적으로 수학은 오직 관계만을 탐구한다. 이런 관점에선 수와 양조차도 관계의 형식이다. 그러나 이것은 관계라는 것이 물질과 같은 방식으로 존재하느냐 아니냐 하는 문제를 제기한다. 플라톤은 관계가 다른 방식으로 존재한다고 생각했다. 이 점에 동의하면서, 마르크스는 언어에서 모든 관계는 오직 개념적으로만 표현된다고 말한다. 그렇다면 아마도 관계를 다루었던 근대의 많은 사람들이 관념론자의 길을 따랐던 것은 불가피했던 것 같다. 우리가 주목해야 할 것은 이 관념론자의 길은 단순히 물질과 지각에 호소함으로써 피해 갈 수 있는 길이 아니라는 것이다.

수학자 다비드 힐베르트 David Hilbert 와 언어학자 페르디낭 드 소쉬르 Ferdinand de Saussure 를 포함한 오늘날 20세기의 많은 형식주의자들은 어떤 관념적인 형식들의 존재를 주장하면서도 동시에 그것들이 어떤 현실적인 장소에 존재한다는 생각은 거부했다. 형식주의 *formalism* 는 형식을 우선적인 어떤 것으로 보고, 그것을 가지고 우리가 만든 대상과 의미를 그 형식의 모델 또는 해석이라고 이해한다. 20세기의 주요한 지적인 문제들 가운데 몇몇은 급진적인 형식주의의 반란 그 자체에 의해서 야기되었다고 해도 과언이 아니다. 예를 들어, 소쉬르의 언어학 모델, 즉 **기표** *signifier* 는 오직 차이 형식 *differential form* 으로서만 존재하고 **기의** *signified* 또는 의미는 단지 그것의 산물일 뿐이라는 주장과, 레비스트로스의 인류학적 방법론, 즉 경험적 사실로부터 모델을 끌어오는 대신에 수학적 구조를 먼저 짓고 나서 그 구조를 해석하는 하나의 모델로서 경험적 사실을 관찰하는 것은 둘 다 근본적으로 형식주의적인 사유 양식이다.

형식주의는 수많은 학문 분야에서 출현했다. 언어학, 문화인류학, 정신 분석학, 지성사 등등. 그러나 여러 곳에서의 일반 적용은 형식주의에 공통으로 속하는 문제틀에 대해서 근본적으로 묻는 것을 도와 주지 않았다. 형식주의가 문제시되었더라면, 플라톤이 처음 직면했고 대답했던 문제, 즉 형식(형상) *form* 의 지위에 관한 문제가 틀림없이 또다시 표면화되었을 것이다. 그 스스로가 플라톤주의자였던 괴델은 형식주의에 대한 내적 비판을 전개함으로써 모든 학문 분야의 형식주의적 활동에 파문을 불러일으켰다. 플라톤이 **이상** *the ideal,*[5] 즉 지식의 토대가 있음을 주장한 것은 일시적인 변덕에 의한 것이 아니었다. 실제로, 그는 철인哲人 왕이라는 자신의 생각을 현

5) 플라톤에게 있어 지식의 토대는 '이데아,' 즉 현실 세계와 분리되어 있는 관념적인 영역, 이상적인 세계에 있다. — 옮긴이

실적으로 구현하려는 시도에서 오히려 비참하리만치 실패했다. 그 대신에 플라톤은 **상상** 속에서 그 불가능한 것을 실현시켰다. 즉, 그는 소크라테스를 이 달성 불가능한 생각에 대한 순교자로 만들었다. 이는 예를 들면 성 바울이 예수를 숭배의 대상으로 만든 것과 같은 방식이라 하겠다. 이 모든 것은 **이상**의 **존재**가 불가능함을 구체적으로 보여 주면서도 동시에 그것은 그 불가능한 것, 즉 **이상**의 **존재**가 실현되어야 한다고 주장함으로써 **건축에의 의지**를 끊임없이 환기시킨다. 이 **건축에의 의지**가 바로 서양 사유의 토대다.

나 자신의 작업에서 나는 이 의지를 단적으로 부정할 수 없었다. 나의 사유는 다음과 같이 전개되었다. 즉, 나는 하나의 전제로서, 시종 일관 철저하게 비판적 태도를 고수하면 그 의지 자체의 근거 없음이 드러나고, 따라서 그 자체의 생성이 드러날 것이라고 가정했다. 오직 지속적인 형식화나 구축만이 형식의 바깥으로 이끌 것이라고 생각했다. 그러나 구축주의 *constructionism* 를 비판한다는 것은 단순히 생성에 호소하는 것 이상을 요구한다. 생성, 또는 마르크스의 용어를 사용해서 '자연 생장'(*Naturwüchsigkeit*)[6]이란, 보이는 것처럼 그렇게 형식이 없거나 혼돈스러운 것이 아니라, 오히려 형식적으로 논증될 수 있는 어떤 것이다. 나의 이러한 생각은 그 당시에 '자연 도시들'에 관한 문제를 다루었던 일군의 도시 계획 이론가들에게 신세를 지고 있다. 이 책의 2부에서, 나는 생성을 **자연 생장**으로 보는 통상적인 이해를 뒤집어엎고, 이를 하나의 자기 지시적 형식 체계로서 설명해 나갈 것이다. 언어는 단순히 차이의 체계 *differential system* 가 아니라, 자기 지시적인 차이의 체계

6) Karl Marx & Friedrich Engels, *The German Ideology, Part One*, C. J. Arthur (ed.), New York: International Publishers, 1947, p.54.

self-referential differential system 다. 이를 확대하면, 이 책의 결론에 해당되는 장들에서 보게 될 것처럼, 통화 혹은 화폐 경제도 상품들의 어떤 자기 지시적 체계다.

나의 원래 기획이 중단된 것은 바로 이 지점에서다. 생성 자체가 형식화될 수 있다는 것을 받아들인다면, 형식 체계의 바깥은 존재하지 않는 것으로 간주되어야만 할 것이다. 지속적인 형식화 과정을 통해서 형식 체계 밖으로 또는 너머로 움직이고자 하는 중에, 나는 바깥을 가정조차 할 수 없는 — 더 나쁜 — 새로운 유형의 울타리 안에 갇혀 있는 나 자신을 발견했다. 그 때 나는 곤경에 빠졌지만, 이제 우리는 화폐 경제가 상품들의 어떤 자기 지시적 형식 체계로 나타남에도 불구하고 실제에 있어서는 틀림없이 (화폐 또는 경제 영역 내의) 어딘가에 그 바깥이 존재한다는 것을 볼 수 있다. 일반적인 등가물 — 화폐 — 은 그것이 금의 경우처럼 언제든지 상품의 형태로 돌아갈 수 있다는 가정에 의해서만 보장된다. 여기서 애덤 스미스가 '보이지 않는 손'이라고 지칭했던, 이른바 시장의 자동 조절 메커니즘이 등장하게 된다. 이와 동일한 보이지 않는 메커니즘이 최근에 와서는 '자발적인 질서'와 '자기 조직화하는 체계'라고 불린다.

그러나 상품에 비해서 화폐의 바깥이라는 것은 결코 서로 관계 맺고 있는 상품 체계 안으로 들어오거나 내면화될 수 없다. 금값이 아무리 비싸도 화폐가 금으로 변형될 수 없는데, 이런 전화轉化 — 금을 화폐로, 화폐를 금으로 변형시키는 것 — 에는 불가피하게 무게의 손실이 수반되기 때문이다. 더욱이 금은 화폐 형태로 표현되기 때문에 화폐다. 즉, 그것은 단지 약속일 뿐이다. 예컨대 종이 한 장도 화폐 형태로 표현된다면 화폐일 수 있다. 마르크스가 화폐 형태에 관한 자신의 이론에서 논증했던 것은 화폐와 상품 간의 관계가 두 형태 — 상대적 가치 형태와 등가물 형태 — 사이의 어떤 비대칭적인 체계의 발전을 통해서만 설명될 수 있다는 것이었다. 다시 말해서, 화폐와 상품 간의 — 더 정확히 말해서, 구매와 판매 간의 — 비대칭성은 처음부터 존재했으며 결코 극복될 수 없다. 바로 여기에 마르크스가 종종 언급했던 위기가 놓이게 된다.

그럼에도 불구하고, 나는 이미 수행하던 형식화의 노선을 따르는 것으로는 내 작업에 그와 같은 바깥을 재도입하는 것이 불가능하다는 것을 알았다. 보다 결정적인 '전회'가 요구되었다. 그래서 나는 ≪은유로서의 건축≫ 일본어판과 그 후속 작품인 ≪언어, 수, 화폐≫를 중도에서 포기해 버렸다. 막다른 골목에 부딪친 이런 정체 상태에서, 나에게 상당히 강력한 자극을 주었던 것은 에드워드 사이드 Edward Said 의 ≪세계, 텍스트, 그리고 비평가 *The World, the Text, and the Critic*≫였고, 그 가운데서도 특히 <세속적 비평 Secular Criticism>이라는 논문이었다.

> 그런데 어떤 일이 일어났다. 어쩌면 그것은 불가피한 것이었는지도 모르겠다. 전문화된 여러 노선들을 가로지르는 굵직한 중재자의 역할을 담당하던 1970년대 후반 미국의 문학 이론은 '텍스트성'의 미궁으로 뒷걸음치고서는 유럽의 혁명적인 텍스트성에 대한 가장 최근의 주창자들 — 데리다와 푸코 — 의 뒤꽁무니를 좇아가느라고 정신이 없었다. 대서양을 가로지르는 이들에 대한 숭배와 이들로부터의 교화는 이들이 스스로 풍기는 슬픈 색조로도 충분히 그 유혹의 정도를 짐작할 수 있다. 미국, 심지어는 유럽의 문학 이론조차도 이제 공공연하게 불간섭 원칙을 받아들인다는 것, 그리고 (알튀세르의 문구를 사용한다면) 세속적이거나 정황적이거나 사회적으로 오염된 것은 어떤 것도 사용하지 않는 것이, 바로 이들 이론이 자신의 주제를 자신만을 위해 사용하는 나름의 독특한 방식이라는 것은 괜히 과장해서 표

> 현한 것이 아니다. '텍스트성'은 뭔가 신비하면서도 살균된 문학 이론의 주제가 되었다.
>
> 그러므로 텍스트성은 역사라고 불리는 것의 정반대편에 있는 것이면서 이를 대치하는 것이 되었다. 텍스트성은 생겨나는 것으로 간주된다. 그렇다. 그렇지만 동일한 이유로, 특히 어느 곳이나 어느 때나 생겨나는 것이 아니다. 그것은 생산되지만, 어느 누구에 의해서도 아니고 어떤 시간에도 아니다……. 오늘날 미국 학회에서 행해지는 것처럼, 문학 이론은 대부분이 텍스트성을, 그 텍스트성을 가능하게 하고 그것을 인간적 작업의 결과로 이해할 수 있도록 해 주는 상황들, 사건들, 물리적 의미들로부터 고립시켜 버렸다.
>
> 내 입장은 텍스트들이란 세속적이며, 어느 정도는 사건들이고, 그리고 그것들이 설사 그것을 거부하는 것처럼 보일 때조차도 여전히 사회적 세계, 인간의 삶, 그리고 물론 그 역사적 순간들의 한 부분으로서 그 속에 자리를 차지하며 또 해석된다는 것이다.[7]

사이드의 주장은 내가 처해 있던 상황을 정확하게 가리키는 것처럼 보였다. 그러나 나를 위해서는 이 세속적 비평이나 자신의 작업 맥락 안에서 전개되어야만 했다. 그 당시에 나는 루드비히 비트겐슈타인 Ludwig Wittgenstein 의 작품, 특히 수학의 기초에 관한 그의 테제들을 다시 접했다. 비트겐슈타인은 수학이 하나의 통일된 기초로 단일화될 수 없는 다양한 발명들이 가지각색으로 뒤얽혀 있는 하나의 묶음이라고 주장했다. 수학은 역사적 행위의 산물이다. 이것이 은유로서의 텍스트 개념과 비슷하게 들릴지도 모르겠지만, 그것은 완전히 다르다. 우리가 비트겐슈타인의 초기 탐구가 지니는 두드러지

---

7) Edward W. Said, *The World, the Text, and the Critic*, Cambridge, Mass.: Harvard University Press, 1983, pp.3～4.

게 구축적인 경향을 고려에 넣는다면, 이러한 '전회'는 무의미한 것이 아니다. 괴델의 접근법을 무시하기는커녕 비트겐슈타인은 완전히 그것을 알고 있었고, 이는 "러셀의 논리학을 안에서가 아니라 밖으로부터 공격하는 것, 그것이 나의 과제다"[8]라는 그의 진술에서 입증된다. 그러나 비트겐슈타인은 괴델과 같은 길을 따라가지 않았다. 비트겐슈타인이 볼 때, 괴델은 러셀의 개념적 틀 '안'에 머무르는 것 외에 달리 선택의 여지가 없었다. 그러면 어떻게 '바깥'이 가능할 수 있었을까? 그것은 오직 '세속적 비평'의 길을 거쳐서일 거라고 나는 확신했다.

실제 건축에서는, 이데아**로서의** 어떤 디자인을 실현하는 것이 건축이라는 생각보다 어울리지 않는 것도 없다. 다른 스탭진들과의 협력, 고객과의 대화 및 설득과 같은 훨씬 더 결정적인 요인들이 개입한다. 처음에 생각했던 디자인은 실행하는 과정에서 반드시 변형되게 마련이다. 디자인은 비트겐슈타인의 '놀이'와 비슷한데, 그에 따르면 "우리는 놀이를 해 나가면서 규칙들을 만들어 간다."[9] 어떤 건축가도 어떻게 지어질지를 미리 알 수는 없다. 어떠한 건축도 자신의 맥락에서 자유롭지 못하다. 건축은 그것이 제작자의 통제를 넘어서는 제작 또는 생성이라는 의미에서 하나의 탁월한 사건이다.

플라톤은 은유로서의 건축가를 칭송했지만 세속적인 노동자로서의 건축가는 경멸했는데, 그것은 현실적인 건축가는 물

8) Ludwig F. Wittgenstein, *Remarks on the Foundations of Mathematics*, G. H. von Wright, R. Rhees, & G. E. M. Anscombe (ed.), G. E. M. Anscombe (trans.), Cambridge, Mass.: MIT Press, 1978, p.383.

9) Ludwig F. Wittgenstein, *Philosophical Investigations*, 2d ed., G. E. M. Anscombe (trans.), New York: Macmillan, 1958, p.39e.

론 심지어 건축 그 자체까지도 우연성에 노출되어 있었기 때문이다. 하지만 그 우연성이란 것이 디자이너의 관념에 대립되는 현실적인 건축은 파생적이며 항상 붕괴의 위험에 처해 있다는 것을 함축하는 것은 아니다. 오히려, 우연성은 어떠한 건축가도 '타자' — 고객, 스탭, 그리고 디자인 과정에 관련된 다른 요인들 — 와의 관계로부터 벗어나서 디자인을 결정할 수 없다는 것을 보장해 준다. 모든 건축가들은 이 타자와 직면한다. 따라서 건축은 공통의 규칙 없이 일어나도록 조건지어진 의사 소통의 한 형태다. 다시 말해서, 그것은 타자, 즉 말뜻 그대로 동일한 규칙들의 집합을 따르지 않는 사람들과의 의사 소통이다.

건축은 하나의 사건이기 때문에 항상 우연적이다. 플라톤이 은유로서의 건축가를 철학적, 건축적으로 사용한 것에 반박하기 위해서 시인이나 문학에 호소하는 것은 또 다른 신성화에 이를 뿐이다. 은유로서의 건축 너머로 움직이기 위해서는, 건축에 대한 가장 평범한 이해가 은유로서 사용되어야만 한다. 그런 방식으로 건축에 내재하는 가장 '세속적'인 조건들이 검토될 수 있다. 플라톤이 끼여든 이후로, 은유로서의 건축은 생성이나 텍스트를 억눌렀던 것이 아니라 '세속적인 건축가'를 억눌렀다. 따라서, 은유로서의 건축에 기초하는 자기충족적 형식 체계를 해체할 수 있는 사람은 '절대적 타자'가 아니라 '세속적 타자'다. 이 책의 3부에서(내가 원래의 ≪은유로서의 건축≫을 중단한 이후에 시작했던 <탐구>라는 제목이 붙은 일련의 논문들), 나는 세속적 비평의 이러한 새로운 입장 혹은 관점에서 비트겐슈타인과 마르크스를 검토할 것이다. 3부는 특히 1부와 2부에 대한 일종의 세속적 비평이 되도록 의도했다.

이제 나는 이전 작업을 되돌아보면서 두 가지 것을 이해하기 시작한다. 첫째, 나는 무의식적으로 처음부터 내내 일종의 칸트적 비판에 참여했던 것 같다. 나의 작업들은 언제나 그 한계를 드러내기 위해서 은유로서의 건축을 비판적으로 검토하는 일종의 훼방이었다. 내가 이 작업을 시작하면서 염두에 두었던 공략 목표는, 인간 사회의 '구축'을 역설하는 '거대 서사 *grand narrative*'로 이해되는 모더니즘의 지배 이데올로기였다. 나는 '은유로서의 건축'이 붕괴된 뒤에야 칸트를 이해하게 되었다. 바로 그 지점에서 내게 분명해진 것은 이 붕괴가 거대 서사의 완전한 사라짐을 창출하기는커녕, 오히려 또 다른 이야기 또는 이데올로기의 덩어리인 '역사의 종말' 논쟁(서구 이성의 우월성을 주장하는 최후의 방법)과 냉소주의를 산출했다는 것이다. '은유로서의 건축'은 부정에 의해서는 해결될 수 없다. 오늘날 요청되는 것은 칸트의 초월적 비판이다. 이런 견지에서 나는 나의 이전 작업을 재평가하기 시작했다.

칸트는 논리학은 분석 판단이지만 수학은 선험적 종합 판단이라고 주장했다. 수학은 감성적 직관을 필요로 하며 따라서 논리적으로 근거지을 수 없다. 사실, 수학이 끝이 열려 있는 탐구 양식인 것은 정확히 말해서 그것이 근거지어질 수 없기 때문이다. (그러나 수학을 종합 판단으로 보는 이러한 설명은 후기 칸트주의 철학자들에 의해서 경멸에 가득 찬 비난을 받았다.) 고트롭 프레게 Gottlob Frege 와 버트란트 러셀 Bertrand Russell 은 수학을 논리학에 종속적인 것으로 다루었는데, 그것이 수학의 기초에 관한 연구에서는 전통적인 것이 되었다. 이러한 전통을 다시 칸트의 이율 배반 — 결정 불가능성 — 에 호소함으로써 비판했던 것이 괴델이고, 실천적 윤리의 방향에서 그것을 비판했던 것이 비트겐슈타인이다. 그러나 이것은 후기 칸트주의 철학이 일련의 쓸모없는 싸움이었다는 것을 말하려는 건 아니다. 오히려 그 싸움의 폐허에서 처음으로 칸트에게 묻혀 있던 가능성들을 발굴할 수 있었다. 이런 식으로, 칸트의 역할은 많은 다른 차원에서 연장되고 증폭될 수 있다.

칸트는 주관의 형식에 의해서 구성되는 것을 '현상'이라고 부르고, 주관에 영향을 미치지만 그것에 의해서 구성될 수 없는 것을 '물자체'라고 불렀다. 물자체는 개념화될 수 있지만 경험될 수는 없다. 따라서 우리의 인식은 오직 종합 판단일 수밖에 없다. 이런 점에서, 칸트는 물자체를 이론적으로 파악하는 사유들을 '이성의 월권'이라고 간주했다. 칸트는 이런 생각들을 **가상** *Schein(semblance)*이라고 불렀다. 가상은 **이념** *Idee(idea)*이란 말에 의해서 이해된다. 칸트의 물자체는 **배후 세계** *Hinterwelt* 도 아니고 참된 세계도 아니며 오히려 그 반대다. 그는 그런 영역들을 단순한 **가상**이라고 주장함으로써 그것을 비판하고자 했다. 그와 동시에 칸트는 **이념**을 막무가내로 내쫓지 않았다. 그 대신에 그는 **이념**이란 이론적으로 입증될 수 없으며 따라서 구성적으로 실현되어선 안 된다고만 주장했다. 또 설령 그렇더라도 **가상**이란 규제적인 기능이 있기 때문에 없어서는 안 되는 것이다. 이런 식으로 물자체, 현상, **가상**, 이 세 요소는 하나의 구조를 구성하는데, 그 셋 가운데 어느 하나라도 버려진다면 그 구조의 잠재력이 근본적으로 떨어지게 된다.[10)]

예컨대, 낡아빠진 용어인 '물자체'는 버려질 수 있고 원한다면 다른 것으로 대체될 수 있지만, 세 요소가 한 조를 이루는 이 구조의 얼개는 그럴 수 없다. 정신 분석학에서, 라캉의 '실재계 *Real*,' '상징계 *Symbolic*,' '상상계 *Imaginary*'란 범주들은 칸

---

10) 그러나 칸트 이후의 많은 철학자들은 '물자체'를 생략해 버렸다. 그리하여 **이념** *Idee(idea)*은 현실적인 것이고 현실적인 것은 이념적이라고 주장하는 헤겔적 태도가 나타나게 된다.

트의 물자체, 현상, **이념**의 구분과 유사하다. 프로이트의 정신 분석학은 메타 심리학, 초월적 심리학으로 성립되었다. 프로이트 이후의 정신 분석학이 경험 심리학으로 퇴화해 감에 따라 라캉은 '초월적 비판'을 되살리기 위해 전면에 등장했다. 하지만 라캉이 칸트를 알게 된 것은 그가 그 자신의 세 요소로 구성된 정식을 발명하고 나서 오랜 뒤였다. 칸트에게 적대적으로 보이는 많은 사상가들 — 예를 들면, 마르크스와 니체 — 도 다른 용어를 채용해서, 칸트가 도입했던 것과 같은 구조를 되풀이한다. 다시 말해서, 이 사상가들은 다른 맥락에서 그들 자신의 용어로 물자체를 소생시키고자 했다. 앞으로 전개될 장들에서 내가 논증하고자 했던 대로, 마르크스는 우리가 거기에 속하고 그것에 의해서 우리가 항상 동기지어지는 그런 어떤 역사적 사실, 역설적이게도 언어적 사변에 의해 지어진 어떠한 구축의 틀에 의해서도 잡히지 않고 빠져나가 버리는 어떤 역사적 사실을 제시했다. 달리 말하자면, 이런 역사적 사실은 일종의 **자연 생장적인** 다양성이다. 게다가, 마르크스의 ≪자본론≫은 그것의 부제인 "정치 경제학 비판"에서 엿볼 수 있는 것처럼, 고전 경제학이나 헤겔에 대한 부정이나 긍정이 아니라 그들에 대한 칸트적인 '비판'이다. 마르크스가 시도했던 것은 가치 형태에 대한 경험적 회고라기보다 초월적 회고였다.

세 요소가 한 조를 이루는 칸트의 개념이 다른 세 요소들로 이루어진 개념으로 대체될 수 있다는 사실은 그것이 초월적으로 파악될 수 있는 일종의 구조를 형성한다는 것을 가리킨다. 칸트는 이 구조를 '건축술 *architectonics*'이라고 불렀다. 철학적 담론들이 일반적으로 엄밀함에 대한 간절한 욕망을 달성하기 위해서 수사를 무시하며, 철학자들 특히 칸트 이후에 출현했던 철학자들이 비유적 표현을 제거하려고 애쓰는 데 비해, 칸트의 비판에는 '은유'가 도처에 널려 있는 것이 눈에 띈다. 칸트는 다음과 같은 방식으로 건축술을 은유로서 채용했다.

> 만일 그와 같은 체계가 언젠가는 형이상학이라는 일반적인 이름으로 완성될 것이라고 한다면 — 그리고 그것을 충만하고 완전하게 수행하는 것이 가능할 뿐만 아니라 동시에 모든 활동 분야에 이성을 사용하기 위해 그 어느 것보다 중요하다고 한다면 — 건물의 한 부분이 기울어지고 가라앉아서 결국 어쩔 수 없이 건물 전체가 붕괴되는 일이 생기지 않도록, 이러한 건축물의 토대에 대한 비판적인 검토가, 경험에 독립적인 원리들의 능력의 기초들이 놓여 있는 바로 그 깊이까지 미리 수행되었어야만 하기 때문이다.[11)]

얼핏 보면, 칸트가 은유로서의 건축을 플라톤적으로 사용하려는 것처럼 보이지만, 사실은 그 반대다. 칸트는 ≪순수이성 비판 *Critique of Pure Reason*≫에서, 자신의 탐구를 교설이라고 부르는 것은 적절치 않으며 오히려 초월적 비판이라고 불러야 한다고 주장했다. 다르게 말하자면, 칸트의 비판은 하나의 체계를 구축하려는 것이 아니라, 어떤 체계가 '이성의 월권'을 방패삼아 지탱되는 한 그 체계는 '어쩔 수 없이 건물 전체의 붕괴에 이른다'는 것을 폭로하려는 것이었다. '월권'이란 법률적인 용어므로, 칸트의 건축술은 또한 한 무리의 법률적 은유들에 의해 대치될 수도 있을 것이다. 무엇보다도 주목해야만 할 것은 (칸트적 의미에서의) 은유로서의 건축술이 (플라

11) Immanuel Kant, *Critique of Aesthetic Judgement*, James Creed Meredith (trans.), Oxford: Clarendon Press, 1911, p.5.

톤적 의미에서의) 은유로서의 건축을 비판하는 데 없어서는 안 된다는 점이다.

칸트가 '코페르니쿠스적 전회'라고 불렀던 것은, 인간에게 하나의 '현상'으로 인정되는 세계를 생각해 보도록 하는 입장을 제공해 주었다. 그것은 세계를 그 바깥에 존재하는 어떤 것의 복사로서가 아니라, 어떤 형식이나 범주를 '던져 넣음'으로써만 구성되는 것으로 보도록 하는 어떤 관점을 함축한다. 언어적 전회를 포함한 20세기의 형식주의를 칸트적인 역전의 확장으로 생각할 수도 있다. 그러나 거기에서 멈추는 것은 칸트가 지닌 중대한 역할을 간과하는 것이 된다. '코페르니쿠스적 전회'가 문자 그대로 인간 / 지구 중심적 관점을 태양 중심적 관점으로 뒤바꾸는 것이라면, 칸트의 전회는 은유적으로 말해서, '물자체' / 태양 중심적 입장으로 향하는 전회다. 가장 넓은 의미로 이해된 형식주의는, 물자체를 본래부터 결여하기 때문에 불가피하게 또 다른 종류의 인간 중심주의 또는 텍스트 관념론 또는 회의주의로 이끌리게 된다. 내가 마르크스와 비트겐슈타인에 관해서 분석한 그 '전회들'은 진정으로 '코페르니쿠스적'이라고 불릴 만한 것들인데, 세속적인 관점에서 물자체는 '타자'이기 때문이다. 칸트의 문제 의식이 내게는 최근에서야 — 현재 이 책이 완성된 이후에, 따라서 거대 서사의 역사적 몰락 이후에 — 분명해졌기 때문에, 나는 여기서 그것을 몇몇 장들의 끝에 노트를 다는 형식으로만 다루었다.

나에게 분명해진 또 다른 것은 무엇보다도 내가 형식화의 문제로 방향을 바꾼 이유와 관련이 있다. 비서구인이면서 외국인인 나는 그 때에 서양의 이론적 글쓰기에 필수 조건이던 말장난에 참여할 수도 없었고 또 그럴 필요도 없었다. 나 자신이 문학 비평가라는 사실에도 불구하고, 아니 오히려 그 때문에, 나는 일부러 문학에서 벗어나 있었다. 일본이라는 문화적 토양에서는 **문자 그대로** *à la lettre* 실어나르는 그런 전략으로부터는 어떠한 비판적 충격도 가할 수 없다. 즉, 일본에는 건축에의 의지가 존재하지 않는다. 다시 말해서, 포스트모더니즘이 자기 마음대로 활짝 필 수 있는 상황이 마련되어 있다는 것이다. 서양과 달리 일본에서는 해체의 힘이 항상 작동한다. 이상하게 들리겠지만, 일본에서 건축적인 것은 실제로 급진적이고 정치적이다. 그러므로 나는 두 가지 역할을 하는 연기자처럼 행동해야만 했다. 즉, 건축에의 의지의 잘못된 기원을 탐구하면서 동시에 일본을 뒤덮는 해체적인 힘의 구조의 기원을 분석해야만 했다.

앞서 언급했던 것처럼, 연구 중간에 나를 압도하며 가로막았던 그 허망함과 쓸데없다는 느낌은 이제 생각해 보면, 내 탐구의 자기 지시적인 본성뿐만 아니라, 나에게 부과된 이중의 역할 수행에도 그 원인이 있었던 것 같다. 비록 이 책에서 나는 나보다 앞서 이러한 투쟁을 벌인 나의 선생이라 할 수 있는 일본인들을 언급하진 않았지만 나는 그들의 지적 유산의 수혜자며, 또 그 중요성은 내가 알고 있는 것으로는 다 설명할 수 없을 정도다. 그들 가운데, 나는 특별히 건축가 이소자키 아라타라는 이름을 밝히고 싶다. 구축이라는 문제 의식을 통해서 해체를 고찰하도록 한 것이 바로 그의 책 ≪건축의 해체≫(1975)였다. 외국에서의 이소자키에 대한 평판에도 불구하고, 그 당시 일본에서의 그는 단지 모더니티의 문제에 정면으로 도전한 건축가일 뿐이었다. 이소자키 역시 이중의 역할을 하면서 살았다. 즉, 일본의 모더니티와 건축을 비판하면서 동시에 건축에의 의지를 고집스럽게 주장했다. 더욱이 놀랍게도 건축가들을 향해서 쓰여진 것도 아니고 또 좁은 의미에서의 건축과는 거의 관련이 없는 이 ≪은유로서의 건축≫에 대해 그 중요성을 가장 높이 평가했던 것도 이소자키였다. 그래서 나는 그에게 가장 먼저 감사를 드린다. 또한 미국인 건축가 피터 아이젠만 Peter Eisenman 과 이소자키로부터 이 작품에 관해 듣고서 미국에서 출판하기로 결정해 준 애니원사 Anyone Corporation 의 편집장 신시아 데이비드슨 Cynthia Davidson 에게도 감사를 드리고 싶다.

이 책은 좁은 의미에서의 건축가들을 겨냥한 책이 아니다. 그러나 대문자 A로 시작하는 건축 *Architecture* 을 부정하지만 건축적이고자 애쓰는 사람들, 그리고 대문자 S로 시작하는 주체 *Subject* 를 부정하지만 차이의 그리고 차이로서의 주체이기를 선택한 사람들에 의해서 읽힌다면 나로서는 영광이겠다.

마지막으로, 번역을 맡아 준 사부 고오소와 주디 게이브 Judy Geib 에게, 또 편집을 해 준 마이클 스피크스 Michael Speaks 에게 감사드린다. 편하게 쉬고 있었을 나에게 이 작품과 씨름하도록 격려해 준 것은 이 세 사람의 열정과 열망이었다.

가라타니 고진

1992년 4월, 뉴욕, 이타카에서

은유로서의 건축

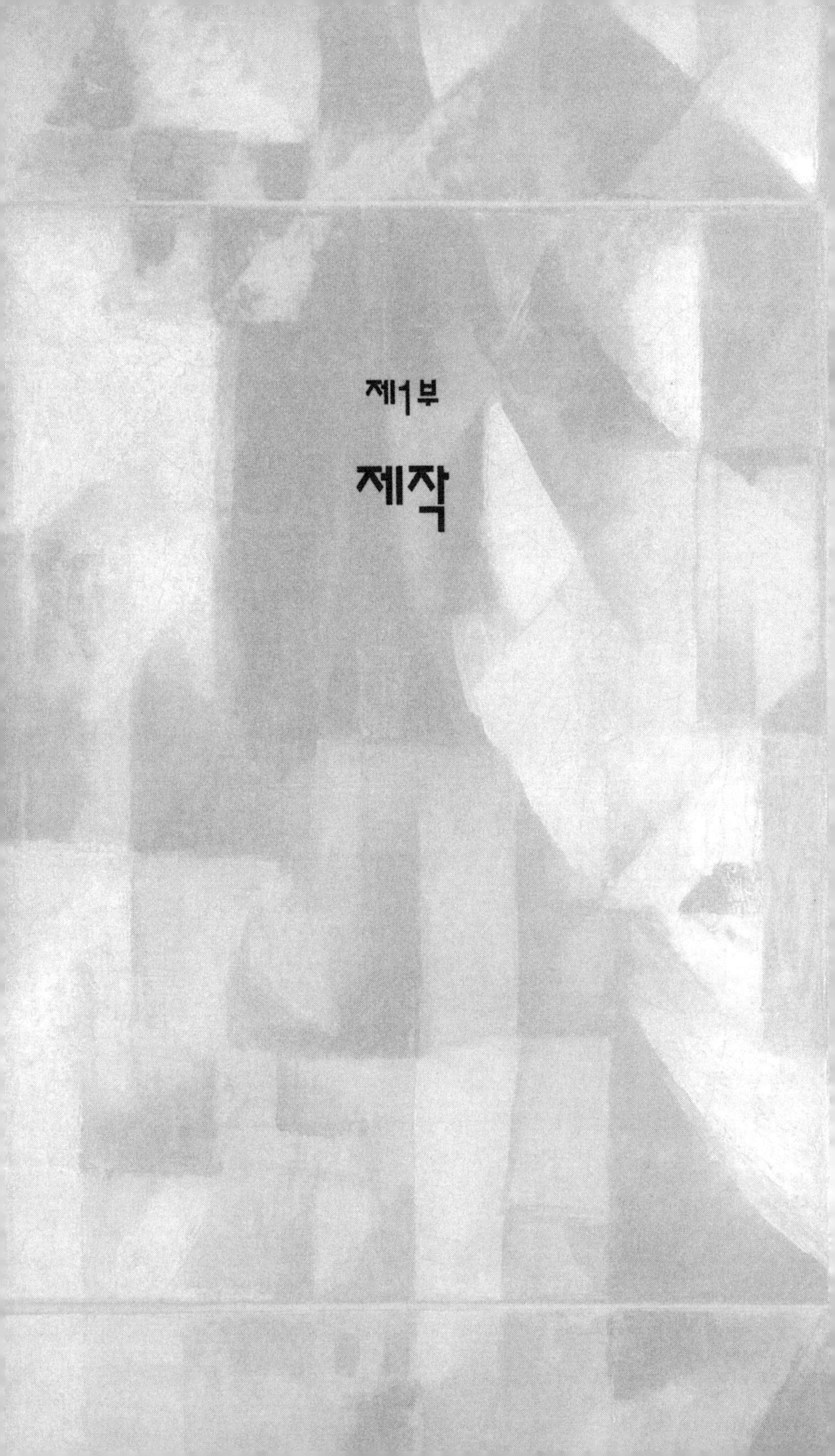

제1부

제작

하나

건축에의 의지

플라톤 이래로 철학자들은 되풀이해서 건축적 비유들과 은유들로 되돌아오곤 했다. 그것은 자신들의 불안정한 철학 체계를 안정시키고 지반을 튼튼하게 하기 위한 방법이었다. 데카르트는 견고한 사유의 건축물을 짓기 위한 하나의 모델로서 도시 설계자의 은유를 개발했으며, 헤겔은 지식이란 체계적이고 건축적이어야만 한다고 믿었다. 심지어는 이런 헤겔을 자기 자신이 지어 놓은 거대한 건축물 때문에 그늘에 가려진 조그마한 오두막에서 살고 있다고 비웃었다던 키에르케고르조차도 건축의 은유를 사용했다. 오늘날 건축의 용어들은 철학적이고 이론적인 논의에서는 어디서나 볼 수 있다. 따라서 플라톤으로부터 발전되어 온 형이상학을 무너뜨리려는 운동에 우리가 해체론이라는 이름을 붙이는 것도 우연은 아니다.

서구 사상은 위기 때마다 반복되고 새로워지는 건축에의 의지로 특징지어진다. 이 건축에의 의지의 기원은 일반적으로 플라톤까지 거슬러 올라간다. 고대 그리스어에서 *architectonicé* (건축)는 *architectonicé techné* 의 뜻을 지닌다. 이 *architectonicé techné* 는 *architectón* 의 *techné* 를 의미하는 것으로 여기서의 *architectón* 은 *arché*(기원, 원리, 제일의 것)와 *tectón*(장인)의 합성어다. 그리스인들 사이에서 건축은 단지 장인의 기술이 아니라, 모든 테크놀로지에 대한 주요한 지식과 통제력을 소유한, 그래서 프로젝트를 기획하고 다른 장인들을 이끄는 사람들에 의해 행해지는 예술로 간주되었다. 이런 맥락에서 *techné* 라는 말은 좁은 의미의 테크놀로지뿐 아니라 일반적인 의미에서의 **짓기** *poiesis*(제작)를 의미했다. 플라톤은 이를 다음과 같이 정의한다. "**짓기**(*poiesis*)란 본래 단순한 창작을 말하지요. 그런데 창작에는 여러 종류가 있다는 것은 당신도 아시죠? 무엇이든지 없던 것이 있는 것으로 옮아갈 때, 그 원인이 되는 작용은 언제나 **짓기**라고 부를 수 있지요. 따라서 모든 기술적 과정이 **짓기**의 일종이요, 모든 기술자가 창작자(*creators*)지요."[1] 건축의 은유에서 플라톤은 '제작'을 방패삼아 '생성'에 저항할 수 있는 하나의 비유를 찾아 냈다.

그러나 어원학적 설명으로는 왜 플라톤이 건축을 철학에 대한 탁월한 비유로 여겼는지, 또는 이 비유가 왜 철학적이고 이론적인 담론들에서 강박적으로 반복되는지를 충분히 설명하지 못한다. 플라톤은 건축과 현실 세계의 건축가를 경멸했다. F. M. 콘포드 F. M. Cornford 에 따르면, 그리스 사상가들은 일반적으로 두 유형으로 분류될 수 있다. 진화론자들은 세계를 살아서 성장하는 어떤 형태나 유기체로 간주하고, 창조론자들은 세계를 계획된 예술 작품으로 간주한다.[2] 이 두 유형은 두 세계관을 대표한다. 하나는 세계를 생성으로, 다른 하나는 제

1) Plato, *The Symposium*, 저자 서문(영어판)에서 각주 2) 참조.

2) Francis MacDonald Cornford, *The Unwritten Philosophy and Other Essays*, Cambridge: Cambridge University Press, 1950, pp.83~8.

작의 산물로 이해한다. 후자의 관점은 그리스 사상가들 가운데 소수에 의해서 주장되었다.

이 소수파의 관점이 존속하기 위해서는 또 다른 관념이 필요했다. 그것이 바로 '건축가로서의 신'이라는 관념이다. 앨프레드 노스 화이트헤드 Alfred North Whitehead 는 과학을 지탱하는 것은 수학이나 확실하고 엄밀한 토대가 아니라 하나의 신념, 즉 위대한 건축가인 신에 의해 창조되었기 때문에 세계는 질서잡혀 있으며 따라서 궁극적으로 인식 가능하다는 신념이라고 주장했다. 화이트헤드는 중세의 기독교와 플라톤주의에서 발전된 이런 신념이 현대 과학의 출현을 낳았다고 주장했다.[3] 그러나 널리 공유되는 이러한 견해, 즉 서구 사상이 **합리적**인 그리스와 **비합리적**인 헤브라이의 종합이라는 견해는 철학에 나타난 건축에의 의지의 강박적인 반복을 결코 설명할 수 없다.

니체에게는 그리스가 합리적이란 말과 등식을 이룬다는 것이 그렇게 쉽게 납득되지 않았다. 그는 ≪우상의 황혼/반그리스도 *Twilight of the Idols/The Anti-Christ*≫에서 다음과 같이 썼다.

> 소크라테스가 했던 것처럼, **이성**을 독재자로 만들 필요가 있었을 때는, 분명히 다른 어떤 것이 그 독재자 역할을 할 위험이 적잖게 있었을 것이다. 그런 상황에서 합리성은 **구세주**로 신성시되었다. 그들이 원했던 대로, 소크라테스도 그의 '환자들'도 합리적이냐 아니냐에서 자유롭지 못했다. 그것은 **부득이한 것**이었고, 그들의 **최후의** 방책이었다. 열광적으로 합리성을 향해 덤벼든 그리스 사상 전체는 일종의 비상 사태를 폭로하는 것이다. 즉, 우리는 위험에 처해 있다. 선택은 오직 하나뿐이다. 몰락할

3) Alfred North Whitehead, *Science and the Modern World: Lowell Lectures, 1925*, New York: Macmillan, 1925 참조.

> 것인가 아니면 **부조리할 정도로 이성적**일 것인가……. 플라톤 이래로 그리스 철학자들의 도덕주의는 병리학적인 제약을 벗어나지 못한다. 변증법에 대한 그들의 평가도 마찬가지다. 이성 = 덕 = 행복이 의미하는 것은 다음과 같다. 즉, 우리는 소크라테스를 모방해야만 하며, 영원한 **대낮** — 이성이라는 대낮 — 을 생산함으로써 어두운 욕망들에 맞서야만 한다. 우리는 무슨 일이 있더라도 신중하고 명석하고 총명해야만 한다. 본능에 대한, 무의식에 대한 굴복은 모두 **나락**으로 이끈다.[4]

니체는 서구를 특징짓는 건축에의 의지가 겉으로는 합리적인 의지에서 파생된 것처럼 보일지라도 그 자체가 비합리적이라는 것을 발견했다. 기독교를 저속한 플라톤주의로 평가하는 니체의 견해는 실로 헬레니즘과 헤브라이즘을 분명하게 양분하는 일반적인 관점보다 훨씬 더 시사하는 바가 크다. 그와 같은 서구의 기원 뒤에 또 다른 기원이 감춰져 있는 것은 아닐까?

내가 제안하는 견해는 다음과 같다. 플라톤은 분명히 그리스 사상가들 가운데 소수파에 속했다. 건축이 생성을 피할 수 있다는 그의 신념은 일반적인 그리스 사유의 문맥을 완전히 벗어나서 갑자기 나타났음에 틀림없다. 그것은 그리스의 바깥, 즉 이집트로부터 온 것이 분명하다. 이집트는 영혼의 불멸, 일신교, 계획적으로 통제된 국가라는 개념들이 비롯된 곳이다. 철학자/왕이라는 플라톤적 개념 자체는 이집트로 거슬러 가서 그 흔적을 찾아볼 수 있다.[5] 이집트의 영향을 보여 주는 또 다

---

4) Friedrich Nietzsche, *Twilight of the Idols, The Anti-Christ*, R. J. Hollingdale (trans.), New York: Penguin, 1968, p.33.

5) 칼 포퍼 Karl Popper 는 마르크스주의적 당의 기원을 플라톤의 철학자/왕의 지배 아래 있던 국가에서 찾았으며 국가의 기원은 이집트의 신권 정치에서 찾았다. Karl Popper, *The Open Society and Its Enemies*, London: Routledge,

른 표시는 유태-기독교의 기원에서도 발견될 수 있다. 예컨대, 프로이트는 ≪모세와 일신교 *Moses and Monotheism*≫에서 일신교를 신봉하는 이집트인으로 자란 모세는 이집트에서 탈출하는 도중에 살해되었다고 주장한다.[6] 모세의 피살은 프로이트가 '억압된 자의 귀환'이라 부른 일종의 반복 구조의 시작이었다. 프로이트적 관점에서 보았을 때, 서구 사상의 이 두 가지 근본적인 교의 — 유태교와 기독교 — 는 이집트에 그 기원을 두며, 그 기원은 그토록 엄격하게 억압을 받아 오면서도 계속해서 강박적인 회귀의 고향으로 그 자리를 지킨다.

그러나 여기서 나의 관심은 이러한 역사적 회상에 있는 것이 아니라 — 그렇게 한다고 뭔가를 얻을 만큼 설득력이 있을 것 같진 않다 — 완전히 다른 탐구 노선을 추구하는 것에 있다. 이런 탐구 방향은 금세기 주요 사상가들에게 형식주의가 얼마나 중요했는지를 다시 한 번 생각해 보면 충분히 납득할 수 있다. 니체는 소크라테스 이전의 철학자들, 즉 플라톤이 억압했던 '비극 시대의 철학자들'을 복원하고자 했다.[7] 니체는 플라톤주의에 대한 비판의 원형을 확립했다. 그러나 니체의 비판이 간과한 것이 있었다. 그것은 니체와 동시대에 살았던 플라톤주의자들에 의해 뜻하지 않게 드러난 것으로, '견고한 건축물을 구축하려는 의지'가 궁극적으로 하나의 토대에 도달하는 것이 아니라, 오히려 바로 그 자신의 토대가 부재함을 드러낸다는 역설적 사실이다.

1945 참조.

6) Sigmund Freud, *Moses and Monotheism*, Katherine Jones (trans.), New York: Vintage, 1939.

7) Friedrich Nietzsche, *Philosophy in the Tragic Age of the Greeks*, Marianne Cowan (trans.), Chicago: Regnery, Gateway (ed.), 1962.

후기 구조주의에 의해 시작된 니체로의 회귀에서 간과된 것은 니체의 내면화된 낭만주의적 성향이다. 바로 이런 새로운 생각으로부터 우리가 오늘 그를 재해석하는 것이다. 이성에 대항해서, 낭만주의자들은 육체, 정서, 느낌 등과 같은 개념들에 내재해 있는 다양성과 우연성을 본질적인 것으로 간주한다. 그러나 이성을 해체할 수 있는 것은 오직 이성 자신뿐이다. 이 점은 이 연구 내내 되풀이해 강조될 것이다. 만일 형식적인 절차나 방법이 없다면, 건축에의 의지를 향한 모든 비판은 그것이 아무리 강박적으로 되풀이되더라도 낭만주의로 넘어갈 수밖에 없다는 게 나의 논점이다.

플라톤은 시종 일관 수학을 하나의 규범으로서 껴안긴 했으나, 그것은 수학이 건축적 체계를 제공했기 때문은 아니었다. 바빌로니아와 그 밖의 다른 곳에서 발전해 온 수학은 플라톤에게 엄밀한 것이 아니었다. 그것은 실용적이고 경험적인 것이었기 때문이다. 플라톤이 도입한 증명 방법은 **귀류법** *reductio ad absurdum*, 즉 하나의 명제가 동의를 얻고 확립된다면, 그것과 모순되는 것은 어떠한 것이든 불건전한 것으로 멀리해야만 한다는 것이다. 유클리드는 이 틀을 공리 체계로 발전시켰고 그 공리 체계로부터 연역될 수 있는 것만 참이라고 규정했다. 이러한 노력들 가운데 어느 것도 수학의 발전에 필수적인 것은 아니었다. 오히려, 그들은 바빌로니아에서 시작되었던 대수학의 발전을 방해했다. 그러나 건축성 *architectonicity* 을 향한 플라톤적 열망과 무관하게 수학은 발전했으며 또 계속 발전하고 있다. 여기서 중요한 점은, 플라톤이 전혀 건축적이지 않은 수학적 행위들을 자신의 재료로 삼아 하나의 건축물을 짜 맞추어 냈다는 것이다.

그래서 플라톤적인 건축에 대한 의지와 가장 자주 마주치게 되는 곳이 바로 수학이며, 따라서 플라톤에 대한 비판에서의 초점도 바로 수학을 통해서 이루어져야 한다. 말馬의 **이데아**를 비판하는 것은 물론 쉽다. 그러나 점의 **이데아**를 비판하기 위해서는 보다 심각한 노력을 기울여야만 하는데, 수학에선 진짜로 **이상적인** 어떤 것이 불가피하게 노출되기 때문이다. 니체에게 수학은 오직 수와 양에만 관련되는 것이었던 반면에 개념이란 케케묵은 은유에 불과한 것이었다.[8] 그러나 마르크스와 다른 사람들의 사변에서 나타나는 것처럼 개념은 관계다. 수학은 물질의 관계들을 탐구하는 하나의 방법으로서, 물질 그 자체가 얼마나 변하는지는 개의치 않고 불변하는 관계들, 결코 변하지 않는 관계들을 연구한다. 그래서 수학은 플라톤에게 그랬던 것처럼 계속해서 규범으로 간주된다.

여기서 하나의 문제가 떠오른다. 즉, 물질의 관계는 물질이 존재하는 것과 똑같은 방식으로 존재하는가? 플라톤은 이 문제를 처음으로 제기했을 뿐만 아니라 처음으로 그 문제에 답했다. 그는 관계를 이데아로 보았고, 따라서 관계는 오직 이데아의 영역에만 존재한다고 생각했다. 이것이 의문스럽게 보일지는 몰라도 이러한 생각은 쉽게 없애 버릴 수 있는 것이 아니다. 만일 자연의 법칙이 물질의 관계에 대한 한 예로서 이해된다면, 우리는 다음과 같이 물을 수 있을 것이다. 이 관계는 자연과 따로 떨어져 별도로 존재한다고 말할 수 있는가? 만일 그렇게 존재한다면, 도대체 거기는 어디인가? 현대 철학은 관계를 초월적 주관성 속에, 그리고 칸트처럼 경험에 선행하는 선험적 형식 속에 놓으려고 했다. 특히 마르크스가

---

8) Friedrich Nietzsche, "On Truth and Lying," *Friedrich Nietzsche on Rhetoric and Language*, Sander L. Gilman, Carole Blair, & David J. Parent (ed. & trans.), New York: Oxford University Press, 1989, pp.250~1.

보여 주었던 것처럼 유물론이 토대를 제공하는 데 실패했다는 것을 염두에 둔다면, 관계에 토대를 주고자 노력했던 현대 철학자들이 관념론적 모델로 고개를 돌리는 것은 불가피한 것이었다. 결국 그 의미가 플라톤의 이데아로 귀속되는 것을 막기 위해서는 관계의 존재론적 지위가 재검토되어야만 한다.

20세기 형식주의는 이러한 물음들의 한가운데서 출현했지만 관계의 존재론적 지위 자체에 대한 물음은 무시해 버렸다. 수학에서는 다비드 힐베르트의 형식주의에서나 그 전조가 보인다. 형식주의는 우리가 '존재'의 문제라고 부르는 것으로부터 거리를 둔다는 것이 특징이다. 더욱이, 형식주의는 대상이나 의미와 무관하게 존재하는 임의의 형식에 우위를 부여하고, 거꾸로 대상이나 의미는 그것의 해석으로 본다. 물론, 형식주의는 수학에만 한정되지 않는다. 그것은 다양한 분야들에서 나타났으며, 20세기 사유에 있어서 근본적인 혁신으로 기술될 수 있을 것이다.

형식주의는 다양한 담론적 영역들에서 출현했다. 언어학에서, 페르디낭 드 소쉬르는 언어를 하나의 형식으로, 즉 관계적 차이 체계 *differential system of relation*[9]로 규정했다. 여기서 기표는 하나의 형식이며, 따라서 말, 문자, 기호 언어를 포함해서 그 무엇이든 될 수 있다. 하나의 언어를 언어로 만드는 것은 형식이고, 의미와 대상은 단지 그것의 부산물일 뿐이다. 이러한 형식주의 언어학은 수학적 형식주의 — 구조주의 수

---

9) 소쉬르는 언어를 기호들의 관계 체계로 정의하는데, 각 기호들은 동일한 체계 내에서 다른 기호들과 유기적인 관계를 맺으며, 그 관계에서 드러나는 차별적 특성(차이)에 의해서만 (지시 대상과는 독립적으로) 고유한 언어적 가치를 부여받는다. 예를 들면, 한 장기 말의 가치는 다른 말들과의 관계 속에서 차지하는 상대적인 위치에 의해서 부여된다. — 옮긴이

학 — 와 마찬가지로 구조주의를 산출한 원천이 된다.

구조가 대상의 물질적 형식이 아니라 어떤 변형 규칙이나 함수라는 것을 받아들인다면, 구조주의자들이 '보이지 않는 구조'를 강조했던 것이 이해될 만하다. 여기서는 무無조차도 어떤 빈 것으로 기능한다. 이것은 또한 유클리드 기하학을 생각나게 하는데, 거기서 점은 공간적 연장이 없는 것으로 정의된다. 그것은 지각이나 상상에 의해서는 얻을 수 없고, 어떤 관계나 기능, 즉 어떤 보이지 않는 구조로서만 존재할 수 있다. 그렇다면 구조주의자들은 어디에 그 기표나 구조를 놓는가?

단어의 의미나 뜻이 추방될 때, 그리고 의미 작용이 단지 차이 관계 속에서만 존재하는 것으로 이해할 때, 이런 의문이 솟아오른다. 이 관계는 도대체 존재하는 것인가? 존재한다면, 어디에? 구조주의자들이 초월적 기의라 할 수 있는 플라톤적 이데아를 거부하면서, 오직 기표(형식)의 사슬들만을 인정할 때에도, 기표는 지각 가능한 기호나 목소리와 똑같은 방식으로 존재하지 않는다. 그것은 어디에 존재하는가? 자크 라캉 Jacques Lacan은 무의식을 어떤 위상학적 공간 속에 놓는다. 그러나 그것은 어디에 존재하는가? 형식주의자들은 그들 자신의 '토대'를 묻지 않는다. 만일 그런 토대를 묻는 것이 철학의 책임이라면, 철학은 그 책임을 지지 않은 것이다. 따라서, 형식주의자들은 암암리에 플라톤적 문제틀로 되돌아가면서도 부주의하게도 플라톤을 배척한다.

그러나 겉으로는 형식주의가 플라톤적 이데아를 포기한 것처럼 보이지만, 생산적으로 작업하는 수많은 수학자들 — 관계란 단지 발견하기만 하면 되는 수학적 탐구의 어떤 실질적 대상이라고 주장하는 수학자들 — 은 오늘날에도 플라톤주의자들이다. 철저한 형식화 과정을 통해서 형식화의 불가능성을 정확하게 증명했던 쿠르트 괴델이 바로 이런 관점을 고수했다.

더욱이 형식주의자는 플라톤의 '증명'을 당연한 것으로 받아들인다. 플라톤과 관련하여 독특한 점은 니체가 주장했던 것처럼, 그가 현상계 뒤에 존재하는 본질계의 존재를 주장했다 — 이런 생각은 이집트에서 온 것이다 — 는 것이 아니다. 그것은 오히려 플라톤이 확실성을 위한 토대를 대화에서 찾았다는 데 있다. 이 점은 어쩌면 아테네에서만 가능했던 것인지도 모르겠다. 앞에서 언급했던 것처럼, 공리들은 자명한 진리들의 집합도 아니고, 경험적 사실의 문제들도 아니다. 그것들은 대화가 존재하기 위해 필요한 일련의 규칙들이다. 오늘날의 공리주의 *axiomatism* 나 형식주의는 분명하고 명백한 전제들을 출발점으로 갖기보다 오히려 미래의 작용들을 결정하는 서로 동의된 규칙들에 대해 대화하는 것을 출발점으로 삼는다. 따라서, 오늘날의 공리주의는 데카르트보다 플라톤에 기초한다고 말할 수 있다. 게다가 기억해야 할 것은 플라톤이 소크라테스를 자신의 생명을 희생하면서까지 법이나 처음의 약속을 열심히 지킨 인물로 묘사했다는 점이다.

플라톤이 자신의 ≪대화편 *Dialogues*≫을 소크라테스의 죽음으로 시작한 것은 어떤 면에서는 상징적이다. 후속 작품들 속에서 소크라테스는 다양한 변장을 하고 나타나지만, 그렇게 등장할 때조차도 우리는 그가 이미 죽었다는 것을 기억해야 한다. 플라톤은 소크라테스가 법의 불멸성을 증명하려고 자살을 무릅썼다는 걸 강박적으로 되풀이한다. 이 모든 것들은 한편으로는 이상을 현실화한다는 것이 불가능함을 나타내면서, 다른 한편으로는 그 이상을 반복적으로 환기시키면서 건축에의 의지를 드러내는, 다시 말해서 불가능한 것의 실현을 주장하는 어떤 구조로서 기능한다. 따라서 단지 이상의 불가능성을 주장하는 것만으로는 결코 플라톤에 대한 실질적인 비판이 될 수 없다!

둘

형식의 지위

말 그대로 형식을 우위에 두는 형식주의적인 충동은 20세기의 많은 사유를 지배하면서, 초월적 주관성 속에 자신들의 연구 토대를 세우고자 했던 현대 철학자들에겐 위협적인 것이었다. 그러한 위협을 느낀 철학자들 가운데 대표적인 인물이 에드문트 후설이다. 후설은 원래 수학자였기 때문에, 19세기 말에 나타난 수학 — 특히, 집합론 — 의 형식화가 갖는 중요성을 정확하게 파악할 수 있었다. 대부분의 현상학자들은 후설의 연구가 ≪산술 철학 *Philosophy of Arithmetic*≫으로 시작되어 ≪기하학의 기원≫으로 마감되었다는 것은 알고 있을지 몰라도 그의 작업이 아주 일찍부터 수학에 초점이 맞춰졌다는 사실에는 주목하지 못했다.[1] 실제로 현상학은, 특히 모리스 메를로퐁티 Maurice Merleau-Ponty 의 ≪지각 현상학 *The Phenomenology of Perception*≫과 루드비히 빈스방거 Ludwig Binswanger 의 ≪현상학적 정신 병

1) Jacques Derrida, *Edmund Husserl's "Origin of Geometry": An Introduction*, John P. Leavey, Jr. (trans.), (incl. Husserl's "Origin of Geometry," David Carr trans.), Lincoln: University of Nebraska Press, 1962.

리학 *Phenomenological Psychopathology*≫과 같은 작품에서 종종 '인문 과학'의 적절한 방법론으로 간주되었다. 이러한 현상학적 방법론들은 '자연 과학과 인문 과학'으로 나누는 신칸트주의자의 분류나 빌헬름 딜타이 Wilhelm Dilthey 의 해석학적 분류의 전통을 따르는데, 여기서 인문 과학은 주체의 이해(*Verstehen*)와 경험(*Erfahrung*)에 의존한다.

후설은 다음과 같이 자신의 입장을 표명한다. "그러나 이제 우리는 일찍이 갈릴레오 때부터 생겨난 무엇보다도 중요한 어떤 것에 주목하지 않으면 안 된다. 즉, 지각을 통해 실제로 주어지는, 항상 경험되고 또 경험될 수 있는 유일한 실재 세계, 즉 우리의 일상적인 생활 세계, 바로 그 세계가 수학적으로 구성된 이상적인 것들의 세계로 은밀히 대치되었다는 것이다."[2] 후설은 우리가 지각의 영역이나 생활 세계로 되돌아가야 한다고 주장하는 것이 아니다. 그와 반대로 낭만주의적 정서와 감정에 압도되어 있던 파시즘의 시대 속에서 이성을 위한 어떤 토대를 확립하고자 하는 것이다. 후설은 니체가 했던 것과 똑같은 사유의 심연으로 내려갔다. 그들은 둘 다 합리성 그 자체가 어떤 비합리적인 선택에 지나지 않는다는 것을 깨달았다. 후설에게 '위기'란 처음부터 항상 '수학의 위기'와 함께 얽혀 있었다.

> 오랫동안 철학의 안방에서 군림해 왔으며 또 오래 전에 완성된 것으로 생각되었던 삼단 논법의 정교화조차 최근에는 수학자들에게 넘겨졌으며 그들의 손에서 그것은 꿈에도 생각지 못한 발

---

2) Edmund Husserl, *The Crisis of European Sciences and Transcendental Phenomenology*, David Carr (trans.), Evanston: Northwestern University Press, 1970, pp.48~9.

전을 맞이했다. 전통 논리학에 의해 무시되었거나 잘못 이해되었던 새로운 형태의 추론에 관한 여러 이론들이 동시에 발견되었고 참으로 수학적으로 세련된 형태로 완성되었다. 모든 것은 수학적 형식과 방법에 의해 다뤄질 수 있다고 수학자들이 주장하는 것을 막을 수 있는 사람은 아무도 없다. 오직 수학, 특히 형식 수학이라는 현대 학문에 무지한 자, 그래서 수학을 유클리드나 애덤 리즈의 차원에서만 생각하는 자만이, 수학의 본질이 수와 양에 있다는 상식적 편견에 사로잡혀 있을 수 있다. 논리학의 이론들을 '수학화'하는 것을 공격하며 잠시 키운 아이를 친부모에게 넘겨 주기를 거부할 때 자신의 정당한 영역을 넘어서는 이는 바로 수학자가 아니라 철학자다……. 철학적 논리학자들이 수학적인 추론 이론들에 대해서 경멸스럽게 말하기를 좋아하지만 그런 경멸이 다음과 같은 사실, 즉 이 경우에는 (더도 덜도 할 것 없이 말 그대로) 엄밀하게 전개된 모든 이론들의 경우와 마찬가지로, 수학적인 형태로 문제를 다루는 것이 유일하게 과학적인 것, 즉 우리에게 체계적인 끝맺음과 완전함을 제공하는, 그리고 모든 가능한 물음들 및 그에 대한 가능한 형태의 모든 대답 등에 대한 하나의 조망을 제공하는 유일한 것이라는 사실을 바꿀 수는 없다……. 만일 모든 참된 이론들의 전개가 수학자의 영역에 속한다면, 철학자들에게 남겨진 것은 무엇인가?[3]

후설은 철학이 자신의 것이라고 고집 부렸던 그 영역이 환상이었음을 알았다. 그는 또한 인문 과학, 정신 과학이란 것 자체가 '수학의 본질은 수와 양에 놓여 있다는 일상적 편견'에 기초한다는 것을 깨달았다. 사실, 분석 기하학을 모델로 채용했던 이전의 과학적 활동들에 대한 반작용으로서 인문 과학과 정신 과학은 다른 과학들이 파악하지 못했던 것을 지각하는 하나의 길이라고 기대되었다. 후설의 '위기'는 그가 그

3) Edmund Husserl, *Logical Investigations*, vol. 1, J. N. Findlay (trans.), London: Routledge & Kegan Paul, 1982, p.244.

의 사유의 토대로 삼고 있던 모델 또는 전제, 즉 형식 수학은 자연 과학과 정신 과학, 일반 학문과 철학의 구분을 무효화할 것이라는 생각으로부터 나온 것이다. 후설은 형식 수학이 마침내 철학 고유의 영역조차도 침해할 거라는 걸 예감했다. 그래서 처음부터 후설의 현상학적 탐구에는 항상 "철학(혹은 철학자)에 남겨진 것은 무엇인가?"[4]라는 물음이 함께했다.

후설이 보기에 '철학에 남겨진 것'은 **형상** *eidos* 의 근거, 또는 하이데거의 용어를 빌리자면, 그 형상의 '존재론적 특성들'을 밝혀 보는 기회 이외에는 아무것도 없었다. 후설은 이 **형상**을 현상학적 혹은 **형상적** *eidetic* 환원을 통해서 얻어 낸다. 형식 수학에서 말하는 형식 *form* 이 객관적으로나 심리학적으로 존재하지 않기 때문에, 후설은 플라톤과 비슷한 인식론적 입장을 취한다. 후설은 다음과 같이 주장한다 "그러면 확실히 우리는 이상적인 존재를 요청하는 것을 거부해선 안 될 것이다. 그러한 요청은 요청 그 자체로 정당하다. 사실상 이 세상의 어떤 해석 기술도 우리의 말과 우리의 사유로부터 이상적인 대상들을 제거할 수는 없다."[5] 후설은 플라톤의 형이상학적 실체화, 즉 "종 *the Species*(**이상**)은 실제로 사유의 **바깥**에 존재한다는 가정"[6]을 거부한다. 마찬가지로 그는 또한 심리학적 실체화, 즉 "종(**이상**)은 실제로 사유의 **안**에 존재한다는 가정"[7]도 거부한다.

후설은 20세기 형식주의가 수학뿐만 아니라 모든 다른 학문 분야에도 침입할 것이라는 것을 예견했다. 오늘날 수학은

---

4) 같은 책, p.244.

5) 같은 책, p.353.

6) 같은 책, p.350.

7) 같은 책, p.350.

여타의 탐구 분야들 가운데서도 컴퓨터 과학과 분자 생물학에서 두드러지게 발견된다. 이러한 형식주의의 팽창은 심지어는 19세기 최후의 보루였던 영혼, 생명, 시에 이르기까지 확장되었다. 그러나 1930년대엔 형식주의적 팽창에 대한 반동이 있었다. 즉, 비합리주의의 정치적 분출인 파시즘이 그것이다. 후설이 형식의 지위를 문제삼기 시작한 것은 바로 이러한 불길한 조건 속에서였다. 그는 당을 통해서 사회 자체를 합리적으로 건설하고자 한 스탈린주의자들과 그들에 대항하여 비합리적인 열정을 풀어 놓고자 한 파시스트들 사이에 자리했다. 후설은 그 가운데 어느 쪽도 선택하지 않았다.

서구 사상에서, 결정적인 순간에 맞닥뜨리게 되는 것은 지식의 건축물 자체가 아니라 위기 때마다 새로워지는 건축에의 의지다. 이 의지는 혼돈스럽고 다양한 생성 속에서 구조와 질서를 구축하고자 하는 하나의 비합리적인 선택 이외에 어떤 것도 아니다. 이는 단지 많은 것들 가운데서 하나를 선택하는 것일 뿐이다. 후설의 '위기'라는 것은 플라톤을 소생시키는 것일 뿐만 아니라, 서구 합리주의가 하나의 기투(*Entwurf*)라는 사실을 한번 더 반복해서 보여 주는 것이기도 하다. 그러나 마르틴 하이데거 Martin Heidegger 는 이러한 부활에 근본적으로 반대했고, 또 그렇게 한 것 때문에 나치즘에 가담했다는 비판을 받았다.

오늘날 형식주의는 도처에서 볼 수 있다. 지각, 정서, 자연, 생명, 생활 세계 등은 건축술에 대항하는 낭만주의적 반작용의 한 부분으로서 더 이상 쓸모없는 것으로 쫓겨나 버렸다. 말년에 하이데거가 "오늘날 철학이 그 마지막 단계에 들어섰다는 것은 무엇을 의미하는가?"[8]라고 물었을 때, 그가 생각해 보고자 했던 것은 사이버네틱스 *cybernetics* 의 문제였다.

> 이제 과학이 자기 자신을 확립하는 데 있어서 앞으로 사이버네틱스라는 새로운 기초 과학에 의해서 결정되고 조종될 것임을 인정하는 데 예언 따위는 필요치 않다.
>
> 이 과학은 인간을 하나의 행동하는 사회적 존재로 규정하는 것과 서로 손을 맞잡고 있다. 그것은 인간의 노동을 계획하고 조정하는 데 가능한 진로를 잡아 주는 이론이기 때문이다. 사이버네틱스는 언어를 뉴스의 교환으로 바꾼다. 예술은 규제된 것이면서 동시에 규제하는 정보의 도구가 된다.
>
> 독립적인 — 그러나 자기들 사이에서는 훨씬 더 현저하게 상호 의존적으로 의사 소통하는 — 과학들 속으로의 철학의 발전이라는 것은 이 상황에서 철학이 이룰 수 있는 합법적인 완성이다. 오늘날 철학은 끝나 가고 있다.[9]

이 인용에서 판단해 보자면, 하이데거가 20세기의 지적 발전 속에서 사이버네틱스가 지니는 중요한 역할에 대해 충분히 자각하고 있었다는 것은 분명하지 않다. 오히려 그는 그것을 단지 새로운 기술에 지나지 않는 것으로 간주했던 것처럼 보인다. 사이버네틱스는 모든 것을 차이/정보로 재구성함으로써 물질/생명, 동물/인간과 같은 전통적 이분법을 무화시키는 것으로 기능한다. 즉, 그것은 '영혼'과 '인간'이 더 이상 특권화된 선험적 역할을 할 수 없는 지평이다. 하이데거가 주장한 대로, 철학은 '오늘날 끝나 가고 있는' 가치들 속에 토대를 두었던 것이다.

이것을 염두에 둘 때 "철학이 끝난 무렵에, 어떤 임무가 사유에 남겨져 있는가?"[10]라는 하이데거의 물음이 의미를 갖

---

8) Martin Heidegger, "The End of Philosophy and the Task of Thinking," *Basic Writings*, David F. Krell (ed.), New York: Harper & Row, 1977, p.374.

9) 같은 책, p.376.

10) 같은 책, p.378.

기 시작한다. 사실, 그 물음은 후설의 물음을 계승한 것으로 이해될 수 있다. 하이데거는 사이버네틱스가 존재적이라고 주장한다. 그러므로 철학에 남겨진 것은 더 이상 존재론적 문제가 아니다. 철학에 남겨진 것은, 정확히 말해서, 의식과 이성이 배제했던 것이 **아니다**. ('무의식'을 수학적으로 형식화한 자크 라캉만 봐도 알 수 있다.) 따라서 실체보다 관계를, 동일성보다 차이를 우선시하는 철학이란 이미 하나의 과학, 아니 오히려, 이미 하나의 일반적인 사태다. 우리의 관심은 사변적인 것에 있는 것이 아니라, 지금 현재 활동중인 현실화된 '차이의 철학'에 있다. 우리는 형식 체계를 실현시킨 컴퓨터와 대비하여 인류가 자신의 **인간성**을 지탱한다는 것이 무슨 의미인지에 관해서 더 이상 긍정적으로 말할 처지에 있지 않다. 대신에, 우리는 인류를 인간답게 만든 것(인간성의 토대)이 그것의 바닥 없음(*Ab-gründlichkeit*)에 있다고 이해한다.[11]

만일 우리가 하이데거의 물음에 공감하면서 접근한다면, 그것은 후설의 물음과 마찬가지로 어떤 새로운 형식주의에 관련된 것으로 읽힐 수 있다. 이런 맥락에서 보면, 하이데거가 니체를 열렬히 찬양했음에도 불구하고 여전히 주관성의 철학에 머물렀다는 이유로 그를 비판했던 것과, 역설적이게도 플라톤에 대해선 '존재'를 이데아로 파악한 철학자라고 칭찬했던 것이 이해될 수 있다. 현재 받아들여지고 있는 형식주의는 주관성이니 육체니 하는 것들의 상정을 허락하지 않는다. 더구

11) *ab-gründig* 가 심연深淵, *Ab-gründlichkeit* 는 '심연임'을 의미하지만, 저자가 강조했던 대로 그 말의 일본어 번역의 뉘앙스를 살리기 위해서 '바닥 없음 *ungroundedness*'(토대 없음, 근거 없음)을 사용하기로 한다. Martin Heidegger, *Nietzsche*, vol. 4: *Nihilism*, Frank A. Capuzzi (trans.), San Francisco: Harper & Row, 1982, p.193 참조. — 옮긴이(영어판)

나 현재의 이러한 상황을 무시하고 수행되는 형식주의에 대한 모든 비판은 형식주의 이전의 어떤 입장으로 되돌아갈 수밖에 없다. 자크 데리다가 해체론을 전개할 때 이와 같은 일이 일어났다고 주장할 수도 있을 것이다. 그러나 데리다의 후설 비판은, 특히 그가 발전시킨 문자학 *grammatology* 은 문학적 범주에 의존하고 있지 않다. 오히려 데리다는 현대 분자 생물학과 같은 영역에서 개발된 범주들에 더 관심이 많았고, 그 분자 생물학에서 유전 인자들은 4개가 한 조를 이루는 염색체 **문자**들 *écritures*[12]이 번갈아 짝을 이루는 것들 속에 배열되어 있다.

하이데거와 달리 데리다는 결코 "무엇이 철학에 남겨져 있는가?"라고 묻지 않을 것이다. 그 대신 그는 "그토록 오랫동안 철학을 지속시켜 온 것은 무엇인가?"라고 묻는다. 그러나 이 또한 하나의 철학적 질문이다. 철학 자체의 형식화든 뭐든 모든 형식화 과정에서 우리는 형식이 존재하는지뿐만 아니라 어디에 존재하는지, 또 그 형식의 바깥이 존재하는지, 그렇다면 어디에 존재하는지를 물어야만 한다. 그렇게 하기 위해서 우리는 다시 플라톤의 선택과 맞닥뜨리지 않으면 안 된다.

---

12) 염색체 인자들은 *Adenine*, *Cytosine*, *Guanin*, *Thymine* 이다. 그러나 여기서 말하는 데리다의 문자 *écriture* 란 통상적인 의미에서의 글자 *la lettre* 를 말하는 것이 아니다. 글자 개념을 넘어서 그런 글자를 창출케 한 사고의 선험적 원동력과도 같은 것이다. 보통 '글쓰기'로 번역되는데, 단순한 문학적 범주의 글쓰기가 아니다. 넓은 의미에서 무언가를 새겨 넣거나 써 넣거나 기록하는 행위, 그리고 그런 행위의 산물들도 모두 포괄한다. **차이** *différance* 와 흔적이 만든 모든 유형적, 무형적 관계의 주고받는 텍스트의 직물 짜기에 해당한다고 볼 수 있다. 여기서는 *grammatologie* 와 관련된 문맥에 따라서 '문자'라고 옮긴다. *grammatologie* 의 대상인 '*gramme*' 역시 말과 대립되는 의미에서의 단순한 문자가 아니라 말과 글쓰기 이전의 모든 표현 행위의 근원이 되는 움직임을 가리킨다. — 옮긴이

셋

건축과 시

플라톤은 자신의 국가에서 시인들을 추방했다. 시인들은 자신들이 제작한 산물을 이해하지 못하기 때문에 그리고 그 결과로 언어 자체를 손상시킬 것이기 때문이다. 18세기 말의 낭만주의는 철학과 시의 관계를 영원히 바꿔 버렸다. 낭만주의는 신체의 인지적 충동, 감각, 정서, 열정 등에 정당성을 주었고, 이런 것들이 형식적인 지식보다 더 선호되었다. 헤겔은 이성과 감성 간의 모순적인 관계를 자신의 **가이스트** *Geist*, 즉 세계정신이란 개념으로 통합시켰으며 이런 과정 속에서 그는 이성 자체를 **미학화했다**. 신체의 인지적 충동에 이처럼 특별한 지위를 부여할 때 붙여지는 이름인 미학은 이성과 감성 사이를 중재하는 것으로 이해되었다.

이것은 플라톤에 의한 오랜 강제 추방 뒤에 마침내 시인이 지배권을 잡았다는 것을 의미하는가? 아니, 오히려 그와 정반대되는 일이 일어났다. 시 자체가 철학에 흡수되어 철학의 한 분과가 되어 버린 것이다. 낭만주의의 환상, 즉 시는 철학보다 더 근원적이며 따라서 시는 결과적으로 플라톤 철학에 대한 하나의 비판이라는 주장은 심지어 오늘날에도 지속된다. 그러나 미학을 비판했던 자들은 정확히 말해서 제작(*poiesis*)을 역설했던 바로 그 시인들이었다. 생성을 거부함으로써 시를 건축적인 것으로 만들고자 했던 자들은, 달리 말해서 자신들을 처음으로 내쫓았던 플라톤적 입장을 취했던 바로 그 시인들 — 에드거 앨런 포에서 폴 발레리에 이르는 일군의 시인들 — 이었다.

낭만주의적 영감을 거부하면서 포는 시를 합리적으로 짓고자 했다. 보들레르는 <포에 대한 새로운 단상 Notes Nouvelles sur Poe>이라는 에세이에서, 엄격한 엄밀성과 수학적 논리로 제작에 임했다던 포의 진술을 인용하면서 자신의 구축적 엄밀주의 *constructive precisionism* 를 강조한다. 그러나 시작詩作 — 좁은 의미에서의 *poiesis* — 의 신비한 과정에 대한 자각이 넓은 의미에서의 *techné* 에 대한 사변으로 이끈다는 것을 깨달았던 사람은 발레리다. 발레리는 자신의 책 ≪유팔리노스 혹은 건축가 *Eupalinos, or the Architect*≫에서 시인을 건축가로 매우 분명하게 정의한다. 플라톤에 의해서 한때 추방되었던 시인은 이제 오직 건축 그 자체의 한계를 드러내 보이기 위해서일 뿐이라면, 플라톤적인 건축에의 의지로 무장한 채 돌아올 수 있었다. 발레리는 다른 곳에서 다음과 같이 쓴다.[1)]

> 나는 내가 찾아왔던 이것을 **처음으로** 보고 있다. 나는 내가 그것의 형식에 관해 무슨 말을 했는지 생각을 모아 본다. 그리고 나는 당혹해한다. 그런 뒤 나는 자문해 본다. **누가 이것을 만들었지?**

---

1) Paul Valéry, *Eupalinos, or the Architect*, William M. Stewart (trans.), London: Oxford University Press, 1932.

누가 이것을 만들었지?는 바로 꾸밈없는 있는 그대로의 순간에 대해 묻는 것이다.

내 사유의 첫 움직임은 **제작**에 대해서 생각하는 것이었다.

제작의 관념은 관념들 가운데 최초의 것이자 가장 인간적인 것이다.

'설명한다는 것'은 **제작**의 방법을 기술하는 것 이외에 그 어떤 것도 아니다. 그것은 단지 사유 속에서 다시 한 번 제작해 보는 것일 뿐이다. 제작이라는 이 관념이 함축하는 것을 표현하는 유일한 방법인 **왜**와 **어떻게**는 모든 진술들 속에 자기 자신을 주입시키고서는 어떤 대가를 치르더라도 자기를 만족시켜 줄 것을 요구한다. 형이상학이니 과학이니 하는 것은 바로 이러한 요구의 **무제한적** 전개에 지나지 않는다.[2]

그러나 이 물음 — "누가 이것을 만들었지?" — 은 '대답되어'서는 안 된다. 그것은 제작 자체의 입장에서 요구된 물음, 사실상 작가의 부재를 암시하는 물음이다. "만들어진 것처럼 보이지만 어떻게 만들었는지는 알지 못하는 어떤 것과 마주칠 때마다 우리는, 자연이 그것을 산출했다고 말한다."[3] 여기서 발레리는 인간과 자연을 비교하는 것이 아니다. 오히려 그는 제작에 대해 남김없이 탐구하는 과정에서 마주치게 되는 한계나 불가능을 가리키기 위해서 '자연'이라는 이름을 잠정적으로 제안하는 것이다.

그러므로 자연이란 조가비와 같은 명백히 자연적인 대상들에 국한되지 않는다. 자연은 또한 인간에 의해 만들어졌지만 그 구조, 즉 그것이 어떻게 만들어졌는지가 곧바로 밝혀지

---

2) Paul Valéry, "Man and Sea Shell," *The Collected Works of Paul Valéry*, vol. 1, selected with an introduction by James R. Lawler, Princeton: Princeton University Press, 1956, p.117.

3) 같은 책, p.119.

지 않는 것들도 포함한다. 그런 것들은 그들의 제작이 분명하지 않기 때문에 자연 언어로 불린다. 마르크스가 ≪자본론≫ 서문에서 역사를 자연사로서 볼 것을 강조했던 것도 정확히 이런 의미에서다. 마르크스의 '자연사'란 모든 제작을 포섭하는 헤겔적 **정신** *Geist* 과는 다르다. (또한 자연사는 변증법적 유물론을 통해서 모든 것을 설명하고자 하는 것도 아니라는 점에 유의하는 것이 중요하다.) '자연적'이란 어떻게 만들어지는지 우리가 알지 못하는 모든 것을 가리킨다. 우리는 자연이 만든 것이 무엇인지를 밝히기 위해서 먼저 인간이 만든 것이 무엇인지를 결정해야만 한다. 발레리는 다음과 같이 쓴다.

> 일반적으로 우리가 인간이 만든 대상을 검토해 본다면, 그리고 그것의 형식, 그것의 **외적 구조**를 살펴보고 그것을 그 **내적 구조**와 비교해 본다면, 지질학적 대상이든 유기적 대상이든 간에 어쨌든 이른바 **자연적인** 대상이라고 하는 것의 내적 구조와 외적 구조 사이에서 발견할 수 있는 관계와는 다른 관계를 발견하게 될 것이다. 나는 이 문제가 항상 그렇게 설명될 수 있다고 주장하지는 않는다. 즉, 애매한 경우들도 있다. 하지만 우리는 — 현미경의 도움 없이 표면적인 조사만 하는 경우 — 인간의 작품에서는 내적 부분들의 구조가 그 부분들을 조립한 것의 **형식**보다 덜 중요한 것처럼 보인다는 것을 꽤 자주 발견한다. 따라서 인간의 작품은 그 질료가 무엇이든 상관 없이 하나의 조립물로만 보이는 것이며, 이를 만든 이도 자신이 만드는 것의 내적 구조에 대해서는 거의 주의를 기울이지 않는 것처럼 보일 것이다. 당신은 아주 다른 질료로 비슷한 것을 만들 수 있다. 그것이 유리로 된 꽃병이든, 금속으로 된 꽃병이든, 또는 자기로 된 꽃병이든, 그것은 거의 같은 형식을 취할 수 있다. 이것은 당신이 (실제로 그것을 만드는 동안을 빼고는) 그 꽃병을 만든 **질료**를 무시했다는 것을 의미한다. 더욱이 만일 당신이 인간이 만든 그 대상을 계속해서 조사해 보면, 당신은 전체의 형식이 부분들의

> 내적 구조보다 **덜 복잡하다**는 것을 발견할 수 있을 것이다. 여기서 복잡하다는 것은 곧 정돈되지 못한 어떤 상태를 암시하는 것이다. 이런 의미에서, **질서**는 **무질서** 위에 편승하고 있다. 내가 옛날에 이런 예를 들었던 것이 기억난다. 만일 당신이 한 연대의 군인들을 줄을 맞춰 정렬시킨다면, 당신은 요소들로 구성되는 하나의 기하학적 도형을 얻게 된다. 하지만 그 요소들 각각은 전체보다 훨씬 더 복잡하다. 그 각각의 요소들은 모두 사람이기 때문이다. 이와 유사하게, 만일 당신이 가구를 하나 만든다면, 당신은 나무의 조직을 어질러 놓게 된다. 당신은 나무의 내적 구조에 대해서는 개의치 않고 그 나무를 토막토막 자르고서는 그 조각들을 다시 조립하기 때문이다. 이 때 나무는 당신에게 당신이 그 조립물에 부여한 형식 및 윤곽과 관련하여 불변하는 것으로 간주할 수 있는 어떤 안정적인 요소들을 제공해 준다.[4)]

발레리는 인간이 만든 것의 표시는 그것의 형식이 지니는 구조가 그것의 질료가 지니는 구조나 구성에 비해 단순하다는 점에서 찾을 수 있다고 적고 있다. 예컨대, 어떤 문학 작품의 구조를 파악해 보면, 그 구조는 항상 텍스트 자체보다 단순하다. 비록 인간에 의해 만들어졌지만 텍스트는 구조보다 더 복잡하고 더 초과한다. 텍스트는 언어라는 자연적인 질료가 혼합되어 짜여진 구축물이기 때문이다. 한편, 구조는 어떠한 구조든지 간에 그 구조가 형성될 때의 어떤 의도와 분리되어 존재할 수 없다. 텍스트에 대한 구조적 분석에는 항상 감추어진 의미 내지 작가가 전제되게 마련이다.

---

4) Paul Valéry, "Reflections on Art," *The Collected Works of Paul Valéry*, vol. 13, Ralph Manheim (trans.), New York: Pantheon, 1964, pp.145～6.

넷

자연 도시

'자연이 만든 것'을 기술하는 대신에, 발레리는 그것이 우리가 우리의 생각 속에서 구축한 구조들로 환원될 수 없는 어떤 것임을 드러낸다. 즉, 발레리는 제작을 항상 구조를 초과하는 어떤 것으로 이해한다. 중요한 것은 발레리가 시인이면서도 시적 상상력이라는 근원적 입장에 호소하지 않고, 그 대신에 구축의 입장에서 건축의 불가능성에 접근하려고 했다는 점이다. 이 장에서 나는 크리스토퍼 알렉산더 Christopher Alexander 라는 한 건축가/기획자의 예를 들고 싶은데, 그는 발레리적인 물음을 계속해서 — 아마도 의도하지 않은 채로 — 추구했던 사람이다.

알렉산더는 수많은 세월에 걸쳐 출현해 온 도시들을 자연 도시라 부르는데, 그것은 이를 인공 도시와 구별하기 위해서다. 인공 도시란 디자이너들과 기획자들에 의해서 계획적으로 창조된 도시를 말한다. 그는 인공 도시들이 도시의 본질적인 요소들을 결여한다고 주장한다. 그래서 그는 사람들이 철저하게 계획된 이러한 대도시들을 점점 더 받아들이길 꺼려하는 것이 이해 못할 것은 아니라고 말한다. 그가 지적한 대로, 많

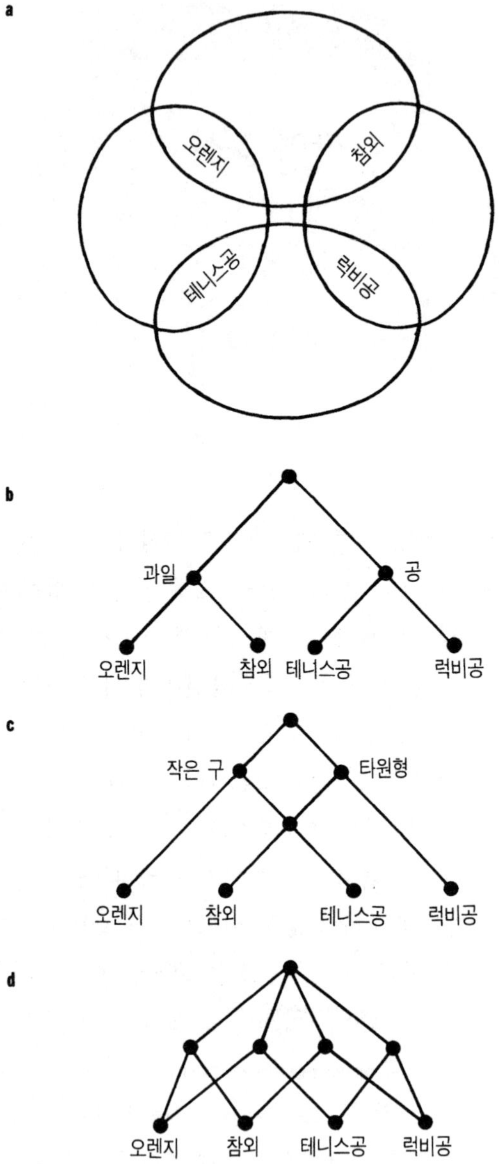

<그림 1>

Christopher Alexander, "A City Is Not a Tree, Part 2," *Architectural Forum*, 122, no. 2, May 1965, p.60에서 재인용.

은 디자이너들이 자연 도시의 요소들을 도입함으로써 인공 도시의 현대적 양식에 활기를 불어넣으려고 했다. 그러나 그러한 시도들은 지금까지 그다지 성공을 거두지 못했는데, 그들은 도시 자체의 내적 구조는 파악하지 못하고 대신 자연 도시의 겉모습이나 이미지만을 모방했기 때문이다. 알렉산더는 자연 도시가 반격자半格子 형태로 조직되는 반면에 인공 도시는 나무의 형태로 조직된다고 말한다.

나무와 반격자는 둘 다, 다양한 작은 체계들이 복잡한 큰 체계를 형성하기 위해 어떻게 상호 작용하는지를 개념화하는 방법을 제공한다. 일반적으로 말하자면, 나무와 반격자는 한 집합 안에서 성립하는 여러 질서 구조에 붙여진 다른 이름들이다. 예컨대 오렌지, 참외, 럭비공, 테니스공을 두 그룹으로 분류해야 한다고 가정해 보자. 한 가지 방법은 오렌지와 참외를 과일로 묶고, 럭비공과 테니스공을 공으로 묶어 분류하는 것이다. 또 다른 방법은 그것들을 모양에 따라 나누어, 두 개의 작은 구인 오렌지와 테니스공을 하나로 묶고, 두 개의 보다 큰 타원형인 참외와 럭비공을 하나로 묶는 것이다. 각 분류를 하나씩만 보면, 두 분류 다 나무 구조를 형성한다(<그림 1b>, <그림 1c>). 그러나 두 분류가 결합되면 그것은 반격자 형태가 된다(<그림 1d>). 집합론의 언어로 표현하면, 그 그림은 <그림 1a>처럼 될 것이다. 그러나 이와 같은 나중 형태의 반격자 예들에서는 네 집합 모두를 동시에 시각화하기가 더 어렵다. 이와 비슷하게, 여러 집합들이 중첩되는 자연 도시의 반격자 구조를 시각화하는 것도 어렵다. 따라서 우리는 우리가 시각화할 수 있는 유일한 구조인 나무 구조로 그것을 환원하고자 한다.

알렉산더는 자연 도시의 반격자 구조를 다음과 같이 서술

한다. "버클리에 있는 허스트와 유클리드 거리가 만나는 모퉁이에 약국이 하나 있고, 그 약국 밖에 신호등이 있다. 그 약국의 입구에는 신문 가판대가 있고 거기에 그 날의 신문들이 진열되어 있다."[1] 이것들이 그 도시에서 변하지 않는 요소들이다. 그렇지만 붉은 신호등일 때 서서 기다리는 동안 사람들은 신문을 보거나 산다. 이 세 가지 요소들이 결합되면, 이들은 다르게 기능하기 시작한다. 인간의 사용을 통해서 이러한 여러 조화로운 전체들이 도시의 한 단위를 형성한다. 계속해서 알렉산더는 다음과 같이 쓴다.

> (도시는) 하나의 단위로서의 자신의 일관성을, 그 자신의 요소들을 결합하는 힘들과 그리고 그 도시를 고정 불변하는 부분으로 포함하는 더 커다란 **생활 체계**의 역동적 일관성 둘 다로부터 이끌어 낸다……. 즉, 도시의 체계들을 담는 그릇들로서 의미 있는 물리적 단위들로 생각될 수 있는 도시의 많고 많은 고정된 구체적 부분 집합들 가운데서, 우리는 보통 몇 개만 뽑아서 특별히 살펴보게 된다……. 그와 같은 그림을 만들어 내는 부분 집합들의 모임은 단순히 무정형적인 어떤 모임은 아니다. 다른 것은 제쳐두고라도 일단 부분 집합들이 선택되면 그 부분 집합들 가운데서 여러 관계들이 성립되기 때문에 자동적으로 그 모임은 특정한 구조를 갖게 된다……. 도시에서 일어나는 수백만의 실제 입자들로 이루어진 실제의 집합들에 관해 말하는 대신에, 딱 반 다스로 이루어진 보다 단순한 구조를 살펴보자.[2]

그러한 것의 시각화, 즉 <그림 2>는 다음의 경우에 하나의 반격자다. "집합들의 어떤 모임이 반격자 형태를 취하는

---

1) Christopher Alexander, "A City Is Not a Tree," *Architectural Forum*, 122, no. 1, April 1965, p.58.

2) 같은 책, pp.58~9. 강조를 덧붙임.

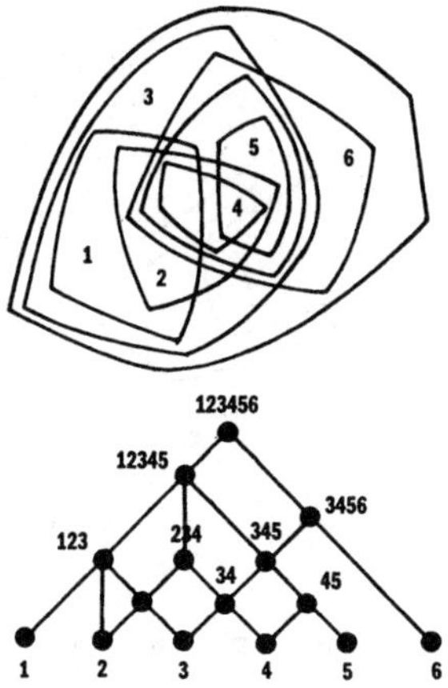

<그림 2>

Christopher Alexander, "A City Is Not a Tree," *Architectural Forum*, 122, no. 1, April 1965, pp.59, 62에서 재인용.

것은, 서로 겹치는 두 집합들이 그 모임에 속하고, 그리고 두 집합 모두에 공통된 요소들의 집합 또한 그 모임에 속할 때, 오직 그 때뿐이다."[3] 예컨대 <그림 2>에서 집합 {2, 3, 4}와 집합 {3, 4, 5}, 그리고 그들의 공통 영역인 {3, 4}는 모두 그 모임에 속한다. 도시와 관련되는 한에선, 두 단위가 겹칠 때 그 겹치는 지역은 그 자체로 인지 가능한 하나의 실재며 따라서 당연히 하나의 단위다. 앞선 예에 적용시켜 보자면 신문 가판대, 인도, 신호등으로 이루어진 것이 하나의 단위가 될 것이고, 또 다른 단위를 이루는 것은 약국 그 자체와 그 약국의 입구, 그리고 신문 가판대가 될 것이다. 그 때 그 두 단위는 신문 가판대의 영역에서 겹치게 되며, 이 겹친 지역은 그 자체로 하나의 인지 가능한 단위가 될 것이다. 이러한 모임의 구조는 따라서 반격자로 정의된다. 인공 도시에서는 이러한

3) 같은 책, p.59.

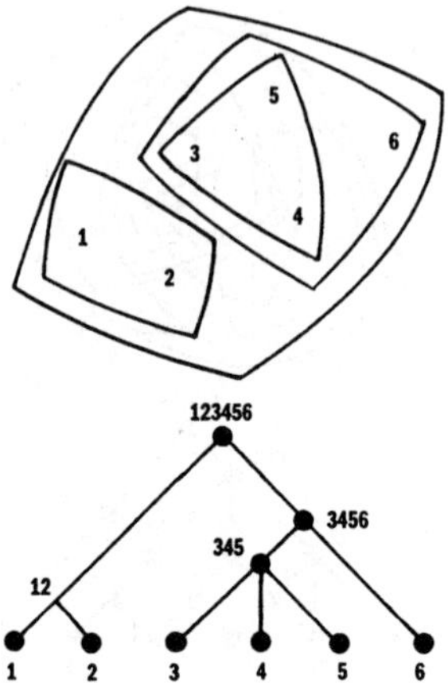

<그림 3>

Christopher Alexander, "A City Is Not a Tree," *Architectural Forum*, 122, no. 1, April 1965, pp.59, 62에서 재인용.

겹침이 존재하지 않는다.

반격자에 대립되는 나무는 다음과 같이 정의된다. 즉, "집합들의 어떤 모임이 나무의 형태를 취하는 것은 그 모임에 속하는 임의의 두 집합에 대해 한 집합이 다른 집합에 완전히 포함되거나, 아니면 그 둘이 완전히 분리될 때, 오직 그 때뿐이다."[4] <그림 3>은 어떠한 겹침도 일어나지 않는 나무 구조를 구체적으로 보여 준다.

알렉산더는 나아가, 반격자가 더 복잡하고 미묘한 구조로 발전할 상당한 가능성을 갖고 있다고 지적함으로써 그 두 유형 사이의 구분을 정교하게 다듬고 있다. 20개의 요소에 기초하는 하나의 나무는 오직 19개의 부분 집합만을 포함할 수 있는 반면에, 20개의 요소에 기초하는 하나의 반격자는 100만 이

---

4) 같은 책, p.59.

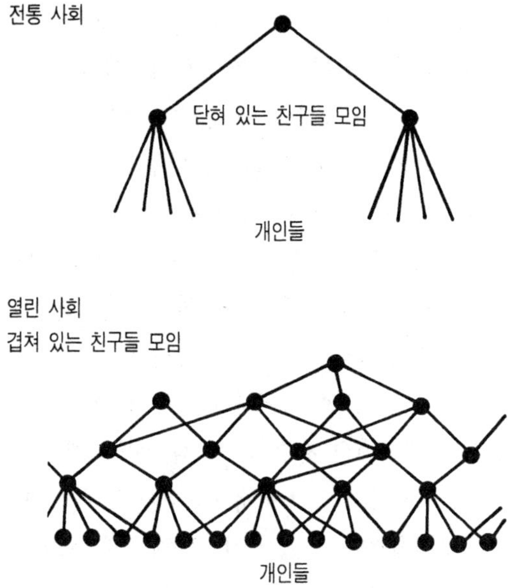

<그림 4>

Christopher Alexander, "A City Is Not a Tree," *Architectural Forum*, 122, no. 1, April 1965, pp.59, 62에서 재인용.

상의 상이한 부분 집합들을 포함할 수 있다. 그러나 우리는 자연 구조들을, 즉 예외없이 반격자인 구조들을, 나무 구조로 환원하려는 경향이 있는데, 그것은 나무가 하나의 복잡한 실재를 여러 단위들로 나누어 주는 단순하고 분명한 메커니즘을 제공하기 때문이다. 인공 도시가 구조적 복잡성을 결여한 것은 그것의 나무 구조 때문이다. 알렉산더는 다른 것들 가운데 브라질리아와 도쿄의 도시 계획 가운데 잘 알려진 것 9개 — 실행된 것과 제안된 것 모두 — 를 분석하고, 이들이 모두 나무 구조에 기초한다는 것을 발견했다. 예외없이 나무 원칙이 너무나 지배적이어서, 전체를 나타내는 상위 단위에 의해 매개되지 않고서는 어떠한 단일 요소도 다른 요소와 연결될 수 없다.

인공 도시들과 자연 도시들 간의 차이에 대한 알렉산더의 수학적 검토는 엄밀히 말해서 그것이 형식적이기 때문에 시사하는 바가 크다. 더욱이 그것은 확장되어 제도적인 조직까지도 포함할 수 있다. 예컨대, 연결망이 나무와 같은 구조로 되어 있는 군이나 관료 조직에서는 본부를 통해서 이루어지는 것을 제외하고 횡단적인 교섭은 결코 허락되지 않는다(<그림 4> 위쪽). 그러나 조직이 실제로 작동하는 법을 관찰해 보면, 나무 구조가 자주 변형되는 것을 본다. 의사 소통은 더하거나 덜하거나 간에 횡단적으로 일어나야만 하기 때문에, 관료 조직은 실제 작동 과정에서 자주 반격자를 채택하게 된다. 가장 전형적인 나무 구조가 엄격하게 유지되어야만 하는 경우는 스파이와 지하 조직에서다. 여기서 각 구성원들은 오직 상위 차원의 관리자와만 소통할 수 있고, 따라서 구성원들 간의 어떠한 횡단적 연결도 가능하지 않다. 다른 한편으로, 열린 사회에서 친구들이나 서로 알고 지내는 사람들 사이의 관계는 <그림 4> 아래쪽에서 보여지는 것처럼 반격자 형태를 취한다.

알렉산더에 따르면, 도시건 사회 조직이건 간에 너무 엄격하게 나무 구조를 따르면 황폐해진다. 오늘날의 도시 계획은 본질적으로 이런 과정을 따랐고, 그 결과는 브라질리아와 같은 도시들에서 잘 증명된다. 알렉산더는 다음과 같이 쓴다. “어떤 조직화된 대상이건 간에, 내적 요소들의 극단적인 구획화와 분리는 다가올 파멸에 대한 첫번째 신호다. 한 사회에서 분리란 무정부적인 상태다. 그리고 한 개인에게 있어 분리란 정신 분열증과 임박한 자살에 대한 표시다.”[5]

---

5) Christopher Alexander, “A City Is Not a Tree, Part 2,” *Architectural Forum*, 122, no. 2, May 1965, p.61.

다섯

구조와 제로

도시에 대한 알렉산더의 견해는 살 만한, 인간적인 도시 공간을 유지한다는 명목으로 도시 계획에 반대하는 사람들의 견해와는 현저하게 다르다. 그것은 알렉산더에게서 자연 도시란 '자연이 만든 도시'이기 때문이다. 알렉산더는 자연을 찬미하지 않으며 또 자연을 인간이 만든 것에 대립시키지도 않는다. 도시 계획자들의 건축적 시도들을 비판하면서도, 알렉산더는 도시 계획을 가장 건축적인 방식으로 고려하는 사상가다.

20세기 초 모더니스트들이 플라톤의 철학자 / 왕의 구현이라면, 알렉산더의 비평은 플라톤적 이상이 불가능하다는 것을 보여 주는 근본적인 증명에 다름 아니다. 그러나 그의 방법론은 여전히 플라톤적인 건축에의 의지를 통해 알려진다. 즉, 인간이 만든 것 바깥이 바로 자연이라는 그릇된 생각에 호소하기보다는 오히려 그의 방법론은 인간이 만든 것의 핵심에 있는 어떤 부정적인 형상이 바로 그 바깥임을 드러낸다.

알렉산더의 작업은 다른 학문들에서의 연구와 나란히 발전해 왔다. 그 가운데 하나로 부르바키 Bourbaki(프랑스 구조주의 수학자들의 어떤 모임의 가명)의 수학적 구조주의를 들 수 있다. 부르바키의 조작적 방법은 우선 모든 데이터를 집합으로 환원하고 그 다음에 이러한 집합 원소들을 구조로 재건하는 것으로 이루어진다. 이 때의 구조는 세 가지 범주로 이루어진다. 즉, 대수적 구조, 순서의 구조, 위상학적 구조. 로만 야콥슨 Roman Jakobson 과 클로드 레비스트로스의 작품들을 통해 알려진 구조주의가 주로 대수적 구조에 의존하는 반면, 알렉산더는 집합들의 '순서의 구조'를 사용한다.

구조주의는 언어학을 통해서, 그 가운데서도 특히 페르디낭 드 소쉬르의 언어학으로부터 과감하게 갈라져 나온 야콥슨의 음운론을 통해 일반 대중들에게 알려지게 되었다. 소쉬르는 "언어에는 오직 차이들만이 있다, **실질적인 항들은 없이**"[1]라고 주장했다. 야콥슨은 소쉬르가 뒤죽박죽인 채로 남겨두었던 바로 그 음성 조직의 체계화를 입증해 주는 또 다른 접근법을 제안했다. 이 체계화는 조직적인 구조를 이원적 대립들의 집합들로 다시 생각함으로써 달성될 것이다.

> 단순하고 불가분적인 이원적 대립들로 분해될 수 있는 것은, 터키어의 음성적 음소들 사이에 있는 차이들뿐만 아니라 모든 언어의 모든 음소들 사이에 있는 모든 차이들이다. 따라서 각각의 개별적 언어에서의 모든 음소들, 즉 모음과 자음들은 분해할 수 없는 여러 **변별적 특징**들로 나뉠 수 있다. 이제 명백한 것처럼 보이던 모순들은 제거된다. 그와 같은 차이적 성질들의 대립들은, 논리학의 정의를 따르자면, 진정한 이원적 대립들이다. 즉, 대립의 항들 각각은 **반드시** 자신의 반대를 함축하는 그런 대립들이다. 따라서 닫힘이라는 관념은 오직 열림이라는 관념에 의해서만 대립되고, 앞면과 뒷면도 서로가 서로를 함축한다 등등.[2]

---

1) Ferdinand de Saussure, *Course in General Linguistics*, Wade Baskin (trans.), New York: McGraw-Hill, 1959, p.120

한때 너무 뒤죽박죽인 것처럼 보였던 음성 조직은 이 이후로는 비록 여전히 복잡하긴 해도 꽤 질서 정연하게 파악될 수 있었다. 레비스트로스는 카오스의 질서 정연한 구성을 이처럼 자신 있게 주장하는 것에서 감명을 받았다. "구조 언어학은, 예컨대 핵물리학이 물리학에 대해 했던 것과 같은 혁신적인 역할을 사회 과학에 대해 할 것이 확실하다."[3] 그러나 음운론의 주목할 만한 성공은 수학적 구조를 활용했다는 것에 톡톡히 신세지고 있다. 사실, 우리의 지성이 재구성하기에는 너무나 뒤죽박죽이거나 혼돈스러웠던 것을 야콥슨이 형식적으로 구성할 수 있었던 것은 바로 그가 전개한 수학적 구조 때문이다. 그는 우리로 하여금 '자연이 만든 것'의 구조를 명백하게 볼 수 있도록 했다.

레비스트로스는 문명화되지 않은 사회의 친족 구조 분석에서 클라인의 대수 구조를 사용했다. 그러나 다시 발레리에게로 돌아가서 보면, 여전히 '자연이 만든 것'은 인간이 재구성한 것보다 훨씬 더 복잡한데, 그것은 인간이 재구성한 것의 구조가 미리 규정된 어떤 목적에 의해서만 형성되기 때문이다. 야콥슨은 이를 강조하면서 다음과 같이 쓴다.

> 음향학 분야의 현대 전문가들은 하나의 언어가 지닌 수적으로 너무나 많고 그 변화 또한 감지할 수 없을 정도로 엄청나게 다양한 소리들을 인간의 귀가 어떻게 별 어려움 없이 인지할 수 있는지에 대해 당혹해하며 놀란다. 여기에 관여하는 것이 정말 순수하게 청각적인 능력만일까? 아니, 결코 그럴 수 없다! 말해

---

2) Roman Jakobson, *Six Lectures on Sound and Meaning*, John Mepham (trans.), Cambridge, Mass.: MIT Press, 1978, p.81.

3) Claude Lévi-Strauss, *Structural Anthropology*, Claire Jacobson & Brooke Schoepf (trans.), New York: Basic, 1963, p.33.

> 진 언어에서 우리가 인지하는 것은 소리의 차이들 그 자체가 아니라, 그 차이가 언어에 의해서 쓰여지는 다른 쓰임들이다. 즉, 그 자체로는 의미가 없을지라도, 더 높은 차원의 실재들(형태소, 단어)을 서로서로 구분하는 데 사용되는 차이들이다.[4]

소리 유형은 말소리와 똑같지 않다. 소리 유형은 분류상 더 높은 메타 차원이 상정될 때에만 차이나게 존재할 수 있는 어떤 형태다. 형태소, 단어, 절에 대해서도 똑같이 말할 수 있다. 그 각각은 똑같이 각각의 분류를 위해 어떤 더 높은 차원이 전제될 때에만 차이의 형태로 뽑아 낼 수 있다. 소쉬르는 **랑그** *langue* 란 말하는 주체와 독립적으로 존재하는 어떤 사회적 사실이라는 것을 강조했다. 그러나 여기에는 하나의 역설이 놓여 있다. 즉, 물리적인 말소리와 구별되는 소리 유형은 어떤 변별적 기능이 있는 한에서만 뽑아 낼 수 있는데, 그 변별적 기능이라는 것은 무엇보다도 우선 말하는 주체가 있어야만 존재한다는 점이다. 다시 말해서 의미가 말하는 주체를 위해 존재할 때 그 때에만 그 의미를 구분하는 형식이 항상 그보다 앞서 존재하는 것으로 이해되는 것이지, 그 역은 아니다. 바로 이런 식으로, **랑그**의 언어학도 말하는 주체의 의식에서 출발하는 현상학적 환원에 의해 구성된 것이다. 그것은 환원에 의해, 즉 예를 들면 물리적 말소리, 지시 대상, 문맥을 괄호침으로써 도출된다. 따라서, **랑그**의 언어학은 자신의 전제로서 주체를 요구한다. 그것에 의해서 발견되는 차이의 형태가 더 높은 차원의 조직을 전제로 한다는 점에서 항상 목적론적인 성격을 띠는 것도 바로 이 때문이다. 발레리가 지적한 것처럼 '인간이 만든 것'은 항상 단순화를 동반한다.

---

4) Jakobson, *Six Lectures on Sound and Meaning*, p.74.

우리는 알렉산더에게서도 동일한 형태의 관계를 찾아 낼 수 있다. 교차로에 있는 신문 가판대의 예를 다시 한 번 보자. 이 신문 가판대는 이미 하나의 겹침으로 기능하고 따라서 하나의 인지 가능한 단위로 기능할 수 있다. 그러나 만일 다른 장소로 이동한다면, 그것은 똑같은 방식으로 기능할 수 없을 것이다. 그러므로 자연 도시의 구조는 '그 도시에 살고 있는 주체'의 의식으로부터 출현하며, 도시 또는 건축의 기호학은 신호등이나 신문 가판대 같은 대상들이 단순히 차이의 형태로서 보여질 때 존재하게 된다. 특히, 이 차이의 형태들은 '체험된 세계'를 현상학적으로 환원함으로써 뽑힌 형태들이다.

그러므로 구조는 초월적 자아를 상정하고 이것과 하나가 된다. 데리다가 구조주의가 아닌 후설의 현상학 읽기에서 자신의 비판 — 해체론 — 을 시작한 이유가 바로 여기에 있다. 구조주의자들은 자아를 포기했다. 그들은 '인간이 만든 것'을 넘어서는 초과분을 하나로 묶어 구조 속에 집어넣을 수 있는 장치, 즉 제로를 발견했기 때문이다. 야콥슨은 이 제로를 그의 음소 체계를 완성하기 위해서 도입했다.

> 제로 음소는…… 변별적 특징이나 불변의 어떤 소리 특성 어느 것도 없다는 점에서 프랑스어의 다른 모든 음소들과 맞서 있다 하겠다. 또 다른 편에서, 제로 음소 ∂는 어떤 음소든지 간에 그 음소의 없음과 맞서 있다.[5]

수학 분야에서 제로 기호는 상식이다. 수학적 구조는 하나의 형식이라기보다 오히려 하나의 기능으로서 작동한다. 즉,

---

5) R. Jakobson & J. Lotz, "Notes on the French Phonemic Pattern," *Roman Jakobson, Selected Writings*, vol. 1, *Phonological Studies*, 2d ed., Paris: Mouton, 1971, p.431.

그것의 변형 규칙 속에는 변형의 특성을 띠지 않는 기능까지도 포함하고 있어야만 한다. 야콥슨의 제로 음소는 수학적 변형 그룹들 속에 있는 단위 요소 *e*에 해당된다. 그러므로 야콥슨이 제로를 채용한 것은 너무나 자연스러운 일이었다. 그가 초점을 맞추었던 구조는 개별 음소들 그 자체라기보다 오히려 음소들 **사이의** 대립적 관계의 묶음들이었기 때문이다. 오직 제로를 도입함으로써만 하나의 그룹(구조)이 구성될 수 있다. 야콥슨에게 제로가 의미하는 것은 그 이상도, 그 이하도 아니다.

제로는 인도에서 발명되었다. 그것은 원래 주판 위의 구슬을 움직이지 **않는 것**에 대한 이름이었다. 만일 제로가 없다면, 숫자 205와 25는 구별될 수 없을 것이다. 다시 말해서, 제로는 '어떤 수든지 간에 그 **수**의 없음과 맞서' 있다. 자리값 체계 *place-value system* 는 바로 이런 식으로 제로를 도입함으로써 확립되었다. 산스크리트어에서 제로에 해당하는 단어가 비록 불교의 공空 개념에 해당하는 단어와 같다고 하더라도, '제로'는 이러한 형이상학적인 개념과는 구분되어야만 한다. 제로는 실천적이고 기술적인 목적으로 도입된 것이기 때문이다. 그러나 제로가 서양에서보다 인도에서 훨씬 더 쉽게 받아들여진 것을 생각해 보면 — 서양에서는 12세기에 제로가 처음 등장했을 때 엄청나게 시끄러웠다 — 이 개념들이 서로 연결되어 있었다고 여기는 것이 어쩌면 당연할지도 모르겠다. 에드거 앨런 포에 대한 에세이에서, 말라르메는 제로의 역할에 관해 이렇게 써 놓았다.

> 시의 지적인 갑옷은 연聯을 분리하는 공간 속에 그리고 종이의 여백 가운데 숨어 있고 거기에 남아 있다 — 그 속에서 생겨난다. 시 자체를 구성하는 것만큼이나 중요한 그 의미 심장한 침묵.[6]

말라르메의 '여백'은 노자의 "쓸모 있는 것으로서의 무無"[7] 라는 구절에서 나왔다고 인정된다. 두 개념 모두 순수한 제로로 기능하기보다 오히려 철학적이라 할 수 있다. 반면에 야콥슨의 제로 기호는 하나의 구조를 구성할 수 있도록 해 주는 기술적 장치며 순전히 이론적인 측면에서 없어서는 안 될 어떤 것이다. 아무튼 일단 기술적으로 도입되자, 제로는 불가피하게 한층 더 심도 깊은 반성을 이끌어 낸다. 들뢰즈는 "구조주의가 새로운 종류의 초월 철학 — 여기서는 자리가 그 자리를 차지하는 것보다 우월하다 — 과 분리될 수 없다"[8]는 것을 알아챘다. 그와 같은 철학이 이미 자리값 체계에 들어와 있었고, 그게 사실이라면 구조주의가 정확히 제로 기호의 도입과 함께 출현했다고 하는 것이 불가능한 것은 아니다.

제로는 순수하게 기술적인 도구로 남아 있지 않았다. 야콥슨(제로 음소)에서 영감을 받아 레비스트로스가 마르셀 모스 Marcel Mauss 의 (≪주술론 *Esquise d'une théorie générale de la magie*≫에 있는) **마나** *mana*[9]와 (≪증여론 *Essai sur le don*≫에 있는) **하우** *hau*[10]라

---

6) Stéphane Mallarmé, in "Sur Poe," "Proses diverses, réponses à des enquêtes," *Oeuvres complètes*, Henri Mondor & G. Jean-Aubry (ed.), Paris: Gallimard, 1951, p.872.

7) Lao-Tzu, *Te-Tao Ching*, Robert G. Hendricks (trans.), New York: Ballantine, 1989, p.63.

8) Gilles Deleuze, "A quoi reconnaît-on le structuralisme?" *La Philosophie au XXe Siècle*, vol. 4, sous la direction de François Châtelet, Paris: Librairie Hachette, 1973, p.300.

9) 집단적, 종족적 사유 체계의 공통성을 표시하는 토템과 대비되는 것으로 단지 개인적 차원의 신앙심이나 종교적 감정을 표현하는 수호신 체계에 붙어 다니는 초자연적 존재나 위력. — 옮긴이

10) 마오리족의 언어로 포트래치 *potlatch* 를 나타냄. 이것은 교환의 원시적 형태를 말하는데, 이 때의 교환은 상업적 거래로서의 경제적 성격만을 갖는 것이 아니라 상호 증여의 형식하에 이루어지는 사회적, 종교적, 주술적, 도덕

는 관념을 구조주의적으로 해석함으로써 제로 기호는 인류학에 도입되었고, 제로는 철학적 함축으로 흠뻑 적셔지게 되었다. 원시 폴리네시아의 **하우**에서 모스는 어떤 능력을 발견했으며 그것이 선물 / 교환의 상호성을 강요한다고 생각했다. 그러나 레비스트로스는 원주민의 의식에 의존하는 모스의 방법론적인 접근을 받아들일 수 없었다. 대신에 그는 **하우**나 **마나**를 초월적 범주들로 제시했다. 야콥슨의 제로 음소로부터 배운 레비스트로스는 **마나** 같은 관념을 “그 자체로는 의미가 없는, 따라서 어떠한 의미도 받아들일 수 있는” 것으로 재정의했다.[11] 레비스트로스는 이 제로 기호를 떠다니는 기표와 동일시했다.

이것은 조각들을 상하 좌우로 움직여 어떤 순서를 만드는 숫자 또는 문자 움직이기 게임의 빈 공간과 꼭 같다. 그 게임을 움직이게 하는 것은 1, 2, 3과 같은 기표들의 차이의 체계가 아니라, 빈 자리 바로 그것이다. 게임을 하는 사람은 자신이 숫자들을 움직이고 있다고 생각할지 모르지만, 다른 관점에서 보았을 때 떠돌아다니는 것은, 그리고 이 움직임을 가능케 하는 것은 바로 그 빈 자리다. 그것을 라캉의 언어로 표현하면 이러하다. 각각의 숫자는 자신이 주체라고 생각할지 모르지만, 그것은 이 떠다니는 기표의 한 결과일 뿐이다. 이러한 뒤바꿈이 아무리 지나치게 여겨질지라도, 떠도는 기표 또는 제로 기호는 구조의 구조성을 보장한다는 것, 그래서 그것

적 의미를 지닌다. 그래서 물물 교환시 서로 주고받는 물건에는 권력, 힘, 동감, 지위, 정서 등이 내포되어 있고, 그런 교환을 수행함으로써 자기 생존을 보장하고 동맹이나 경쟁에서 닥칠 위험과 재난을 예방한다는 의식이 깃들어 있다. — 옮긴이

11) Claude Lévi-Strauss, *Introduction to the Work of Marcel Mauss*, Felicity Baker (trans.), London: Routledge & Kegan Paul, 1987, p.55.

은 그저 신이나 초월적 자아의 대리인으로서 존재할 뿐이라는 점에 주목해야만 한다.

마나를 제로 기호로 사용하는 것은 제로 기호를 **마나**로 사용하는 것과 똑같다. 불교의 정토파淨土派에서 초월적 타자 — 숭배 대상 — 는 단지 절대적 공空의 한 표상에 지나지 않는 것으로 간주된다.[12] 이런 관점에서, 구원을 위해 초월적 타자를 요구하는 정토파와, 혼자 힘으로 **사트야** *satya*, 즉 진리 획득을 목표로 하는 선종禪宗은 겉보기만큼 그렇게 서로 멀리 떨어져 있지 않다. 중국에서, 그들은 같은 사원의 지붕 아래 공존했다. 선禪은 특별히 지식인들을 위해 정식화된 가르침이었고, 정토파는 일반 대중을 위한 것이었다. 마찬가지로 유태의 카발라와 이슬람의 신비주의에서의 의인적인 신도 단지 대중을 위해 고안된 어떤 표상일 뿐이다. 하지만 제로에 호소하는 것은 초월적인 것을 제거하는 것이 아니라 그것을 대체하는 것이다. 따라서 만드는 것은 주체가 아니라 공空이고 심지어는 주체 자체도 그 공에 의해 만들어진다는 담론은, 만드는 것은 신이라는 명제의 단순한 대체에 지나지 않는다.

한 기표의 기의는 또 다른 기표이고, 따라서 의미 자체란 존재하지 않는다. 대신 오직 기표들의 연쇄만이 있을 뿐이다. 롤랑 바르트는 서구에서는 기표의 연쇄를 추적하다 보면 궁극적 기표인 신과 만나게 된다는 것을 목격했다. 그 때 신은 무한 후퇴하는 연쇄를 끝내고, 그렇게 함으로써 그 기호 체계를 완성한다. 달리 얘기하자면, 모든 기호 체계는 이러한 궁

---

12) Shinran, *Tan ni sho: A Shin Buddhist Classic*, Taitetsu Unno (trans.), Honolulu: Buddhist Study Center Press, 1984. 신란(1173~1262)은 모든 마술적, 종교적 요인들로부터 일본 불교를 해방시키고 일본 불교도의 대부분이 속하는 정토신종淨土新宗을 창설했다.

극적 기표, 즉 없음의 부정인 제로를 상정해야만 한다. 바르트는 궁극적인 기의의 지배로부터 기표들을 해방시키기 위해서 빈 기호 또는 기호의 영도零度를 도입할 것을 주장했다. 그는 일본에서 **기호들의 제국**을 발견했다. 그러나 이 이상적인 일본의 모델은 서구 정신의 한 표상에 지나지 않는 것임을 우리는 이해해야 한다.[13)]

제로에의 호소는 초월적 존재를 제거하는 것이 아니라 그것을 대체하는 것이다. 제로는 구조의 유지를 위해 없어서는 안 될 것이다. 바로 여기에 현상학적 **코기토**가 거주한다. 라캉이라면 분명히 제로의 이러한 사용을 공격했겠지만, 그의 대안이란 것도 단지 그것을 결여나 비어 있음의 기능으로 바꾸는 것에 지나지 않는다. 구조주의적 전략을 통해서 현상학적 주체나 초월적 자아를 넘어가는 것이 환상임을 예견했던 이는 바로 데리다였다. 이런 토대 위에서, 그는 자신의 현상학 비판을 시작했다. 이는 데리다가 현상학을 비판함으로써 구조주의를 편든다는 의미가 아니다. 오히려 그는 '현상학의 우월성'을 인정한다. 그리고 그런 다음에 그것을 해체시켜 버린다. 데리다는 **차이** *différance*[14)]의 숨겨진 작용을 드러낸다. 거기서, 현상학의 특권화된 '현전 *presence*'을 가능케 하는 것은 비현전 *nonpresence* 이라는 것이 드러난다. 즉, 현전으로 이해되

---

13) Roland Barthes, *The Empire of Signs*, Richard Howard (trans.), New York: Hill, 1982.

14) 데리다의 **차이** *différance* 는 동일하게 발음되는 차이 *différence* 와 구별해야만 한다. *différer* 동사로부터 나왔으며, *différence* 의 'e'를 'a'로 대체함으로써 얻어진 *différance* 는 '다르다'와 '지연하다'의 의미가 합성된 것이다. 그것을 의미론적인 측면에서 '차연'이라고도 번역하나, 'a'는 쓰여져야만 식별할 수 있고 발음상으로는 구별할 수 없다는 음성적 비결정성을 데리다가 강조한다는 점에서 '**차이**'라고 번역한다. — 옮긴이

는 구조는 항상 울타리 쳐져 있는데, 그것은 그런 구조가 **차이**의 불가피한 운동을 억누르기 때문인 것이다. 그러면 이 불가피한 **차이**란 무엇인가? 앞으로 보겠지만, 그것은 구조 또는 형식 체계 그 자체의 자기 지시성 외에 아무것도 아니다.

여섯

자연수

알렉산더는 아무리 복잡하고 혼란스런 구조가 나온다 하더라도 우리가 만들 수 있는 구조는 결국 나무 모델일 수밖에 없다는 것을 보여 준다. 더욱이 그는 반격자의 복잡 다단한 성격이란 것도 의미상으로는 오직 하나의 의미만을 지닌다고 주장한다. 나무 구조뿐 아니라 심지어는 반격자 구조조차도 발레리의 '자연이 만든 것'이라는 개념과 비교하면 상대가 안 될 만큼 단순하다. 달리 말하자면, '자연이 만든 것'이라는 특성을 갖는 어떤 것들은 그 제작 과정이 분명하거나 명백하지 않을지라도 실제로는 인간에 의해 만들어진 것들이다. 그러나 바로 이 '자연적'인 특성들 때문에 인간은 자신의 제작에서 참된 주체가 될 수 없다. 따라서 알렉산더가 자연 도시에서 확인한 속성들도 자연 언어, 자연수, (인공 지능과 반대인) 자연 지능 등의 말에서도 보이듯 우리가 형용사 형태로 관용적으로 사용하는 '자연의'라는 범주에 속한다.

자연이나 문학을 구조주의와 대립시킬 필요는 없다. 비록 후기 구조주의가 종종 자연적인 것으로의 회귀로 이해되기도 하지만, 후기 구조주의가 잠재적으로 지닌 해체의 효과가 충분히 이해되고 전개될 수 있기 위해서는 오직 건축에의 의지에 고개 숙이는 수밖에 없다. 서구 사상사에서, 구축적이고자 하는 가장 엄격한 시도들이 토대를 갖춘 구축이 아니라 오히려 그 반대를 산출해 왔다는 것은 아이러니가 아닐 수 없다. 예컨대 폴 드 만은 언어의 가장 엄격한 사용을 추구했던 사람인 존 로크 John Locke 가 어째서 비유적 언어 또는 자연 언어에 대해 처음으로 문제 제기한 사람인지 보여 준다.

> 그 당시 로크가 낱말과 언어에 대한 자신의 이론을 전개시킬 때, 실제로 그가 도달한 것은 사실 알고 보면 말의 수사에 관한 이론 외에 다른 게 아니다. 물론 그는 결코 이것을 인정하려 들지 않을 것이다. 우리는 로크를 읽을 때 어느 정도는 그가 바깥으로 드러낸 진술과 반대로 또는 그것에 개의치 않고 읽어야만 한다. 특히, 우리는 계몽의 지성사에서 믿을 만한 지표로 통용되는 그의 철학에 관한 진부한 상식들을 무시해야만 한다. 뭔가 믿을 만한 역사에 도달하려는 어떤 기대가 있다면, 최우선적인 필요 조건은 그를 비역사적인 것인 양 읽어야 한다는 것이다. 즉, 그는 밖으로 드러난 진술(특히, 진술에 관해 밖으로 드러난 진술)에 의해서가 아니라, 텍스트의 수사적인 몸짓에 의해서 읽혀져야만 한다. 그 몸짓은 의도나 확인 가능한 사실로 단순하게 환원될 수 있는 성질의 것이 아니다.[1)]

드 만 특유의 해체적 읽기는 수사학을 거부하는 철학만이 참으로 수사학을 이해할 수 있다는 것을 분명하게 해 준다. 따라서 '언어의 엄격한 사용'을 추구하는 한에서만 로크의 텍스트는 비유에 대한 설명을 전개한다. 로크의 구축적이거나

---

1) Paul de Man, "The Epistemology of Metaphor," *On Metaphor*, Sheldon Sacks (ed.), Chicago: University of Chicago Press, 1978, p.14.

건축적인 의지는 차례로 그와 정반대되는 것으로 드러나게 되는데, 이는 마치 건축적인 엄밀함을 추구했던 유클리드의 원리가 비유클리드 기하학을 드러내는 것과 같다 하겠다. 드 만의 로크 읽기에 의해 드러난 그 역설은 오직 건축에의 의지가 명시적으로 개입하는 곳에서만 성립된다.

다른 곳에서 드 만은 "춤추는 사람과 그가 추는 춤을 어떻게 구별할 수 있는가?"라는 행으로 끝나는 예이츠의 유명한 시를 검토한다. 이 행은 자주 형식과 경험, 창조자와 창조, 기호와 지시체가 분리될 수 없다는 것을 함축하는 것으로서, "어떻게 춤추는 사람과 그가 추는 춤을 구별할 수 있겠는가?"라는, 즉 구별할 수 없다는 것을 말하는 수사적인 질문으로 해석되어 왔다. 그러나 만일 문자 그대로 읽는다면, 그것은 "춤추는 사람과 그가 추는 춤을 어떻게 구분하는지 그 방법을 (말해 주시오)"라고 요청하는 것이며 이는 앞에서 읽은 것과는 정반대의 결과를 초래한다. 이 문장에는 각기 일관성이 있으면서도 서로 화해할 수 없는 두 가지 독해 방식이 공존하는데, 그 둘 가운데 어느 것도 다른 것에 비해 우월하지 않다. M. C. 에셔 M. C. Escher 의 그림은 이런 상황에 대한 시각적 유비를 제공해 준다. 즉, 초점을 어디에 두느냐에 따라 그림과 배경의 역할이 서로 뒤바뀌면서 음과 양 사이를 정처 없이 오락가락하는 것이다.

이런 식으로 드 만은 텍스트의 의미가 갖는 결정 불가능성을 증명한다. 그러나 본질적으로 애매한 구석이 있는 문학 텍스트와 관련하여 어떤 증명을 제공한다는 것은 잘못 이해되기 쉽다. 다시 말해 한쪽에선 이런 유형의 증명은 철학이 전통적으로 신뢰하지 않았던 시적 애매성이라는 관념과 같은 것으로 취급되기 쉽고, 또 다른쪽에서는 형식주의에 대한 일반적인 반감과 맞부딪치게 된다. 드 만은 이 후자의 문제를 다음과 같이 말한다.

> 다른 한편으로 — 이것은 진짜 미스터리인데 — 모든 문학적 형식주의는, 그것이 지니는 분석적 능력이 아무리 정확하고 풍부하다 할지라도, 항상 [내용이나 의미로의] 환원을 수반한다. 문학적 의미나 내용의 외적인 치장으로 간주될 때 형식은 피상적이며 쓰고 버려도 좋은 것처럼 보인다. 20세기의 진정한 형식주의 비평의 발전은 이런 모델을 바꾸어 버렸다. 이제 형식은 자기 반성의 한 유아론적 범주가 되고, 지시적 의미는 바깥에서 덧씌워진 것이라고 말해진다. 안과 밖의 양극은 뒤바뀌어 버렸지만 그것은 여전히 양극의 역할을 다 한다. 즉, 내적 의미는 바깥의 지시체가 되었고, 외적 형식은 본래부터 안에 있던 구조가 되었다. 그러나 다시 이 뒤바뀜을 따라서 새로운 형태의 환원이 나타난다. 오늘날 형식주의는 대개 감금과 폐소 공포증의 이미지로 기술된다. 즉, '언어의 감옥,' '형식주의 비평이라는 막다른 골목' 등등.[2)]

형식주의는 지금도 여전히 19세기와 마찬가지로 이해되기 때문에 사람들은 이를 거부한다. 그럼에도 불구하고, 그런 제한된 이해는 내용이나 대상으로, 형식의 바깥으로 돌아가도록 우리에게 용기를 준다. 보아 온 대로, 형식주의는 모든 학문에 영향을 미쳤다. 특히 문학은 '형식화'가 자의적인 방식으로 수행되었으며 또 그렇게밖에 수행될 수 없는 영역이다. 그리고 이러한 결과는 많은 사람들에게 형식화 자체를 비판하기 위한 하나의 구실을 제공한다. 비록 구조주의 문학 비평의 방법론이 너무나 눈에 보이게 단순하다고 할지라도, 우리는 구

---

2) Paul de Man, *Allegories of Reading: Figural Language in Rousseau, Nietzsche, Rilke, and Proust*, New Haven: Yale University Press, 1979, p.4.

조주의의 중요성과 그것의 형식주의를 향한 충동을 잊어버릴 수 없다. 실제로, 구조주의적인 건축에의 의지가 앞서 존재하는 것으로 이해되는 한에서만 텍스트의 애매성이 문제가 된다. 더욱이 텍스트의 애매성은 체계화하고 합리화하려는 구조주의적 욕망이 의도하지 않은 반대의 결과를 산출한다는 역설에 의해서만 드러난다. 텍스트의 애매성은 역사적 회상에 의해서가 아니라, 오직 형식화에 의해서만 완전히 이해될 수 있다.

무엇보다도 건축적 체계의 해체는 바로 그 건축적 체계 또는 구축이 가장 난공불락인 것처럼 보이는 영역, 즉 수학에 그 초점이 맞춰져야만 한다. 더욱이, 발레리가 자신의 긴 공개적인 침묵 동안 마음 속 깊이 곱씹었던 것이 앙리 푸앵카레 Henri Poincaré 가 들쑤셔 놓은 현대 수학의 문제들이었다는 것과 구조주의가 원래 부르바키의 수학에서 갈라져 나왔다는 것, 이 두 가지 사실에서 볼 수 있는 것처럼 우리는 지금껏 되짚어 본 모든 문제들의 밑바닥에 19세기 말까지 거슬러 올라가는 수학적 형식화의 문제들이 놓여 있다는 것을 인정해야만 한다. 따라서, 우리가 우리의 사변을 수학적 문제들에서부터 시작해야만 한다는 것에는 달리 이유가 필요 없다.

19세기 기하학 분야에서는, 수학을 공리들로 이루어진 건축으로 바꾸려는 플라톤적이고 유클리드적인 시도가 '(평행선에 대한) 제5 공준'과 관련해서는 모순되는 것으로 이해되었다. 그 공준을 발전시키는 과정에서 유클리드는 통각적統覺的 자명성에 의존했다. 그러나 유클리드의 원리에 따르면, 하나의 공준은 통각적 자명성과는 상관 없이 이루어져야만 한다. 그렇지 않으면 그것은 단단한 건축물의 기초로 쓰일 수 없다. 유클리드는 점을 공간적 연장이 없는 것으로 정의했다. 그리고 그것이 수학적 건축물의 토대가 될 수 있는 것도 바로 그것이 공간적 차원에서 지각될 수 있는 대상이 아니라는 것 때문이었다. 그러나 이와 반대로, 평행선 공준에 대해선 그것이 어떠한 단단한 기초도 제공하지 않기 때문에, 수학자들은 오랫동안 그것의 지위를 의문시하면서 그것을 다른 유클리드 공준들로부터 하나의 정리定理로 연역해 내고자 하는 헛된 시도를 반복해 왔다.

'평행선은 교차한다'는 공준을 도입함으로써 비유클리드 기하학이 성립될 수 있다는 것이 발견된 이후로, 수학적 건축성에 대한 믿음은 근본적으로 뒤흔들려 버렸다. 유클리드의 작업은 그것이 지각 또는 자연 언어에 의존한다는 점에서, 그리고 직선과 점에 관한 그의 추론에서 결함이 발견되었다. 한편으로, 비유클리드 기하학은 수학이 실재나 지각과 독립적으로 존재할 수 있다는 것을 분명하게 해 주었다. 어떤 의미에서 이것은 더 엄격한 수학의 형식화를 향한 하나의 움직임을 이루었다.

비유클리드 기하학의 도전과 연결되기는 하지만, 20세기 초 수학의 위기는 집합론의 발전과 더불어 시작되었다. 데카르트가 점을 수들의 좌표로 정의했던 그 순간부터, 기하학에서의 점과 선분은 수의 문제가 되었다. 아무리 짧다 해도 선분은 연속적이기 때문에, 그 선분엔 무한한 수의 무한히 작은 점들이 존재해야만 한다. 이 점에 대응하는 수들은, 비록 본질적으로는 **가상의 것** *imaginary* 이지만, 이름은 실수 *real numbers* 라고 불린다. 게오르그 칸토르 Georg Cantor 의 집합론은 이런 종류의 무한을 다루기 위해서 정식화되었다. 칸토르는 무한을 한계 없음으로가 아니라 하나의 수로 보았다. 이와 함께 집합론의 역설이 출현하게 되는데, 이는 다음과 같이 기술될 수 있다. "즉, 유한하든 무한하든 간에 어떤 집합이 주어지면, 그보다 더 많은 원소를 갖는 어떤 집합이 항상 얻어질 수 있다"는 정리를 우리가 받아들인다면, '가능한 모든 원소들의 집합'이란 것을 생각하는 순간에 모순이 발생한다는 것.

버트란트 러셀은 이 역설을 더 단순한 형태로, 즉 "'모든 크레타인들은 거짓말쟁이다'라고 어떤 크레타인이 말했다"라는 유명한 에피메니데스의 역설로 바꾸었다. 더 단순화하면 그것은 "나는 거짓말하고 있다" 또는 "이 문장은 거짓이다"가 된다. 이 모든 경우에 모두가 똑같이 그 진술이 참인지 거짓인지를 결정할 수 없다. 이런 식으로 다양한 형태의 역설이 발견되고 이름지어졌다. 그러나 그 역설들은 항상 자기 지시적인 구조를 가진 문장들에서 발생했다. 그래서 러셀은 역설이란 '집합' 그 자체가 자기 자신의 '원소'가 되는 혼동된 상태 때문에 일어나는 것이라고 주장했다. 만일 이 뒤죽박죽을 막을 수 있다면, 역설을 피할 수 있을 것이다. 따라서, 러셀은 논리적 유형들의 순서를 확립하여 이 유형들을 혼동하지 못하도록 했다.

이러한 발전과 독립적으로, 프랭크 플럼튼 램지 Frank Plumpton Ramsey는 러셀이 이전에 똑같은 것으로 간주했던 역설, 즉 '자기 자신을 포함하는 집합'의 역설과 '에피메니데스의 거짓말쟁이' 역설이 서로 다른 것임을 밝혀 냈다. 램지는 앞의 명제는 논리적 유형화에 의해서 해결될 수 있지만 뒤의 것은 그럴 수 없다는 것을 주장함으로써 러셀을 비판했다. 이 뒤의 명제는 기본적으로 어법에 관련된 것이고 그런 한에서 그것은 논리적 유형화와는 상관이 없으며 또 논리 체계 안에서 해결될 수도 없다. 또 다른 발전으로, 앨프레드 탈스키 Alfred Talski는 언어의 차원들을 분류하였으며, 논리적 체계를 그 체계 밖에서 관찰함으로써 더 높은 차원의 언어라는 것을 설정했다. 진리값의 판단 — 참의 정의 — 은 그 논리적 체계의 바깥에 존재한다는 것을 고려함으로써, 그는 진리값 판단의 대상이 되는 명제 체계를 '대상 언어'라 하고, 진리값 판단 자체를 포함하는 체계를 '메타 언어'라 이름지었다. 더욱이 메타 언어에 대한 메타 비판이 요구될 때에는 '메타 메타 언어'가 필요하다. 이러한 정교한 유형화 체계는 원래 역설을 피하기 위해서 정식화되었지만, 괴델이 증명했던 것처럼, 근본적인 모순은 그 모순을 막고자 하는 모든 시도에서 되풀이해서 나타난다.

우리가 이미 보아 온 것처럼, 집합론에서 귀결된 아포리아와 기하학에서 귀결된 아포리아는 본질적으로 같은 것이다. 실수는 결국 자연수에 의해 기술된다. 예컨대 하나의 실수 0.24910370……이 자연수 0, 2, 4, 9……로 기술된다는 것은 자연수가 근본적이라는 점을 입증한다. 그러나 칸토르 이후로 집합론은 집합들을 가지고 자연수를 형식화하고자 했다. 예컨대 제로를 하나의 공집합(∅)이라고 가정하자. 그러면 1이 그 공집합을 원소로 하는 집합일 때, 2는 그 공집합과 1을 원소로 하는 집합이 될 것이다 등등.[3] 괴델의 증명은 그런 절차에

---

3) 자연수 체계를 집합론으로 번역하는 것은 다음과 같은 식으로 표현할 수 있다.

0 = ∅(∅는 공집합),

1 = {∅},

2 = {∅, {∅} },

3 = {∅, {∅}, {∅, {∅}} }

……

그러나 번역상의 착오인 듯 영어 원문에서는 이 내용이 정확하게 표현되어 있지 못하다. "For example, assume zero is an empty set (∅); then, when 1 is an empty set, <u>2 will be an empty set, and so on</u>." 특히, 밑줄 친 부분. — 옮긴이.

의해서 자연수에 토대를 주려는 것이 불가능함을 보여 주었다. 기하학에서 지각과 형식의 문제는 따라서 자연수와 그것의 형식화라는 문제로 대치되었으며, 그와 동시에 기하학의 터 닦기는 자연수의 터 닦기와 동일한 것으로 간주되었다.

직관주의자들은 실수와 같이 정체를 알 수 없는 실재를 사용한 결과 역설이 일어난다는 것에 주목하면서, 수학을 논리학의 하위 분야로 간주했던 러셀과 같은 논리주의자들을 비판했다. 그래서 직관주의자들은 수학에 제약을 가해 '직관'에 의해서 움직여지고 작동될 수 있는 방식들에만 초점을 맞추기로 결정했다. 그런데 이 바로 다음에 완전히 다른 접근법이 힐베르트에 의해 도입되었다. 힐베르트의 형식주의적 접근은 수학을 진정으로 지각에서 독립적인 것으로 만들고자 했다. 공리에서 모든 직관적 의미를 비워 버림으로써 힐베르트는 수학을 기호들이나 식들 그리고 추론을 위한 그것들의 변형 규칙들로 이루어진 하나의 무의미한 집합으로 형식화했다. 힐베르트는 공리의 의미를 묻지 않는다. 즉, 직관적인 자명함은 더 이상 필요치 않다. 오히려 문제가 되는 것은 하나의 공리를 형성하는 명제들의 자격 조건이고, 그런 명제를 받아들일 때 어떤 유형의 공리 체계가 구성되는가이다. 순수하게 논리적인 개념들에 기반한 무모순적인 수학 체계를 설립하기 위해서 논리주의자들은 반드시 논리적이지 않은 무한 공리를 하나의 전제로 받아들여야만 했다. 그러나 힐베르트에게는 그 공리 체계가 모순으로부터 자유로운 한, 무한 공리까지도 포함하는 어떤 체계도 하나의 전제로서 받아들여질 수 있다.

이런 방식으로 힐베르트는 수학의 견고한 토대를 그 형식 체계의 무모순성 속에서 찾아 냈다. 다시 말해 수학은 '무모순적'이기만 하면 되지 그것이 '참'일 필요는 없다. 그리고 무모순적인 한에선 더 이상의 어떤 토대도 필요치 않다. 따라서 형식화된 공리 체계에서는 무모순성에 관한 증명이 무엇보다도 결정적인 것이 된다. 무모순성을 보장하는 한 가지 방법은 리만 기하학의 경우에서처럼 어떤 직관적 모델에 호소하는 것이다. 즉, 만일 유클리드 기하학에서의 평면을 구球로 간주한다면, 그리고 점을 구 위의 점으로, 그 공리 체계에서의 직선을 대원호로 간주한다면, 유클리드 기하학의 그 구는 원초적인 모델이 된다. 그렇게 함으로써 리만 기하학의 모든 공리는 유클리드 기하학의 한 정리로 번역될 수 있다. 이제 유클리드 기하학이 무모순적인 한 비유클리드 기하학도 또한 무모순적이어야 한다. 그러나 유클리드 기하학은 '직관'에 의존하기 때문에, 유클리드 기하학의 무모순성은 내적으로 증명될 수 없다.

따라서, 힐베르트의 형식주의적 접근이 갖는 난점은 무엇보다도 그와 같은 방법을 한꺼번에 포기해야 한다는 데 있다. 그래서 그는 공리 체계를 그것의 무모순성을 증명하는 논리와 구별하고, 뒤의 것을 '메타 수학'이라고 불렀다. 수학적 모순을 피하기 위해서, 그리고 심지어는 직관주의자들까지도 만족시키기 위해서 힐베르트는 유한하면서도 구성적인 것으로 자신의 접근법을 고안해 냈다. 그러나 힐베르트의 방법이 성공적인 사례로 부상하는 듯하자마자, 괴델의 불완전성 정리가 나타나 그것에 치명타를 가했다.

불완전성 정리는 다음과 같이 요약될 수 있다. 즉, 자연수 이론을 형식화함으로써 얻어진 공리 체계가 무모순적인 한, 그 무모순성은 그 체계와 관련해서 증명될 수 있는 것으로도 증명될 수 없는 것으로도 이해될 수 없다. 따라서 결정 불가능한 식이 항상 존재한다. 게다가 그 정리는 다음의 주장을 포함한다. 즉, "자연수 이론을 포함하는 어떤 이론 T가, 비록 무모순적이라 할지라도 그것의 증명은 T 안에서 이루어질 수 없다. 즉, T보다 더 강한 이론이 필요하다."

괴델의 증명은 잘 알려져 있기 때문에 나는 여기서 그것을 더 자세하게 설명하진 않겠다. 간단히 말하자면, 메타 수학을 산술화함으로써(그는 메타 수학의 기호들을 괴델수라 불리는 자연수들로 번역함으로써 이를 수행했다) 괴델은 순환적이고 자기 구속적인 듯이 보이는 어떤 운동을 찾아 냈다(7장에 나오는 <그림 5> 참조). 이러한 계산에 의해서 그는 천재적인 솜씨를 발휘하여, 하나의 집합으로 이해되는 메타 수학이 그 집합의 한 원소에 해당되는 그 형식 체계 속으로 뒤섞여 들어가게 되는 자기 지시적 역설을 구성해 낸 것이다. 괴델의 정리는 많은 함축들을 갖는다. 본 탐구의 맥락에 비추어 볼 때, 그것은 주로 칸토르가 드러냈던 역설의 재확인으로 이해될 수 있다. 불완전성 정리에 대한 괴델의 증명은 화이트헤드와 러셀의 ≪수학원리 *Principia Mathematica*≫의 노선에 따라 전개되었다. 불완전성 정리에 노출되면 유형화조차 무너질 것이라는 것을 보여 줌으로써, 괴델은 논리적 유형화를 통해서 역설을 벗어나고자 했던 러셀에게 날카로운 도전장을 던졌던 것이다.

괴델의 증명이 모리스 클라인 Morris Kline 이 말한 대로 수학적 토대에 그토록 치명적인가? 나는 그렇지 않다고 생각한다. 수학에서의 실질적인 발전은 토대 그 자체엔 무관심한 응용 수학자들에 의해서 이루어졌다. 실제로 수학적 발전은, 말 그대로, **비합리적으로** 진행되어 왔다.[4] 따라서 괴델의 증명이 수학을 불확실성의 지점에까지 밀어부쳤다고 말하는 것은 정

4) Morris Kline, *Mathematics: The Loss of Certainty*, New York: Oxford University Press, 1980.

확한 것이 아니다. 오히려 부당하게 그 어깨에 놓여 있던 너무나 무거운 확실성의 짐에서 수학을 해방시켰다는 것이 더 정확한 말이다. 보다 핵심에 다가가 보면, 괴델의 증명은 건축적 체계의 환상으로부터 수학을 해방시켰으며, 또 수학을 규범적인 것으로 받아들이는 체하면서 건축적 체계는 항상 그 자신의 토대가 부재함을 감추어 왔다는 것을 보여 주었다. 수학은 그것이 동어 반복적이어서 견고한 것처럼 보임에도 불구하고, 정확히 말해서 하나의 건축물이 아니기 때문에, 오늘날에도 다양한 방향으로 계속해서 발전한다. 말하자면 수학은 본질적으로 역사적이다.

저자 노트

피타고라스 학파에서는 비합리적인 수, 즉 무리수의 존재를 비록 알고는 있었지만 금기로 취급했다고 말한다. 수학에서 비합리적인 것은 자연수의 **비율** *ratio* 에 의해서 기술될 수 없는 어떤 것을 가리킨다. 예를 들어, $X^2 = 2$와 같은 2차 방정식의 형태는 존재할 수 없다. 차라리, 그것은 $X = 2/X$라는 식으로 표현된다. 따라서 X는 X를 알기 위한 선행 조건이다. 경우가 그렇다면 앞서 말한 방정식에서 피타고라스 학파가 직면했던 것도 이미 자기 지시적 역설이 아닌가? 비합리적인 수, 즉 무리수의 금지는 사실상 자기 지시성의 금지와 똑같다. 그러나 데카르트 이후의 근대 수학의 맥락에서는 동일한 방정식이 $X = \sqrt{2}$로 기술된다. 그리고 $\sqrt{2}$를 하나의 수로 다룸으로써 역설은 해결된다. 그럼에도 불구하고 수의 이러한 모든 확장(발명) 운동은 일련의 위기들 — 역설과 해결 — 에 의해 몰려서 생겨난 것이었으며 궁극적으로는 칸토르에까지 이르게 되었다. 칸토르는 무한조차도 하나의 수로 간주했고 그리하여 결국엔 그 끝에서 다시 자기 지시성의 역설과 만나게 된다. 그러나 그것은 거기서 끝나지 않는다. 조지 스펜서브라운 George Spencer-Brown 은 자기 지시성의 역설을 또 다른 2차 방정식으로 정식화함으로써 해결했으며, 그것을 프란시스코 J. 바렐라 Francisco J. Varela 는 자기 조직화 네트워크 *self-organizing networks* 를 이론화하는 데 사용했다. 그러나 현 상황에서 보여지는 이런 예들은 괴델 증명의 중요성을 감소시키거나 쓸모없는 것으로 만들지 않는다. 나는 단지 수학이 개념의 변천에 의해서 끊임없이 발명된다는 것을 보여 주기 위해서 그들을 언급했을 뿐이다.

제2부

생성

일곱

자연 언어

괴델의 증명이 바로 지금 우리의 연구에서 중요한 역할을 한다. 그는 자연수를 자기 지시적인 수로 소개하기 때문이다. 그와 마찬가지로 자연 언어를 형식화하는 과정에서도 우리는 그렇게 형식화하려는 시도 그 자체가 자연 언어에 의해 가능하다는 것을 알게 된다. 앞에서 지적했던 것을 반복하자면, 자연 언어와 **자연**수는 자연적인 것이 아니라 '자연이 만든 것'이다. 우리가 잠정적으로 형용사 '자연의'라는 말을 붙인 그 대상들은 인공적인 것과 모순되는 것이 아니며 또한 그것과 구별되는 것도 아니다. 오히려 그것들은 비록 그것들이 만들어진 과정은 알려지지 않았지만 '인간이 만든 것'의 부분이고, 더 심층적으로 이야기하자면 '자연적'인 것 그 자체가 '인간을 만든 그 무엇'이다.

얼핏 보기에는 소쉬르의 일반 언어학도 그 속에 포함되는 것처럼 보이는 일반 기호학의 프로그램과 정반대로, 롤랑 바르트는 언어학의 우위를 주장한다. 그가 이야기하는 것에 따르면 일반 기호학은 언어에 의해 가능하기 때문이다. 소쉬르

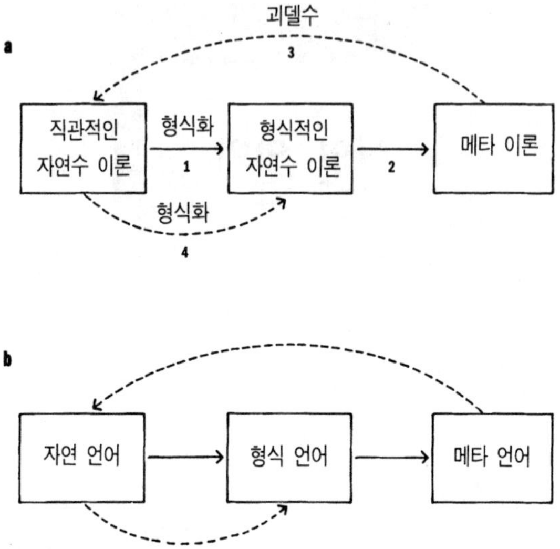

<그림 5>
Kojin Karatani, *Introspection and Retrospection*, Tokyo: Kodansha, 1988, p.135에서 재인용.

는 일반 기호학과 언어학 사이의 서로 얽혀 끊을 수 없는 관계를 '풀어 낸다'는 것이 위험스러울 뿐 아니라 궁극적으로 불가능하다는 것을 알고 있었다. 《일반 언어학 강의》의 한 곳에서 소쉬르는 언어학은 일반 기호학의 한 부분이라고 말하면서 또 다른 곳에서는 일반 기호학은 언어학의 한 부분이라고 말한다. 이 모순은 소쉬르가 해결하지 않기로 작정했거나 아니면 너무 어려워서 해결할 수 없다는 것을 깨달았던 그런 것이다.

<그림 5a>에서 자연수 대신에 자연 언어를 집어넣으면 그 결과를 나타내는 순환 구조(<그림 5b>)는 바로 이것, 즉 자연 언어를 형식화한다 — 어떤 기호들로 환원한다 — 고 하더라도 그 기호 형식에 대한 해석이나 정의는 다름 아닌

자연 언어 자체에 의해 수행되지 않을 수 없다는 것을 증명한다. 전체적인 구조는 메타 언어뿐 아니라 자연 언어도 하나의 기초로서 가능하지 않음을 보여 준다. 따라서 우리는 자연 언어 바로 그 자체가 이 순환 고리라고 말할 수 있다.

언어는 본질적으로 언어에 관한 언어다. 이것은 단순히 어떤 차이의 (형식) 체계가 아니라 자기 지시적인 체계, 자기 자신과 관계하는 체계, 즉 자기 자신과 차이를 만드는 어떤 체계다. 자기 지시적인 형식 체계, 또는 자기 자신과 차이를 만드는 차이의 체계 *self-differential differential system* 에는 토대도 중심도 없다. 그것은 여러 중심들을 갖고 있으며 초과적이다. 그러므로 소쉬르의 **랑그**라는 개념적 틀은 그러한 자기 지시성을 금지하는 데 기반하지만 여전히 자기 지시성으로부터 거리를 두는 것에 성공하지 못한다.

언어를 형식화하려고 시도하는 도중에 소쉬르는 그것의 불가능성을 깨닫게 되었는지도 모른다. 이는 나중에 구조주의에 대한 후기 구조주의적 비판의 맥락에서, 특히 소쉬르의 글자 짜 맞추기 *anagram*[1]에 대한 이상한 집착과 관련하여 주목을 받았다. 개인적으로 그는 서구의 모든 고전 문학 작품들이 글자 짜 맞추기와 같은 구조를 지니고 있어서 또 다른 의미 집합을 실어나른다는 것을 증명하려고 했다. 이러한 개인적인 탐구는 그 후에 줄리아 크리스테바 Julia Kristeva 와 텔 켈 Tel Quel 그룹에 의해 공식적으로 일반화되었다. 이들은 모든 텍스트는 결정된 의미와는 또 다른 어떤 의미를 낳는다고 주장했다. 여기서 중요하게 지적해야 할 것은 자연 언어 그 자체가 바로 하나의 순환적 충동이라는 점이며 형식화가 이루어질 때마다

1) 예를 들면 *emit* 의 글자 짜 맞추기는 *time*, *item*, *mite* 등이고, *revolution* 의 글자 짜 맞추기는 "*to love ruin*"이다. — 옮긴이

그것은 자기 자신을 지시하게 되는 역설을 낳는다는 점이다.

형식화가 이루어지면, 동일한 텍스트 내에 명백히 상반되는 또 다른 의미의 자리를 잡아 줌으로써 텍스트의 어떤 의미를 결정 불가능한 지점까지 밀어붙이려 하고 이는 결국 괴델의 증명에 이르게 된다. 그러나 이것은 괴델이나 수학에 어떤 특권을 주는 것이 아니다. 형식화 그 자체는 수학 자체로부터 파생되어 나온 것이 아니라 수학이 짊어진 **건축에의 의지**로부터 나온 것이기 때문이다. 그러나 이러한 **형식화**는 후기 구조주의의 비의적인 담론들이 갖는 특권을 벗겨 내는 데 유용하다.

텍스트는 모순적인 의미들을 포함한다. 그러나 그 이유는 그 참된 의미가 표면 아래에 있는 어떤 '심층 구조' 내에 숨겨져 있기 때문도 아니며 그 의미가 본성상 애매하기 때문도 아니다. 오히려 형식주의적으로 접근하는 한 텍스트의 의미는 결정 불가능한 채로 남아 있을 것이다. 이런 이유로, 해체는 텍스트로부터 어떤 새로운 의미들의 집합을 강제로 뽑아 낸다고 해서 이루어지는 것이 아니다. 다시 말하지만, 괴델의 증명으로 볼 때 형식 체계들은 오직 그 체계들이 무모순적인 한에서만 불완전하다. 같은 방식으로, 어떤 텍스트의 해체적 읽기는 어떤 텍스트의 명시적인 의미가 적어도 한번은 문자 그대로 받아들여진다는 조건 아래서만 가능하다. 따라서, 해체는 자의적인 해석을 지칭하기 위한 또 다른 이름이 아니다.

해체와 텍스트의 친밀한 관계에 대해서 드 만은 다음과 같이 주장한다. "해체는 우리가 텍스트에 덧붙여 왔던 그 어떤 것이 아니다. 해체는 가장 먼저 텍스트를 구성한다."[2] 그러나

---

2) De Man, *Allegories of Reading*, p.17.

이러한 해체적 '텍스트'는 텍스트를 구조로 환원시키는 우리 실천의 한 결과로서만 드러난다. 그런데 이 해체적 텍스트는 자연적인 텍스트, 즉 자기 지시적인 형식 체계 그 자체이기 때문에, 이것을 어떤 고정된 형식이나 구조로 환원시키려는 이러한 시도는 불가피하게 결정 불가능성으로 귀결된다. 그렇지만 이러한 역설적인 메커니즘은 텍스트에만 해당되는 특성이 아니다. 그것은 모든 형식 체계들에 적용 가능하다. 이러한 [역설적인 메커니즘을 만드는] 능력 전반을 우리는 비유적으로 **텍스트**라고 부를 수 있다. 그러나 그렇게 한다고 해서 우리가 낭만주의자들이 자주 범하는 문학 우선주의라는 오류로 되돌아가려는 것은 결코 아니다.

여덟째

화폐

이제 우리는 칼 마르크스의 ≪자본론≫을 형식주의의 관점에서 다시 읽을 수 있다. 마르크스는 ≪자본론≫의 제1장을 다음과 같은 구절로 시작한다. "자본주의적 생산 양식이 지배하는 사회에서 부는 **상품들의 거대한 '집합'**(*ungeheure Waarensammlung*)**으로 나타나며**, 개개의 상품은 이러한 부의 원소라는 '형식'으로 나타난다. 그러므로 우리의 탐구는 상품 '분석'으로부터 시작된다."[1] 형식적인 관점을 가지고 나아가기 위해서, 우리는 진하게 쓰여진 낱말들을 마치 수학의 언어로 쓰여진 것처럼 읽어야만 한다. 그렇게 함으로써 우리는 마르크스가 자기 이전에 존재했던 고전 경제학을 **상품들의 거대한 집합**, 즉 개개의 상품들을 원소로 모아 놓은 하나의 집합으로 환원했다고 말할 수 있다. 상품들 간에 가지는 관계의 형식은 따라서

1) Karl Marx, *Capital*, vol. 1, Ben Fowkes (trans.), New York: Vintage, 1976, p.125. ' '한 곳은 저자가 강조한 부분이다.

김수행 교수가 번역한 ≪자본론≫에서는 '집합 *collection*'은 '집적'으로, '원소라는 형식 *elementary form*'은 '기본 형태'로 옮겼다. 여기서는 이를 수학적으로 읽고자 하는 저자의 의도를 반영하여 옮겼다. — 옮긴이

'가치의 형태'로 파악될 수 있다. 마르크스의 논리적 전개를 따라가 보자.

그는 '단순하거나 개별적이거나 우연적인 형태의 가치'를 추출하면서 시작한다. 마르크스는 이것을 나중에 나타나게 될 '전체적인 또는 확장된 형태의 가치'의 기원으로 생각하지 않는다. 이 운동은 역사적 발전으로도 또 헤겔의 변증법적 의미에서의 발전으로도 해석되어서는 안 된다. '단순하거나 개별적이거나 우연적인 형태의 가치'와 관련하여 주목할 만한 것은 마르크스가 다음과 같이 기술한 부분이다.

> 그러므로 삼베의 가치는 오직 상대적으로만, 즉 또 다른 상품 속에서만 표현될 수 있다. 따라서 삼베가 지니는 상대적인 형태의 가치는 어떤 다른 상품이 등가의 형태로 삼베와 마주 서 있다는 것을 전제로 한다. 다른 한편, 등가의 것으로 역할을 하는 이 다른 상품이 그와 동시에 상대적인 형태의 가치로도 있는 것은 불가능하다. 이 다른 상품은 자신의 가치를 표현하는 것이 아니라, 단지 첫번째 상품의 가치 표현을 위한 재료를 제공하고 있을 뿐이기 때문이다.
>
> 물론 20미터의 삼베 = 한 벌의 저고리 또는 20미터의 삼베는 저고리 한 벌의 가치가 있다라는 표현은 또한 그것의 역, 즉 한 벌의 저고리 = 20미터의 삼베 또는 저고리 한 벌은 20미터의 삼베의 가치가 있다라는 표현도 포함한다. 그러나 그렇다고 하더라도 저고리의 가치를 상대적으로 표현하기 위해서는 그 등식을 뒤바꾸어야만 한다. 그리고 그렇게 한다면 저고리 대신에 삼베가 등가의 것이 된다.[2)]

마찬가지로 "삼베의 가치는 저고리의 사용 가치에 의해 표현된다"는 표현은 "저고리의 가치는 삼베의 사용 가치에 의

---

2) 같은 책, p.140.

해 표현된다"로 그 앞뒤를 뒤바꿀 수 있다. 여기서 무엇보다 중요한 것은 바로 이 '가역성'인데, 마르크스는 그것을 '왕과 신하들' 사이의 관계로 비유해서 설명한다. 달리 말해서, 그러한 가치 형태에서는 어떤 상품이 주인공(양)이 되고 어떤 상품이 배경(음)이 되는지를 결정할 수 없다. 이 가역성이 금지되고 어떤 하나의 상품이 다수로부터 불거져 나와 등가 형태의 자리를 독차지하게 되면 그 순간에 모든 다른 상품(기호)은 개별적 가치를 획득하기 시작한다.

이 점을 명심하면서 '전체적인 또는 확장된 형태의 가치'를 살펴보자.

Z량의 상품 A = U량의 상품 B
Z량의 상품 A = V량의 상품 C
Z량의 상품 A = W량의 상품 D
Z량의 상품 A = X량의 상품 E

이 관계가 가역적이기 때문에, 어떤 상품이든 A의 자리를 차지할 수 있다. 이런 맥락에서 보면, 상품들(기호들)의 관계 체계는 단순히 일방향적인 무한한 사슬도 아니고, '중심이 없는 관계 체계'도 아니다. 그것은 오히려 무수한 중심들이 공존하고 그 가운데 어느 것도 일차적인 것으로 간주될 수 없는 그런 관계 체계라고 기술될 수 있다. 마르크스는 이 단계의 가치 형태가 지니는 '결함'에 대해서 이렇게 적는다.

> 첫째, 상품의 가치에 대한 상대적인 표현은 불완전하다. 그러한 표현들을 우리는 끊임없이 계속해서 제시할 수 있기 때문이다. 가치 등식 하나하나가 모두 하나씩의 고리가 되어 이루어진 그 사슬은 언제라도 새로운 상품이 등장하면 계속 길어질 수 있으

며, 그 새로운 상품은 새로운 가치 표현의 재료를 제공하게 될 것이다.[3]

여기서 마르크스는 일반적인 형태의 가치, 즉 화폐 형태 — 초월적 중심으로 간주되는 상품의 도래 — 를 마치 하나의 논리적 필연인 것처럼 이야기한다. 그러나 이러한 기술 순서는 그 방향이 거꾸로 된 것이다. 일반적인 형태의 가치, 즉 화폐 형태에 의해 완성되었던 바로 그 세계 — 고전 경제학파의 작업이 디디고 있던 — 는 '전체적인 또는 확장된 형태의 가치,' 다시 말해 뿌리 줄기적 다체계 *rhizomatic polysystem* 를 중앙 집중화한 결과 이외의 다른 어떤 것도 아니기 때문이다.

≪자본론≫의 첫판에서 마르크스는 일반적인 형태의 가치의 도래를 놀라운 방식으로 기술한다.[4] ≪자본론≫의 많은 나중판들이 단정한 편집과 배열 때문에 다소 헤겔적인 데 비해 이 첫판에서는 눈에 띄는 어떤 것이 보인다. 일반적 등가물 — 등가 형태의 자리를 독점적으로 차지하는 한 상품 — 의 도래와 관련하여, 마르크스는 메타 차원의 한 집합이 그 원소들과 똑같은 자리를 차지하기 위해서, 다시 말해 자기 자신의 한 원소가 되기 위해서 대상 차원으로 내려오는 역설을 확인하게 된다.

'상대적인 형태의 가치' 단계에서는 모든 상품(기호)이 다

---

3) 같은 책, p.156.

4) 마르크스는 이렇게 쓴다. "이것은 마치 동물 세계에서 서로 다른 혈족, 종, 아종, 가족 등등의 무리를 이루는 모든 실제의 동물들, 예를 들면 사자, 호랑이, 토끼 등등과 나란히, 동물이란 것도 또한 별개의 몸뚱아리를 가지고 전체 동물 세계를 대표하여 존재하는 것과 같다." Karl Marx, *Das Kapital: Kritik der politischen Oekonomie*, vol. 1, Hamburg: O. Meissner; New York: L. W. Schmidt, 1867~94, p.27 참조.

메타 차원을 차지할 수 있는 잠재력이 있는 반면, 체계를 통합하는 초월적 중심은 어디에도 없다. 그럼에도 불구하고 논리적 유형화는 '화폐 형태'의 단계에서조차 완결될 수 없다. 아주 이상하게도, 메타 차원에 서 있으면서 상품의 '관계 체계'를 완결짓는 것과 동시에, 화폐는 (상품의 **자격으로**) 자진해서 대상 차원으로 내려온다. 가치의 형태에 관한 이론은 화폐의 생성과 함께 막을 내릴 수 있는 게 아니다. 그것은 오히려 화폐의 생성을 넘어설 때 완성된다. 자본주의에 주어진 본질적으로 해체적인 성향도 바로 이 '불균형' 때문이다.

화폐 형태에 대한 마르크스의 역설은 왜 불가피한가? 그것은 자본 그 자체 때문이다. 자본은 비록 주식으로 사고 팔렸다 할지라도, 그것은 여전히 이 장의 서두에서 언급한 바 있는 상품들의 집합 속에 포함되어 있다. 무한을 하나의 수로 취급했던 칸토르처럼 마르크스는 자본 자체를, 그리고 화폐 자체를 하나의 상품으로 취급함으로써 자신의 '집합론'을 발전시켰다. 따라서, 마르크스가 흥미로워했던 것은 화폐의 **일반성**이 아니라 **무한성**이었다. 화폐는 가치의 일반적인 척도가 아니라, 오히려 무조건적으로 교환될 수 있는 하나의 상품으로 여겨져야만 한다.

고전 경제학은 화폐를 가치의 크기를 가리키는 하나의 지표로 정의함으로써 화폐의 이런 측면을 무시했다. 화폐를 몰아 냄으로써 고전 경제학파는 하나의 균형 잡힌 체계를 얻을 수 있었다. 신고전학파에 대해서도, 그리고 그 점에 대해서는 대부분의 마르크스주의 경제학자들에 대해서도 똑같은 것을 말할 수 있다. 다른 한편으로, 마르크스는 그와 같은 균형은 본질적으로 존재하지 않는다고 강조한다. 그러므로 메타 차원에서 자본주의를 통제하는 것은 절대적으로 불가능하다. 자본주의 그 자체가 해체적이기 때문이다.

이것은 ≪자본론≫이 이런 해석으로 환원될 수 있다는 것을 의미하는 것이 아니다. 내가 여기서 말하고 싶은 점은, 19세기 후반 이래로 형식화에 동반하는 바로 그 위기를 마르크스도 똑같이 경험했다는 것이다. 즉, 경제학의 '토대'를 쓰면서, 마르크스는 동시에 그 토대의 부재를 인식했다. 그 누구보다도 먼저.

아홉

자연 지능

의사 소통을 이해하기 위해 흔히 사용되는 모델을 보면 거기서는 한 이상적인 화자와 한 이상적인 청자가 하나의 공통된 코드를 수단으로 메시지를 교환하는 것으로 그려진다. 이 모델은 고전 경제학과 신고전 경제학의 모델과 형식이 동일하다. 고전 경제학의, 특히 그 가운데서도 빌프레도 파레토 Vilfredo Pareto의 균형 이론은 소쉬르가 자신의 공시적 체계를 산출했을 때 그의 생각과 그리 멀리 떨어지지 않은 곳에 있었다고 할 수 있을 것 같다. 대부분은 아니더라도 소쉬르의 비유적 표현들 가운데 많은 수가 경제학에 그 뿌리를 두며 그것도 마르크스의 비판 이전 작업으로부터 이끌려 나온 것이다. 비유적으로 말하자면, 소쉬르의 언어학 모델은 경제학의 용어를 쓰면 화폐를 배제한 체계에, 그리고 마르크스의 용어를 쓰면 '사회적 상형 문자'를 배제한 체계에 견줄 수 있다. 데리다의 말을 빌리면 소쉬르의 체계는 **문자** *écriture*를 배제했다고 할 수 있다. 이것을 받아들이는 한 우리에게는, 야콥슨과 레비스트로스가 했던 것처럼, 어떤 안정된 균형 상태를 유지하는 '차가운 구조

cold structure'를 취하는 것 외에 달리 선택의 여지가 없다.

그런데 이러한 정적인 구조에 힘의 움직임 *dynamism* 을 도입하려는 비판적 운동이 있다. 예컨대, 언어학에서 **랑그** *langue* 에 대립하는 것으로서 **파롤** *parole* 을 도입한다든지 또는 보다 일반적인 맥락에서 체계에 바깥을 도입하는 것이 그것이다. 이렇게 되면, "하나의 체계와 그 바깥 간의 변증법적 상호 작용"과 같은 진술들이 행세하게 된다. 이러한 사고 방식은 형식화에 대한 무지를 드러내 보인다. 비록 소쉬르가 프랑스어와 영어 같은 민족 언어에서 예들을 사용했지만, 그의 **랑그**는 그러한 실제의 언어들과 분명히 구분된다. **랑그**라는 개념을 도입함으로써 소쉬르는 언어를 근대적 민족 국가에 봉사하는 하나의 이데올로기적 장치로 보는 것을 거부했다. **랑그**는 원래 의미들을 구분할 차이의 체계로서 발견되었다. 그러나 여기서 말하는 의미들 각각은 모두 주체를 위해서 이미 존재하는 그런 의미들이다. 바로 그런 이유로 인해 처음부터 **랑그**를 '역동적'으로 만드는 것이 불가능했다.

그러나 우리가 이미 보아 온 것처럼, 소쉬르는 엄밀한 의미에서 구조주의자가 아니었다. 그는 언어를 형식화하려고 애쓰는 과정에서 기이한 순환 고리에 대해 깨닫게 되었는데, 그 고리는 언어의 자기 지시적 본성, 즉 언어는 언어에 관한 언어라는 사실에 의해 생겨난 것이다. 언어는 자기 지시적이기 때문에 원래 역동적이다. 따라서 언어를 역동적으로 만들기 위해서 바깥을 도입할 필요는 없다. 더욱이 언어의 바깥이란 없다. 데리다가 언급한 대로, 텍스트의 **바깥** *hors-d'oeuvre* 은 없다. 물론 이것은 우리가 텍스트를 자기 지시적 형식 체계로 보는 한에서만 참이다.

아마도 언어학 분야에서 순수한 구조주의자로 인정할 수

있는 유일한 사람은 야콥슨일 것이다. 야콥슨과 레비스트로스는 둘 다 부르바키에서 나온 구조 개념에 의지했다. 부르바키 구조란 하나의 집합 안에 있는 원소들 간의 관계를 말하는 것으로 그 관계는 세 개의 범주 — 대수적 구조, 순서의 구조, 위상학적 구조 — 로 이루어졌다. 이러한 구조들은 모두 집합론의 역설(자기 지시적 역설)을 피함으로써 구성된 것이기 때문에, 비록 변형 연산이 그와 함께한다 할지라도, 그 구조는 자동으로 정적이고 닫힌 것이 된다. 우리가 이미 보아 온 대로, 직접적인 수단에 의해서 구조를 역동적으로 만들고자 하는 모든 시도는 헛된 것이다. 그러나 만일 자기 지시적 역설이 도입된다면 이러한 구조들, 즉 대수적, 위상학적, 순서의 구조 모두는 변형된다. 우리는 이러한 속성을 '자기 지시적 형식 체계'라고 부를 수 있을 것이다.

우리는 이제 이 '자기 지시적 형식 체계'를 의사 소통의 맥락에서 보아야만 한다. 자연적인 의사 소통은 기호학자들이 보통 이해하는 것보다 훨씬 더 복잡하다. 드 만은 이것의 예를 대중 매체에서 보여 준다. 1970년대에 유명했던 시트콤 배우인 아치 벙커 Archie Bunker 는 볼링화를 위로 묶고 싶은지 아니면 아래로 묶고 싶은지를 부인 에디스가 묻자 "뭐가 달라?" 라고 되묻는다. 부인은 참을성 있게 그 차이를 설명해 준다. 그가 말하고자 했던 것이 '나는 차이가 뭐든 조금도 개의치 않는다'는 것이었음에도 불구하고 부인은 그것을 위로 묶는 것과 아래로 묶는 것 간의 차이를 설명하라는 물음으로 이해했다. 드 만은 이것을 하나의 예로 사용하면서, 동일한 문법적 유형이 두 개의 상호 배타적인 의미를 낳는다는 것을 보여 준다.[1] 적어도 형식주의 안에서는 이 문장이 묻는 것인지 아니면 물음 자체를 거부하는 것인지를 결정할 수 없다.

그 시트콤의 결정 불가능성을 보고 웃을 수 있는 우리의 능력은 우리가 메타 차원에 서 있음을 함축한다. 더 심각한 상황은 결정 불가능성이 그들의 삶을 짓누르는 정신 분열증 환자들에게서 목격된다. 그레고리 베이트슨Gregory Bateson은 ≪마음의 생태학으로 가는 단계들*Steps to an Ecology of Mind*≫에서 이 점을 상세히 설명한다.

> 비록 형식 논리에서는 한 집합과 그 원소들 사이의 이러한 불연속성을 유지하려는 시도가 있지만, 우리의 주장은, 실제 의사 소통의 심리적 측면에서는 이러한 불연속성이 끊임없이 또한 불가피하게 무너지고 있으며, 어머니와 아이 간의 의사 소통에서 이러한 무너짐이 어떤 일정한 형식을 띠고 발생하게 되면, 선천적으로 인간 유기체 안에서 어떤 병리적 증상이 발생한다는 것이다. 이러한 병리적 증상이 극단화되면, 정신 분열증으로 분류될 수 있는 증세가 나타난다.[2)]

선禪불교에는, 스승이 제자의 머리 위에서 몽둥이를 들고 엄한 소리로 "네가 만일 이 몽둥이가 실재한다고 말한다면 나는 너를 이걸로 때릴 것이다. 네가 만일 이 몽둥이가 실재하지 않는다고 말한다면 나는 너를 이걸로 때릴 것이다. 네가 만일 아무 말도 안 한다면 나는 너를 이걸로 때릴 것이다"라고 말하는 문답법이 있다. 베이트슨은 그런 상황을 이중 구속*the double bind*이라고 부른다. 선禪으로 그 제자는 이러한 결정 불가능한 상황 속에 있기를 선택한 것이다. 더욱이 그 제자는 손을 위로 뻗어 스승으로부터 몽둥이를 낚아챌 수도 있고, 또

---

1) De Man, *Allegories of Reading*, pp.9~10.

2) Gregory Bateson, *Steps to an Ecology of Mind*, New York: Ballantine, 1972, pp.202~3.

스승은 그런 행동을 **사트야** *satya* 로 받아들일 수도 있다. 선문답은 항상 이런 종류의 뭔가 잔인한 듯하면서도 코믹한 요소에 의해 재미있게 꾸며지는데, 이러한 요소는 메타 차원에 서 있을 수 있다는 바로 그것 때문에 가능한 것이다.

정신 분열증 환자들은 끊임없이 그 제자와 같은 상황 속에 있는 자기 자신을 발견한다. 그러나 그들에게는 어떤 탈출구도 없다. 베이트슨은 가족 상황과 관련된 다음의 예를 포함해서 몇 가지 예들을 제시한다. 한 아이를 신체적으로 벌 주면서 어머니는 "이것을 벌이라고 생각하지 마라"라든지, 또는 "내 명령을 듣지 마라," "네가 해서는 안 될 것에 대해서 반성하지 마라"라고 말한다. 이것들이 자기 지시적 문장들이고 그래서 결정 불가능하다는 것은 명백하다. 이중 구속과 같은 상황들은 비언어적 의사 소통의 여러 차원들(자세, 몸짓, 목소리의 높낮이)과 언어적 의사 소통 사이의 모순된 메시지에 의해서 형성된다. 또 다른 예는 어머니가 이미 아이에게 하라고 명령했던 것을 아버지가 뒤집을 때 일어난다. 한쪽에서 두 개의 다른 차원(유형)의 메시지가 보내질 때, 그리고 그것들이 모순될 때, 그 메시지의 수신자는 이중 구속에 빠질 것이다. 따라서, 이중 구속은 자기 지시적인 그래서 결정 불가능한 체계에서는 항상 일어난다.

베이트슨이 강조한 대로, 가족 상황에서의 그런 이중 구속 경험의 반복은 어린이들의 정신 분열적 병리 현상의 전개에 필수적이다. 베이트슨에 따르면, 의사 소통과 메타 의사 소통이 양립 불가능한 그런 이중 구속 상황이 반복적으로 강요된 곳에서 자란 사람들은 논리적 유형들을 구분할 수가 없다. 그러나 이런 상황은 정신 분열증 환자들에게뿐만 아니라 모든 사람들에게 일어난다. 누군가가 두 개의 다른 차원에 있는 서로 모순되는 메시지를 만나게 되었을 때, 그리고 그 모순에 대해서 뭔가 말을 해야 하는데 할 수가 없을 때, 갈피를 잡을 수 없는 그런 느낌이 생겨난다. 베이트슨은 다음 예를 가지고 이를 보여 준다. "예를 들어, 어느 날 한 직장인이 근무 시간에 집에 갔다. 어떤 동료 직장인이 집에 있는 그에게 전화를 걸었다. 그리고 가볍게 묻는다. '어라, **거기에** 어떻게 갔니?' 그 직장인은 대답한다. '자동차로.' 그는 글자 뜻 그대로 대답한 것이다."[3] 정신 분열증 환자도 똑같은 방식으로 글자 뜻 그대로의 메시지와 은유적 메시지를 혼동한다. 누가 농담할 때, 그 또는 그녀는 그것을 글자 뜻 그대로 이해하고 방어적으로 대응한다.

글자 뜻 그대로에서 은유적으로 표현 방식을 변화시키는 것은 보통 이중 구속을 해결하는 데 도움을 준다. 그러나 만일 그 사람이 메시지가 은유적이라는 것을 깨닫지 못한다면, 병리적 증상이 발생하게 된다. 더욱이 정신 분열증 환자에게는 의사 소통에 관한 의사 소통, 즉 메타 의사 소통 체계가 붕괴되어 있으며, 메시지의 유형들이 혼동된다. 정신 분열증 환자들은 자신에게 보내진 메시지가 실제로 의미하는 것을 이해하지 못하고, 자신들이 상상하는 '숨겨진 의미'란 것에 쉽게 사로잡혀서 자신은 결코 속지 않을 것이라는 것을 증명하기 시작한다. 또 다른 반응은 모든 메시지를 글자 그대로 받아들이고 모든 메타 의사 소통을 거부하는 것이다. 그리고 또 다른 반응은 반응이 필요한 모든 상황을 피하기 위해 모든 것을 무시하는 것이다. 이 나중의 상황에서 그 사람은 결국 바깥에 대한 모든 관심을 포기하게 된다. 어떤 사람들은 이러

---

3) 같은 책, p.209.

한 행위 유형들 하나하나가 모두 정신 분열증의 어떤 양상과 단계와 짝을 이룬다고 말할지도 모르겠다.

정신 분열증은 결국 원래 자기 지시적인 형식 체계에서 그 유형 범주화가 파괴될 때 발생한다. 정신 분석학에서, 이러한 유형화 — 자기 지시성의 금지 — 는 거세 또는 사전 차단*foreclosure*이라 불린다. 더욱이 형식 체계(라캉의 분석에선 상징적 질서)를 구성하는 것도 바로 이 금지다. 그러나 상징적 질서는 본질적으로 토대가 없다. 즉, 그것은 채워질 수 없는 구멍투성이다. 자크 라캉에 따르면, 사전 차단 혹은 상징적 거세의 실패는 정신 이상을 일으킨다. 정신병자들은 말하자면, 자기 지시적 역설 속에서 살고 있다고 할 수 있다.

나의 의도는 라캉과 베이트슨을 연결하는 것이 아니다. '의사 소통의 심리학'을 거쳐서 이루어진 베이트슨의 러셀 비판은 베이트슨이 부지불식간에 괴델의 문제틀에 직면하였음을 보여 준다. 베이트슨의 정신 분열증 분석은 두 가지 이유에서 도발적이다. 첫째로, 정신 분열증에 대한 종래의 현상적 설명에서 벗어나서, 그는 정신 분열증 환자의 행위가 의사 소통에서의 이중 구속에 맞서기 위한 하나의 전략으로서 이루어진다는 것을 보여 준다. 둘째로, 그는 의사와 환자 간의 의사 소통이 하나의 이중 구속을 형성한다는 것을 지적한다. 정신 분석학의 치료법은 그와 같은 상황을 피하기보다 오히려 적극적으로 활용하는 입장을 취해야 한다. 라캉의 분석이 직면한 중심적인 또는 결정적인 문제란 것도 같은 지점으로 연결된다. 즉, 정신 분석을 하는 사람은 정신 분석을 받는 사람을 분석해야 할 뿐 아니라, 분석하는 사람과 분석받는 사람 간의 관계 또한 분석해야만 한다. 이 점을 확장시켜 보면, 이러한 메타 분석은 결코 끝나지 않고 끝없는 분석으로 이어진다. 라캉이 뫼비우스의 띠와 다른 수학적 도형들을 이야기하면서 형식화하려고 시도했던 것이 물론 정신 분석학이긴 하지만 바로 그 때문에 그 시도를 정신 분석학에 한정시킬 필요는 없다. 나 자신은 그런 비밀 교의 같은 언어 게임에 참여할 필요성을 느끼지 못하지만 말이다.

라캉 학파를 비판하면서 질 들뢰즈와 펠릭스 가타리 Félix Guattari 는 정신 분열증을 긍정한다. 나무에 대한 대안으로서 그들이 상정한 리좀 *rhizome* 은 그러나 알렉산더의 반격자를 **극단화한** 것이다.[4] 아무리 복잡하고 다양하게 보일지라도, 알렉산더에 의해 전개된 반격자는 둘 또는 그 이상의 나무들로부터 창조된 하나의 합성물이다. 복잡한 외양에도 불구하고, 그것은 질서 정연하고 중심이 잡혀 있다. 따라서, 반격자는 초월적 **코기토**를 감추고 있다. 그것이 겹침과 미결정성을 위해 일조를 한다는 사실에도 불구하고, 그것은 여전히 모순율(이것 아니면 저것) 또는 집합과 원소의 구분(논리적 유형들)에 기반한다. 그러면 반격자가 깨지면 무슨 일이 일어나는가? '이것이면서 저것'이 실현된다. 즉, 범주들 사이를 가로지르는 의사 소통이 끊임없이 일어나고, 논리적 유형이 소멸된 결과로, (메타 차원에서) 다양한 중심이 동시에 확립된다. 만일 나무와 반격자를 한 집합 내의 순서의 구조에 해당되는 것으로 볼 수 있다면, 들뢰즈와 가타리의 리좀은 집합론의 역설이 그 구조에 도입될 때 비로소 활동하기 시작한다. 우리는 리좀이 베이트슨이 분열 생성 *schismogenesis* 이라고 부른 것과 유사하다고 말할 수 있을 것이다. 실제로, 리좀은 두뇌 신경 중추를 본떠 만든 것인데, 이 두뇌 신경 중추는 자연 지능을 염두에 둔 것이다. 그러나 앞서 보았

---

4) Gilles Deleuze & Félix Guattari, *Anti-Oedipus: Capitalism and Schizophrenia*, Minneapolis: University of Minnesota Press, 1983, ch. 1 참조.

던 것처럼, 우리는 인공 지능을 '제작'함으로써만 자연 지능에 접근할 수 있는데 그것이 불가능하다는 것은 이미 괴델의 증명에서 목격한 바 있다. 그렇다면 이제 우리는 우리가 논의해 온 많은 문제들이 형식화의 문제들이라는 것을 알 수 있다.

열

분열 생성

제인 제이콥스 Jane Jacobs 는 알렉산더와는 다른 방식으로 도시계획의 한계들을 바라본다. 무엇보다도 그녀는 "도시가 먼저고, 시골의 발전은 나중이다"[1]라고 대담하게 주장하는데, 그것은 애덤 스미스 이래로 지배적이었던 생각, 즉 농촌이나 시골마을의 발전이 도시를 만들어 낸다는 생각과 반대되는 것이다. 제이콥스의 주장은 발전의 역사적 순서에 관한 것이 아니다. 그녀에게 도시는 실체적으로 존재해 온 어떤 형태가 아니라, 하나의 도시를 도시이게끔 하는 '도시임'이라는 형식적 속성이다.

제이콥스에게 도시란 이전 일에 새로운 일이 첨가됨으로써 야기된 분업의 진전을 말한다. 새로운 일은 항상 본래의 일과 어떤 다른 종류의 일이 **결합됨**으로써 생겨난다. "핵심은 새로운 일이 예전의 일에 더해질 때, 그 더해짐은 종종 우리가 일의 범주들을 어떻게 분석하든지 간에 그 범주들을 사정

1) Jane Jacobs, *The Economy of Cities*, New York: Vintage, 1970, p.3.

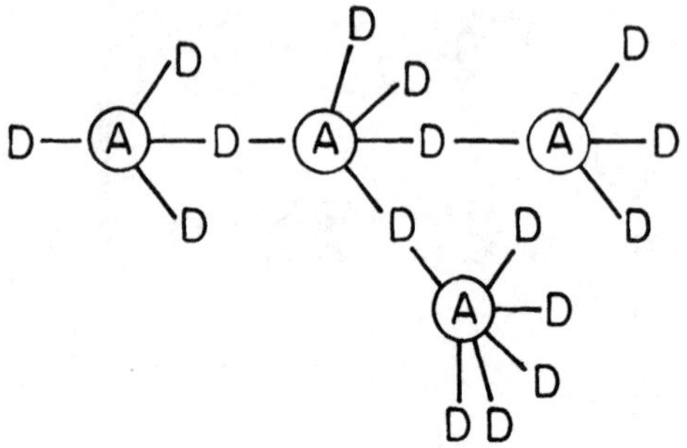

<그림 6>
Jane Jacobs, *The Economy of Cities*, New York: Vintage, 1970, p.58에서 재인용.

없이 가로지른다는 것이다. 오직 정체된 경제 안에서만 일이 주어진 범주들 안에 온순하게 머무른다"[2]고 그녀는 쓴다.

제이콥스는 일의 분업 D에 새로운 활동 A가 더해질 때, 증식(다양화)이 일어난다고 말한다. 그것은 D + A = nD라는 식으로 표현되며, 그것의 다양화는 <그림 6>에 그려져 있다.[3] 그녀는 이러한 사건의 '논리'를 다음과 같이 분석한다.

> 확실히 그 과정은 놀라움으로 가득 차 있으며 그것은 일어나기 전에는 예측하기가 어렵다. 어쩌면 예측이란 게 불가능할지도 모르겠다. 그러나 그런 사실이 발생한 후에는, 즉 더해진 재화들이나 서비스가 존재하게 된 이후에는, 그런 더해짐은 항상 감탄스러울 만큼 논리적이고 '자연스런' 것처럼 보인다.
>
> 이것은 어떤 종류의 논리인가? 내가 생각하건대, 그것은 예술가들이 사용하는 논리, 또는 더 좋아하는 말로는 직관과 비견할 만하다.[4]

2) 같은 책, p.66.
3) 같은 책, p.58.
4) 같은 책, p.59.

이런 유형의 논리가 자연 지능에서 발견되었던 것과 동일한 형태라는 것은 분명하다. 그렇다면 우리는 만일 알렉산더가 구조주의자로서 자연 도시를 반격자로 본다면, 제이콥스는 그것을 리좀으로 파악한다고 말할 수 있을 것이다. 그녀에 따르면, 도시 계획과 경제 계획은 대개 초월적 중심의 입장에서 구성 요소들을 하나의 **논리적인** 나무 구조로 일정 불변하게 배열하는 것이다. 반면에 분업의 한 발전 형태인 살아 있는 도시는 다양한 중심들에 의해서, 그리고 그와 동시에 '범주들의 예측할 수 없는 교차'에 의해서 생겨난다. 이것이 바로 '미리 계획된' 도시 계획이 — 부르주아지에 의해 실행되었건 마르크스주의자들에 의해 실행되었건 간에 — 필연적으로 실패하는 이유다. 도시 형성에 개입하는 유일한 길은, 막대한 양의 계산된 투자나 도시 지도자들에 의해서 고안된 중앙 집중화된 계획들에 의존하기보다 오히려 일정한 방향이 없는 **자생적인** *naturwüchsige* 네트워크 속에서 차이짓기 *differentiation* 를 가속시키는 것이라고 제이콥스는 주장한다.

역사적 사실에 대한 그녀의 광범위한 인용에도 불구하고, 제이콥스의 전략은 알렉산더 못지않게 형식주의적이다. 그녀의 '배아胚芽 상태의 도시'는 고고학적 자료들에 의해서는 참이 입증될 수 없다. 또 미개 사회들을 관찰함으로써 추론될 수도 없다. 미개 사회는 구조적으로 안정되고 균형 있는 체계를 이루는 반면에, 그것은 본질적으로 균형이 잡혀 있지 않고 초과적이며 일정한 방향 없이 열려 있기 때문이다. 배아 상태의 도시는 원시 상태뿐만 아니라 현재에도 존재한다. 그러나 미개 사회는 닫혀 있는 분열 생성을 통해서, 즉 고의로 또는 우연히 발전의 각 단계에서 스스로를 고립시킴으로써 자신의 정적인 구조를 형성한다. 간단히 말해서, 배아 상태의 도시 그 자체는 사실적이거나 사료적으로보다 오히려 **형식적**으로만 **존재한다**.

제이콥스는 도시를 농촌보다 특권화시킨다. 도시는 자기 자신과 차이를 만드는 차이의 체계를 자신의 선례가 되는 하나의 형식으로 인정하기 때문이다. 따라서 우리는 세 가지 개념들, 즉 마을, 읍, 도시에 대한 그녀의 형식화를 살펴보지 않으면 안 된다. 하지만 그 개념들은 점차 그 규모가 커지는 것으로 이해되는 상식적 구분과 딱 들어맞지 않는다. '도시'는 발전의 어떤 상태를 가리키는 반면, '읍'은 차이짓기가 정체된 어떤 상태를 가리킨다. 디트로이트나 피츠버그 같은 도시들은 제이콥스의 비역사적이고 형식적인 범주화에 따르면 이미 '읍'이다. 아주 흥미롭게도 마을, 읍, 도시의 이러한 구분은 들뢰즈와 가타리의 코드화 *coding*, 초코드화 *overcoding*, 탈코드화 *decoding*[5] 이 세 부분으로의 구분과 딱 들어맞는다. 이것들 가운데 어느 것도 역사적인 개념은 아니기 때문에 — 그것들은 어떠한 역사적 국면에도 존재할 수 있기 때문에 — 우리는 계획된 도시나 계획된 경제를 특히 읍의 대표적인 예라고 말할 수 있다.

제이콥스는 "바로 그런 방식으로, 도시에 대한 그리고 또한 경제적 발전 일반에 대한 우리의 이해가 농경 우선주의라는 도그마에 의해 왜곡되어 왔다고 생각한다"[6]라고 쓴다. 그녀는 계속해서, 마르크스조차도 애덤 스미스의 도그마에 의해 영향을 받았다고 말한다. 분업을 그토록 중시했던 사람은 결

5) 원시 공동체, 중세 전제 국가, 근대 자본주의의 존재 방식을 나타내는 3단계 도식. 원문에는 코드화, 탈코드화, 초코드화 순으로 적혀 있으나 이것은 영역자의 착오라 생각되며, 의미상 짝을 이루는 순서대로 나열하자면 코드화/원시 공동체/마을, 초코드화/중세 전제 국가/읍, 탈코드화/근대 자본주의/도시가 될 것이다. — 옮긴이

6) 같은 책, p.5.

국 스미스였고, 그런 입장으로부터 그는 일반 사회사에 대한 자신의 모델을 만들어 냈다. 스미스는 이전의 계급 구조나 신분 사회가 아니라 영국의 산업 혁명기에 존재하게 된 공장이나 공장에서의 전문화에 초점을 맞추었기 때문에 이전 사회를 분업의 한 체계라는 관점에서 보았다. 그러므로 그가 사회를 차이의 체계의 한 변형으로서 볼 수 있도록 한 것은 공장에서의 전문화 때문이었으며 **그 역은 아니다**. 이전의 사회는 따라서 목적론적으로 보면 더 진보된 복잡한 분업으로 발전하지 않은 사회다.

여기서 우리는 사회사의 전 과정에 대한 하나의 시선, 사회 전체의 발전을 계획할 수 있는 그런 하나의 시선을 가정하는 초월적 관점의 출현을 볼 수 있다. 이런 초월적 시선으로 과거를 바라보면, 기원의 역사가 그것이 쓰는 역사의 가장 중요한 부분이 된다. 이리하여 공장 내지 공장 내의 전문화와 관련된 역사적 사실은 구조적으로 무시되거나 잊혀진다. 생태학적 인식은 원래 이 분업이라는 스미스적 개념을 생물학 분야에 적용한 결과로서 생겨난 것이다. 자연의 조화로운 생태계를 산업 발전과 대립시키는 것은 그 기원에 대한 — 생태학자들의 — 이중의 망각과 조작이다.

제이콥스가 주장한 대로 이른바 마르크스주의자들이라는 많은 사람들이 '분업'이라는 스미스적 개념을 별 검토 없이 받아들인다. 예컨대 엥겔스는 다음과 같이 말한다.

> 그러나 주어진 하나의 사회에서, 생산이 미리 품은 어떤 계획에 의해서가 아니라 점차적으로 알게 모르게 옮아가는 자발적 분업을 그 근본 형태로 취하는 그런 곳에서는 생산물들이 **상품**의 형태를 취하며, 그 상품의 상호 교환, 구매와 판매가 바로 개별 생

> 산자들이 자신들의 다양한 욕구를 충족할 수 있도록 한다. 중세가 바로 그런 경우다. 예를 들어, 농노는 농업 생산물들을 수공업자에게 판매하고, 그로부터는 수공업적 생산물을 구매했다. 그런데 이러한 개별 생산자들, 상품 생산자들의 사회 속으로 새로운 생산 양식이 밀려들어왔다. 지금까지의 사회 전체를 지배해 왔던, **어떤 정해진 계획도 없이** 자발적으로 성장한 예전의 분업 한가운데에 이제 공장에서 조직되는 것과 같이 **어떤 정해진 계획**에 따른 분업이 생겨났다. 즉, **개별적** 생산과 나란히 **사회적** 생산이 출현한 것이다.[7]

엥겔스에게 사회주의란 무엇보다도 **자연 생장** 또는 한 사회가 뿜어 내는 무정부적인 힘을 통제하는 것이다. 사회를 '거대한 공장'으로 바꾸려고 한 레닌의 생각이 바로 이러한 이해에서 비롯되었다는 것은 놀랄 일이 아니다.[8] 마르크스는 그러나 완전히 다른 노선을 따라 나아간다. ≪자본론≫에서 마르크스는 공장이나 기계보다도 제조업 *manufacturing* 의 중요성을 강조한다. 루이스 멈퍼드 Lewis Mumford 가 주목했던 것처럼, 공장과 공장 조직화의 개념은 군대나 사원에서 온 것이고 따라서 그것의 조직 체계는 나무의 형태다.

마르크스에 따르면, 제조업에서의 분업의 발전은 동일한 것의 차이짓기와 차이를 가로지르는 연결이 끊임없이 일어나는 하나의 **우연적인** 과정이다. 제조업은 그 때까지 길드에 묶여 있던 수공업의 다양한 요소들을 재배열함으로써 존재하게 되었다. 제조업은 처음에 초코드화된 중세 공동체의 해체로서 나타났다. 그러나 그것이 '공장'이 되자마자, 그것은 또

---

7) Frederick Engels, "Socialism: Utopian and Scientific," *Karl Marx and Frederick Engels: Selected Works*, Moscow: Progress Publishers, 1968, p.413.

8) Vladimir I. Lenin, *One Step Forward, Two Steps Back: The Crisis in Our Party*, Moscow: Progress Publishers, 1947.

다시 전유되어 버렸다. 전문화(분업)는 마치 처음부터 계획되었던 것처럼 나타났다.

마르크스가 말한 공장에 대한 제조업의 우선성과 제이콥스가 주장한 시골 마을에 대한 도시의 우선성 간에는 어떤 일치점이 있다. 우리가 주목해야 할 점은 마르크스가 비역사적이고 계보학적인 문제틀에서 자본 발전의 비밀을 드러냈다는 점이다. 그는 그 비밀이 '공장'보다 오히려 '제조업' 속에 놓여 있는 것으로 보았으며, 그는 공장의 설립과 같은 우연적 사건에다 어떤 필연성을 날조해 넣는 전도된 상황을 폭로했다.

엥겔스는 일관되게 **자연 생장**의 억제되지 않은 힘들에 반대했지만 마르크스는 그 힘들을 긍정했다. ≪독일 이데올로기 *The German Ideology*≫에서 마르크스는 '분업'과 '교통 *intercourse*'이란 용어를 되풀이하는데, 엥겔스는 나중에 그것을 '생산력과 생산 관계'로 바꿔 버렸다. 마르크스의 용어로 말하자면, 전문화(분업)는 차이짓기에 해당되고, 교통은 전문화 또는 차이짓기의 이종 교배異種交配에 해당된다. "전쟁은 그 자체가…… 하나의 정기적인 교통 형태다"[9]라는 그의 진술에서 표현되는 것처럼, 마르크스의 교통이란 개념은 우연적인 것, 근거지어지지 않은 것, 가로지르는 것, 성적인 것, 폭력적인 것을 수용하면서 더 많은 뉘앙스를 지니는 반면에, 엥겔스의 '생산 관계'라는 개념은 일종의 닫힌 관계 체계를 나타낼 뿐이다.

≪독일 이데올로기≫에서 마르크스는 분업(차이짓기)과 교통(우연적인 그리고 가로지르는 연결)에 대해서는 이러한 설명을 발전시켰지만, 많은 사람들이 당연시한 '농경의 우선성'에 대해서는 어떤 설명도 하지 않았다. 이 개념들은, 헤겔에 뒤이

---

9) Marx & Engels, *The German Ideology*, *Part One*, p.89.

어 오면서 역사를 '제작'으로 또 **가이스트** *Geist* 를 세계 역사의 제작자로 볼 것을 주장하는 헤겔 사유의 바로 그런 측면들을 **뒤집기** 위해서 발전되었다. 헤겔 관념론을 이미 뒤집어 놓은 루드비히 포이어바흐 Ludwig Feuerbach 에 대한 하나의 비판으로 원래 그 낱말들이 쓰였기 때문에, 그 낱말들은 역사를 변증법적 유물론의 한 이야기라고 설명하지도 않고, 또 단순히 헤겔 관념론을 유물론으로 뒤집어 놓은 것으로 자신의 할 일을 다 했다고 생각하지도 않는다. 헤겔의 역사에 대한 견해와 대조적으로, 마르크스는 역사를 '자연사'로 보았다. 남자와 여자가 역사를 만들지만 이러한 사건의 과정 속에는 어떤 참된 제작자나 주체도 없다. 비록 남자와 여자에 의해 만들어지기는 하지만, 역사의 제작 또는 반半생성 과정은 결코 투명할 수 없으며 항상 흐릿할 것이다. 그러므로 마르크스는 그러한 사건들을 일으키는 뭔지 모를 그 인간의 힘이 가지는 작용들을 상세히 살펴보고자 했다. 이런 맥락에서 **자연 생장**이라는 것은 무엇보다 중요하다.

> 사회적인 힘, 즉 분업에 의해 결정된 서로 다른 개인들 사이의 협업을 통해서 생겨난 다양한 생산력은 그 개인들의 협업이란 것이 자발적인 것이 아니라 자연스럽게 생겨난 것(**자연 생장**)이기 때문에, 그들에게는 그들 자신의 통일된 힘으로서가 아니라 그들 외부에 존재하는 어떤 낯선 힘으로 등장한다. 그들은 그 낯선 힘의 기원과 목적을 알지 못하며 따라서 그들은 그 힘을 지배할 수 없다. 정반대로 그 힘이 오히려 인간의 의지와 행위에 독립적인, 아니 심지어는 인간의 의지와 행위를 지배하는 일련의 고유한 국면들과 단계들을 관통해 나간다.[10]

10) 같은 책, p.54.

마르크스는 **자연 생장**이라는 것이 궁극적으로 통제될 수 있으리라고 생각하지 않았다. '자연의 왕국'에서 '자유의 왕국'으로의 진보를 기대했던 엥겔스와 반대로, 마르크스는 제작을 관통하는 생성의 근원성을 펼쳐 보였는데, 이는 **자연 생장**이라는 말 속에서 핵심적으로 잘 표현된다. 마르크스주의 안에서도, 엥겔스－레닌 노선은 이 **자연 생장**을 부르주아적이고 무정부적이라고 부정한 반면에, 로자 룩셈부르크는 그것을 긍정하면서 '목적 의식'은 이 **자연 생장**과의 끊임없는 대화나 변증법을 통해서 그 스스로를 수정해야만 한다고 생각했다. 그녀가 보기에 당 조직론은 **자연 생장**의 함축을 인식하지 못하게 만들었다. 사실 마르크스 자신은 ≪자본론≫ 전체에서 **자연 생장**이란 용어를 일관되게 사용했음에도 불구하고 룩셈부르크는 이 **자연 생장**보다 **자발성** *Spontaneität* 이란 용어를 선호했다. **자발성**이란 개념은 원래 이신론理神論에서 나온 것인 반면에, **자연 생장**은 들뢰즈와 가타리의 리좀에서와 마찬가지로 식물군의 번식이란 이미지를 담고 있다. **자연 생장**을 주창함으로써 마르크스는 **자연 생장**과 목적 의식 사이의 대립을 불러일으키는 무언가를 지적했는데, 이 구분은 제이콥스가 도시와 관련하여 내놓았던 것과 똑같은 구분이다.

더욱이 '분업'과 '교통'의 관점에서 보면 역사에는 헤겔적인 '이성'도, 유럽 중심적인 중심도 없다. 역사에는 시작도 끝(*telos*)도 없다. '분업'과 '교통' — 차이짓기와 가로지르는 연결로서의 역사 — 이 본성상 우연적이고 무의미하기 때문에 이성과 중심을 강조하는 접근은 이데올로기적인 것으로 간주되지 않으면 안 된다. 그렇다면 그 끝에 가서는 결국 나무 구조일 수밖에 없는 일직선의 역사적인 진보 속으로 이것들을 날조해 넣는 그 이데올로기의 기원은 무엇인가?

> 이와 함께 거기서 분업이 발전하는데, 분업은 처음에는 성적 행위의 분업 이외의 어떤 것도 아니었다가 그 다음으로 자연적 소질(예컨대 체력), 욕구, 우연 등에 의해 자발적으로 또는 '자연스럽게'(**자연 생장**) 발전한 분업이 나타났으며, 그리고 그 다음으로 또 다른 분업이 나타난 것이다. 분업은 오직 육체 노동과 정신 노동 사이의 분업이 나타나는 그 순간부터 진정한 분업이 된다. (최초의 이데올로기 담당자인 **제사장**도 그와 동시에 발생한다.) 이 순간부터 의식은 자기가 현존하는 실천 의식과는 다른 어떤 것임을, 그리고 현실적인 그 무엇을 표상하지 않고서도 **참으로** 어떤 것을 표상하고 있음을 떠벌**릴 수 있게** 된다. 이제부터 의식은 그 스스로를 이 세상으로부터 해방시켜 '순수' 이론, 즉 신학, 철학, 윤리학 등의 형성을 향해 나아갈 수 있는 위치에 놓이게 된다.[11]

여기서 마르크스는 **자생적인** 분업의 상태가 역사의 어떤 국면까지 지배적이었다가, 그 다음에 '진정한 분업'이 지배적이 되었다는 것을 말하는 게 아니다. 그 대신에 여기서 함축하고 있는 것은 **자생적인** 분업 상태가 출현함에 따라 어떤 지점에서 하나의 힘, 즉 끊임없이 위에서부터 관리하고 억압하려는 힘이 개입한다는 것이다. 이것은 단지 고대의 역사만은 아니다. 실제로 마르크스는 이 글 뒤쪽에서 제조업에서 공장으로 발전할 때 보여지는 그와 똑같은 메커니즘에 관해 말한다.

같은 문단에서 마르크스는 또한 은유적 의미에서의 건축가(즉 철학자)의 기원에 대해서 이야기한다. 그는 "무엇을 말하는가?"라고 묻기보다 오히려 "누가 말하는가?"라고 묻는다. 역사를 줄거리가 있는 하나의 이야기로 보는 것이나 헤겔의 **가이스트**라는 것은 그 자체가 분업의 산물이며, 그 분업 덕택에

---

11) 같은 책, pp.51~2.

자기 자신을 자율적이라고 생각할 수 있게 된 한 의식(철학자)의 산물이다. 좋든 싫든 간에, 철학자들은 끊임없이 **자생적인** 것임이 분명한 어떤 구조나 힘에 의해 내몰리게 되는데, 그들에게는 그 구조나 힘의 차이적 특성이 몰고 오는 결과가 항상 모순으로 표상된다. 그 결과 모순이라는 것이 역사를 움직이는 힘으로 여겨진다.

역사의 원동력으로 이해되는 계급 투쟁은, 비록 그 계급 투쟁 자체는 부정될 수 없다 할지라도 하나의 허구에 지나지 않는다. 제이콥스가 쓰는 대로, "예전의 일에 새로운 일을 더하는 과정과 길드에 의해 나뉜 일의 범주들과의 갈등은 중세 유럽 도시들에서 끊임없는 분쟁의 한 원천이었다."[12] 이와 동일한 싸움은 오늘날에도 존재하며, 또 미래에도 분명히 계속될 것이다. 마르크스에게서 계급 투쟁은 항상 도시의 맥락 안에서 담론의 형태로 관찰된다. 그것은 항상 존재해 왔다. 그러나 그것은 오직 '예측할 수 없는 갑작스런 공격'을 위해 **일정한 방향 없이** 스스로를 끊임없이 차이짓는 작용과 그런 작용을 이미 존재하는 안정된 체계로 밀어넣으려는 반작용 사이의 투쟁으로서만 존재해 왔다. 그러므로 마르크스의 계급 투쟁은 실체적으로 존재하는 어떤 것이 아니다. 그것은 예컨대, 니체가 '계급 투쟁'이라는 면에서 (전사와 사제라는 인물을 가지고) 종교와 철학을 해석했던 것처럼, 사후에 끼워 맞추는 식으로만 그 모습을 드러낼 수 있다. 계급 투쟁은 이원적인 대립의 형태로도 존재하지 않으며 자본가와 프롤레타리아 간의 모순으로도 존재하지 않는다. 그와 같은 대립 구도는 끊임없이 생성되고 계속해서 변형되는 분업과 교통의 실제 양상을

12) Jacobs, *The Economy of Cities*, p.62.

단순화하고 축소하는 이데올로기일 뿐이다. 계급 투쟁은 역사를 일종의 **모순에 의한 생성**으로 설명하는 하나의 허구며, 사실상 다양성에서의 생성이라 할 수 있는 수많은 계급 투쟁을 억누르는 허구다. 계급 투쟁은 따라서 그와 같은 허구적 서사 그 자체에 대항하는 투쟁으로서만 가능하다.

저자 노트

A. F. 하이에크 A. F. Hayek 는 하나의 사회 전체를 투명하게 이해할 수 있고 또 디자인할 수 있다고 생각하는 사고 방식을 '구축주의 *constructivism*'라고 부르면서, 마르크스와 데카르트를 바로 이런 입장의 원조라고 지목한다. 이는 천박한 단순화일 뿐이다. 데카르트의 이런 관점에 대해선 나중에 이야기하기로 하고, 여기선 마르크스에 관해서만 한 마디 하기로 한다. 하이에크는 구축주의와 '자발적 질서'를 대립시켰다. 그런데 이 자발적 질서는 어떤 의미에서는, 마르크스가 헤겔주의에 대항해서 내놓았던 **자연 생장**과 비슷한 것처럼 보인다.

마르크스가 **자발성**을 그것의 이신론적理神論的 함축 때문에 일부러 피하고 대신에 **자연 생장**을 사용했다는 것은 주목할 만하다. 그러나 이러한 차이에 내재해 있는 뉘앙스가 독일어에서 영어로 번역되면서 상실된다. 자발성이란 단어는 한 개인의 자발적인 의지는 결국 신의 **은총에 의해서** 어떤 예정조화의 질서로 귀결될 것이라는 점을 함축하고 있다. 하이에크의 자발적 질서라는 개념은 '(신의) 보이지 않는 손'이 시장경제를 지배한다는 애덤 스미스의 가정을 분명하게 포함한다. 그런 이유로, 하이에크는 나중에 자발적 질서를 '자기 조직화 체계'로 바꾸었다. 물론 이것도 역시 하나의 **체계**임에도 불구하고 말이다. 마르크스 시대의 무정부주의자들도 '자발성'을 중요한 것으로 여겼다. 이는 그들이 유토피아를 그리고자 했다는 사실과 조금도 모순되지 않는다(샤를 푸리에 Charles Fourier와 피에르 조세프 프루동 Pierre Joseph Proudhon). 바로 여기에, 고전 경제학과 고전 자유주의가 공통적으로 공유한 이신론이 거주한다. 이와 매우 대조적으로 마르크스는 구축주의를 부정했으며, 미래에 대해서 말하는 것을 분명하게 거부했다. 따라서 무정부주의자에 대한 마르크스의 반대가 결코 그가 '정부주의자'였다는 것을 암시하는 것은 아니다. 사실 그는 프루동주의자들이 주도했던 파리 코뮌을 지지했다. 무정부주의의 단계적인 종말을 강요했던 것은 프러시아 국가 자본주의의 확장과 그에 상응하는 사회 민주주의였다.

마르크스가 **자연 생장**을 통해 드러내고자 했던 것은 자발적인 질서와 구축적 질서, 이 양 극단 아래 놓인 분열 생성이다. 이 장에서 기술했던 것처럼, 이 분열 생성은 어떠한 계획적인 조직화에 의해서도 통제될 수 없다. 사실상 그것은 예정조화라는 개념 위에 세워진 질서들을 해체시킨다. 경제학의 맥락에서 이는 화폐 경제가 내재적으로 불균형을 안고 있음을 가리킨다. 이를 빌미로, 중앙 집권적 경제 계획과 케인스식의 간섭이 막무가내로 요청되기도 한다. 그러나 마르크스의 테제는 이런 식의 결론을 내놓지 않는다. ≪자본론≫은 무엇보다도 '국가 경제학'에 대한 일종의 칸트적 '비판'이다. 그것은 테제와 안티테제를 이루는 구축주의와 자발적 질서 둘 다 단지 하나의 가상(*Schein*)일 뿐이라고 폭로한다.

열하나

존재

자기 지시적 형식 체계는 안에서의 끊임없는 미끄러짐(자기 자신과 차이짓기 *self-differentiation*[1]) 때문에 역동적이다. 그것은 하나의 체계를 체계화하는 어떤 분명한 메타 차원이나 중심을 유지할 수가 없다. 오히려 그것은 니체가 일찍이 제안했던 '다수의 주체들'처럼 다중심적이다.[2] 직관주의자들이 주목했던 것처럼, 배중율이 이런 조건에서는 성립할 수 없기 때문에, '이것과 저것 가운데 **하나만**'을 선택하지 않으면 안 되던 것이 '이것과 저것 둘 **다**'로 대체된다. 간단히 말해서, 자기 지시적 형식 체계는 항상 균형이 잡혀 있지 않으며 초과적이다.

구조주의자들은 엄격하게 자기 지시성을 억제함으로써 균형 잡힌 체계를 구축하고자 했다. 그러나 수학적 구조주의를 자신의 연구 분야에 적용했던 사람들은 수학적 구조주의가 만났던 것과 똑같은 아포리아를 만나게 된다. 예를 들자면

---

1) 질적 변화를 야기하는 자기 분화의 의미. — 옮긴이

2) Friedrich Nietzsche, *The Will to Power*, Walter Kaufmann & R. J. Hollingdale (trans.), New York: Vintage, 1967, p.270.

'라캉의 상징계'를 구조짓는 '틈'이 그것이다. 우리는 여기서 라캉에 초점을 맞추기보다 레비스트로스의 작업에 방향을 맞출 텐데, 거기에는 그가 연구하는 바로 그 대상들 때문에 어쩔 수 없이 주어지는 어떤 불안정성이 도처에 널려 있다.

레비스트로스는 경험적인 시선으로 보면 무질서한 것으로 나타나는 미개 사회의 기본적인 친족 구조를 하나의 형식적 구조로 이해했다. 그는 지역에 따라서 가지각색인 것처럼 보이는 형식들을 용케도 동일한 것으로 보았다. 친족 구조를 자신의 분석 대상으로 선택했기 때문에 레비스트로스는 그 친족 체계를 가능하게 만든 구조인 근친 상간 금지에 대해 그 기원을 다루지 않으면 안 되었다. 레비스트로스는 근친 상간의 금지를 발생적 관점으로부터가 아니라 하나의 형식적 구조가 존재하기 위해서 논리적으로 없어서는 안 될 어떤 것으로 다루었다. 따라서, 근친 상간의 금지는 자기 지시성의 금지가 되었다.

이런 노선을 따라 탐구를 진행했던 사람은 레비스트로스 이전엔 아무도 없었다. 실제로, 근친 상간의 금지는 대개 심리주의나 기능주의적 관점에서 해석되었다. 레비스트로스에게는 이런 관점들을 거부하는 것이 필요했는데, 그의 프로젝트 전체가 다양한 형태의 친족들을 형식화하는 것에 달려 있었기 때문이다. 그의 접근법에서 근친 상간의 금지는 역사적이거나 발생적인 문제가 아니라, 형식 체계를 이해하기 위해서 필수적으로 주어져야 할 어떤 논리적 장치다.

레비스트로스가 근친 상간 금지의 '기원'에 대한 문제를 **발생적으로** 제기하는 것처럼 보이지만, 사실은 그와 정반대다. 그의 접근법은 후설의 접근법과 다르지 않다. 후설은 '기하학의 기원'에 대한 자신의 탐구에서 겉으로는 그렇게 보였을지도 모르겠지만 사실은 그 문제에 접근하는 데 있어 어떠한 역사주의적 관점도 취하지 않았다. 실제로, 레비스트로스가 강조했듯이, 현존하는 '미개' 사회들은 사료적 의미에서 원시 사회들과는 아무런 관계도 없다. 따라서 역사적 기원은 미개 사회를 조사한다고 해서 밝혀지는 게 아니다. 그렇다고 고고학적 자료, 신화, 민속에 의존할 수도 없다. 유일하게 가능한 접근법은 형식적이거나 회고적인 것이다. 레비스트로스는 자신의 회고적 접근 과정에서, 구조주의가 나중에 자신의 안정적인 형식 체계를 세우고자 했던 바로 그 토대 속에 있는 **어떤 불안정한 흔들림**을 만나게 된다.

레비스트로스는 언어나 관습과 같은 상호 주관적 형식들에 문화라는 이름을 붙인다. 분명 어떠한 문화나 사회 체계도 자연에 그 기원을 두고 있지는 않다. 만일 우리가 문화를 선험적으로 주어진 것이라고 여기지 않는다면, 그것은 자연으로부터 연역될 수밖에 없을 것이다. 그러나 문화는 자연으로부터 출현하지 않는다. 레비스트로스는 '금지'에 의지함으로써 이 문제를 해결했다.

> 우리가 보아 온 바에 따르면, 근친 상간 금지의 문제와 씨름했던 초기 이론가들은 모두 다음의 세 가지 관점 가운데 하나를 고수했다. 일부 사람들은 자연적인 것과 문화적인 것, 그 둘 다를 가지고 이원론적으로 그 규범을 설명했다. 하지만 그들은 그 두 측면 사이에서 단지 합리적으로 도출된 어떤 외적 연결만을 확립할 수 있었을 뿐이다. 그리고 그 밖의 다른 사람들은 근친 상간의 금지를 완전히 자연적 원인으로만 몰아서 설명하거나 그렇지 않으면 완전히 하나의 문화적 현상으로만 몰아서 설명했다. 이 세 가지 견해는 모두 불가능한 것이거나 아니면 어떤 모순으로 귀결된다는 것이 밝혀졌다. 결론적으로, 정적인 분석에서

동적인 종합으로의 이행[3]이 아직도 열려 있는 유일한 길이다. 근친 상간의 금지는 그 기원이 순수하게 문화적인 것도 아니고 순수하게 자연적인 것도 아니며, 또한 자연과 문화 둘 다의 요소들을 복합적으로 혼합한 것도 아니다. 자연에서 문화로의 이행이 완수되는 그 까닭이며, 수단이며, 그리고 무엇보다도 그 모태가 되는 첫걸음이 바로 근친 상간의 금지다. 어떤 의미에서, 근친 상간의 금지는 자연에 속하는데, 그것은 문화의 일반적인 조건 가운데 하나이기 때문이다. 따라서 우리는 그것의 형식적 특징이 예외없이 자연으로부터 취해졌다는 것에 놀라서는 안 된다. 그러나 다른 의미에서 그것은 이미 문화다. 그것은 처음에는 자신에게 복종하지 않는 현상들에 자신의 규범을 행사하고 짊어지운다. **여기서 우리가 도달한 결론은** 근친 상간의 문제는 인간의 생물학적 존재와 인간의 사회적 존재 간의 관계와 연관지어 제기되어야 한다는 것이다. 그리고 바로 이어서 우리는 금지란 정확하게 둘 가운데 하나로 귀속될 수 없다는 것을 확실히 했다. 이 글에서 우리는 근친 상간의 금지가 그것들 사이를 잇는 고리라는 것을 보여 줌으로써 이 [어느 쪽으로도 귀속되지 않는] 변칙 사례에 대한 해답을 찾고자 한다.[4]

여기서 문제가 되는 것은 바로 결정 불가능성이다. 근친 상간의 금지는 '인간이 만든 것'이지만 인간에 의해 만들어진 것은 아니다. 인간을 인간으로 만든 것이 바로 이 금지 자체기 때문이다. 그러면 누가 그것을 만드는가? 레비스트로스는 "근친 상간의 금지는 자연이 자기 자신을 초월하는 곳이다"[5]라고 주장한다. 그러나 그가 그렇게 이야기하는 그 순간마저

3) 원문의 *tradition* 은 *transition* 의 잘못된 표기라고 생각된다. — 옮긴이

4) Claude Lévi-Strauss, *The Elementary Structures of Kinship*, James Harle Bell & John Richard Von Sturmer (trans.), Rodney Needham (ed.), Boston: Beacon Press, 1969, pp.24~5.

5) 같은 책, p.25.

도 그의 자연의 의미는 변형된다. 즉, 그것은 이제 더 이상 문화와 대립해 있던 그 자연이 아니다. 이 문제는 하나의 형식적 구조를 구축하고자 할 때면 언제나 제기되는 문제며 그 역도 또한 마찬가지다. 레비스트로스는 이 문제를 가지고 그리 오랫동안 씨름하진 않았다.

나는 이것을 하이데거의 물음과 연결짓지 않을 수 없다. 그는 존재자와 존재 사이의 차이란 무엇인가라고 묻는다. 분석 철학자들은 이것을 대상 차원과 메타 차원 사이를 차이짓는 문제 가운데 하나일 뿐이라며 비웃어 왔다. 나는 하이데거가 자랑스럽게 사방에 내보인 존재 개념을 이들 철학자들처럼 평가하진 않겠다. 대신에, 하이데거가 '존재 망각'이라는 형이상학의 한계 속에 머물러 있다고 비판했던 바로 그 니체를 따라[6] 존재론이란 것이 인도-유럽어의 고유한 문법에 의해서 규정된다고 주장하고 싶다. (그러나 앞에서 암시되었던 것처럼, 하이데거는 사이버네틱스라는 이름의 형식주의를 이미 알고 있었다. 물론 니체는 알지 못했지만.) 그렇다면 이러한 맥락에서 '존재자와 존재 사이의 차이짓기'가 의미하는 것은 무엇일까?

---

6) 니체는 이렇게 쓴다. "인도, 그리스, 독일에서 행해지는 모든 철학에는 기묘하게도 혈연적 유사성이 엿보이는데, 이것은 아주 간단히 설명될 수 있다. 언어의 유사성이 존재하는 곳에서는 공통된 문법 원리로 인해 — 즉, 유사한 문법적 기능들에 의해 무의식적으로 지배되고 인도되는 탓으로 — 유사한 철학 체계의 발전과 전개를 위한 모든 소지가 처음부터 어김없이 마련돼 있는 것이다. 이와 동시에 세계를 다르게 해석할 길 역시 막혀 버리는 것은 어쩔 수 없는 것 같다. 주어의 개념이 거의 발달되지 않은 우랄 알타이어권의 철학자들이 다른 방식으로 '세계를 바라보고,' 인도-게르만족이나 모슬렘 교도들과는 다른 사고의 흐름을 갖고 있다는 것은 충분히 있을 법한 일이다. 문법적 기능이라는 눈에 보이지 않는 올가미는 궁극적으로는 **생리적인** 가치판단과 인종적 조건이라는 올가미이기도 하다." Friedrich Nietzsche, *Beyond Good and Evil: Prelude to a Philosophy of the Future*, Walter Kaufmann (trans.), New York: Vintage, 1966, pp.27~8.

그 관계는 어긋나는 것으로 드러난다. 존재와 우리의 관계가 어긋나는 것이 우리 때문인지 아니면 존재 자체 때문인지는 여전히 문제로 남는다. 그 문제에 대한 답은 다시 한 번 그 관계의 본질에 관해 중요한 어떤 것을 결정할 것이다.

앞에서 말한 그 대립들이 존재 자체의 본질에 있는 것인지, 아니면 단지 존재에 대한 **우리**의 어긋난 관계에서 생겨나는 것인지, 그도 **아니면 존재와 우리의 이러한 관계**도 — 그것은 존재의 바탕에 머물러 있는 까닭에 — **역시 존재 그 자체로부터 나온 것이라고 해야 할지**의 문제보다 훨씬 더 화급한 것, 이처럼 의심할 나위없이 결정적인 물음보다 더욱 절박한 것은 다음 문제다. 즉, 사태를 주시하고 보니, 존재에 대한 우리의 관계가 과연 어긋난 관계**인가** 하는 것이다. 우리가 존재를 향해 그렇게 어긋나게 처신하는 바람에 그 어긋남이 완전히 **우리**를, 즉 존재자들을 향한 우리의 태도를 지배하는 것은 아닌가? 우리는 아니라고 대답하지 않을 수 없다. 우리가 하는 처신이란 단지 그 대립의 한쪽에 서 있는 것뿐이다. 우리에게 존재는 가장 공허하고, 가장 보편적이며, 가장 이해하기 쉽고, 가장 익숙하며, 가장 믿을 만하고, 가장 잊혀진 것이고, 가장 많이 말해지는 것이다. 우리는 그것에 거의 주의조차 기울이지 않는다. 그러므로 우리는 그것을 다른 어떤 것과 대립하는 것**으로서** 알지 않는다.

존재는 우리에게 중립적인 어떤 것으로 남아 있다. 그렇기 때문에 우리는 존재와 존재자의 차이짓기에 거의 주의를 기울이지 않는다. 하지만 존재자를 향한 우리의 모든 태도는 그 차이짓기에 기반하여 확립된다. 여전히 경험되지 않은 채 있는, 존재와의 저 어긋나는 관계를 외면하는 이는 그러나 오늘날의 우리뿐만은 아니다. 그런 '외면하고 있음'과 '알지 못함'은 모든 형이상학의 특징이다. 형이상학에서 존재란 언제나 가장 보편적이고, 가장 이해하기 쉬운 것으로 남아 있기 때문이다. 존재의 범위 내에서, 형이상학은 오직 다양한 영역의 존재자들이 지니는 다면적이고 다층적인 보편적 성질들만을 숙고한다.

플라톤이 존재자의 존재자성을 **이데아**로 해석했던 때부터 존재를 가치로 정의했던 니체에 이르기까지, 형이상학의 전 역

> 사를 통해서, 존재는 **선험적인 것**으로서, 이성적 존재인 인간만 이 어울릴 수 있는 어떤 것으로서 한치의 의심도 없이 자명하게 잘 보존되어 왔다. 존재와의 관계가, 말하자면 무관심 속에서 녹아 없어져 버렸기 때문에, 존재와 존재자의 **차이짓기** 또한 형이상학에서는 물을 수 없다.[7]

'존재자와 존재' 사이의 차이짓기가, 논리주의자들이 주장하는 대로, 대상 차원과 메타 차원 간의 차이짓기와 동일하다고 가정해 보자. 러셀에게 이 차이(구분)는 논리적 유형과 동일하다. 반면에, 하이데거가 강조한 차이는 이런 종류의 구분들을 파괴한다. 플라톤은 존재자의 존재자성을 **이데아**로 해석했는데, 이는 논리주의자들이 주장했던 구분(유형화)을 유지하는 것과 별반 다를 바가 없다. 그렇다면 이것은 역으로 논리주의자들이 플라톤적인 형이상학의 영역 안에서 작업하였음을 증명해 준다.

하이데거는 하나의 이성적 형식 체계를 구분(유형화)에 의해서 확고히 하려는 시도는 그 구분이 본질적으로 불가능한 상황으로부터의 일종의 도피라는 것을 보여 준다. 하이데거가 비록 재삼 재사 그 '궁극적 물음' — "앞에서 말한 그 대립들이 존재 자체의 본질에 있는 것인지, 아니면 단지 존재에 대한 **우리**의 어긋난 관계에서 생겨나는 것인지, 그도 아니면 존재와 우리의 이러한 관계도 역시 존재 그 자체로부터 나온 것이라고 해야 할지의 문제보다 훨씬 더 화급한 것" — 을 되풀이하지만, 그는 결코 궁극적인 대답을 전개하지 않는다. 대신에 하이데거에게 더 중요했던 것은 대답**하지 않는 것**, 그

7) Martin Heidegger, *Nietzsche*, vol. 4: *Nihilism*, Frank A. Capuzzi (trans.), San Francisco: Harper & Row, 1982, pp.194~5.

리고 그렇게 함으로써 그 결정 불가능한 물음 안에 머무르는 것이었다.

지금까지의 맥락을 그대로 유지하면서 우리는 이런 생각을 다른 방식으로 제시할 수 있다. 즉, 하이데거가 궁극적으로 맞닥뜨린 것은 자기 지시적 형식 체계 또는 자기 자신과 차이를 만드는 차이의 체계 그 자체다. 따라서 그가 '존재 망각'이라 부른 것은 자기 차이성 *self-differentiality* 그 자체의 망각이다. 괴델이 논리주의자인 러셀과 맞섰던 것처럼, 하이데거는 무근거성을 가지고 논리주의자였던 후설과 맞섰다. 하이데거는 이를 건축의 은유를 통해서 다음과 같이 이야기한다. "그러나 존재는 — 존재자와는 달리 — 우리가 의지할 수 있고, 지어 올릴 수 있고, 또 달라 붙을 수 있는, 어떤 근거와 토대도 제공하지 않는다. 존재는 그와 같은 바닥되기 역할에 대한 거절(*Ab-sage*)이다. 그것은 바닥되기를 뿌리친다. 그것은 바닥이 없다(*ab-gründig*)."[8]

마찬가지로 플라톤이 자신의 근거를 발견한 것도 '존재자의 존재자성'을 **이데아**로 간주하고 그 위에다 형식적 체계의 건축물을 구축했기 때문이라고 우리는 말할 수 있다. 그럼에도 불구하고 무근거성은 결국 드러나게 마련인데, 괴델이 증명했던 것처럼, 형식적 체계들은 결국 자기 지시성으로 끝날 운명을 벗어나지 못하기 때문이다. 우리는 또한 거꾸로도 말할 수 있다. 즉, 하이데거의 '망각'은 무근거성, 결정 불가능성, 또는 초과를 만들어 내는 자기 지시성의 금지와 같다고.

하이데거에 대한 이러한 평가는 그 자체가 하나의 형식주의적인 평가다. 다른 한편으로 그의 여러 활동들에 대한 정치

---

8) 같은 책, p.193.

적 함축들은 잘 알려져 있다. 이것은 우리를 이런 물음으로 이끈다. 즉, 한 사상가의 업적을 그 사람이 속한 역사적 맥락을 벗어나서 형식적으로 잴 수 있는가? 이것 또한 하나의 형식주의적 문제다.

열둘

철학의 형식화

철학조차도 형식화의 손길을 벗어나진 못한다. 후설은 "형식화 이후에는 철학에 무엇이 남아 있는가?"라는 물음에 몰두했다. 만일 철학이 존재한다고 말할 수 있다면, 그것은 오직 "철학에 무엇이 남아 있는가?"와 같은 자기 지시적인 질문의 형식으로서만 그렇다고 말할 수 있을지도 모르겠다. 그러나 이 물음 자체도 형식화가 가만히 내버려 두지 않는다.

철학이 수사학을 배제한 것에 대해 이를 재검토할 것을 요청하는 일이 요즘 들어 잦다. ≪수사학의 왕국 *The Realm of Rhetoric*≫에서 체임 펄먼 Chaim Perelman 은 '개념의 분할 *dissociation of ideas*'을 전통적인 수사학에서는 거의 언급하지 않는 일종의 논증 기술이라고 본다. 그는 현상 / 실재, 우연 / 본질, 상대적 / 절대적, 개별적 / 보편적, 추상적 / 구체적, 작용 / 실체, 이론 / 실천 등등의 쌍들을 예로 제시한다. 그는 그 쌍을 '제1항 / 제2항'으로 부르면서 이렇게 결합된 것이 서로 완전한 반대를 이루는 것은 아니라고 설명한다.

현상 / 실재라는 쌍을 모델로 해서 우리는 그 철학적 쌍들을 제1항 / 제2항이라는 형식의 쌍으로 나타낼 수 있다.

제1항은 분명한 것, 가장 먼저 보이는 것, 현실적인 것, 즉각적인 것, 그리고 직접적으로 알려지는 것에 해당된다. 제2항은 그것이 제1항과 구분되는 만큼, 제1항과의 비교에 의해서만 이해될 수 있다. 즉, 제2항은 제1항의 여러 측면들 사이에서 나타날지도 모르는 양립 불가능성을 제거하려는 목적으로 제1항 안에서 이루어진 분할의 결과다. 제2항은 제1항의 여러 측면들 가운데 가치 있는 것과 가치 없는 것을 구분하게 하는 하나의 기준, 하나의 규범을 제공한다. 제2항은 그냥 주어지는 것이 아니라 일종의 **구축물**이다. 그것은 제1항의 분할 과정에서, 제1항의 다양한 측면들을 위계적으로 분류할 수 있도록 규칙을 세운다. 그것은 **실재**가 제공하는 그 규칙에 맞지 않는 것들을 가상적인 것, 잘못된 것, 겉으로만 그럴 듯한 것이라고 부를 수 있도록 한다. 제1항과의 관계에서 제2항은 규범적이면서 동시에 설명적이다.[1]

펄먼은 계속해서, 서양 철학의 역사는 그런 대립 속에서 움직여 가며 그 가운데 '독창적인 사유'는 어떤 대립쌍의 두 항을 뒤바꾸어 버림으로써 나타난다고 설명한다. 그런데 그 뒤바꿈은 단순한 '뒤바꿈'에 머물러 있는 것이 아니다.

독창적 사유는 날렵하게 어떤 쌍의 두 항을 뒤바꿀 수 있다. 그러나 이러한 뒤바꿈은 대부분 그와 함께 그 두 항 가운데 어느 하나나 또는 둘 모두의 수정을 동시에 요구한다. 그것이 곧 이 뒤바꿈을 정당화하는 이유를 지적해 주는 것이기 때문이다. 그리하여 만일 전통 형이상학에 특징적인 개별적 / 보편적이라는 쌍이 뒤바뀌면, 추상적 / 구체적이라는 쌍으로 된다. 실제로 개별자 하나만을 구체적인 것이라고 말할 때 그 개별자가 가치를 얻는 경우는, 보편자가 플라톤의 이데아처럼 우월한 실재가 아니라 그

---

1) Chaim Perelman, *The Realm of Rhetoric*, William Kluback (trans.), Notre Dame: University of Notre Dame Press, 1982, pp.127~8.

> 구체적인 것에서 파생된 하나의 추상으로 간주될 때이다. 그러나 이 경우에 실재적인 것이 되는 것은 바로 이 직접적으로 주어진 구체적인 것이고, 추상적인 것은 단지 파생적이고 이론적인 정교함에 지나지 않는 것이 되며, 이는 이론 / 실재의 쌍에 상응하는 것이 된다.[2)]

제2항은 '제1항 / 제2항'의 대립에 속하는 것이면서, 또한 그 대립 자체를 지탱해 주는 것이기도 하다. 따라서 제1항 / 제2항의 대립을 단순히 전면에 드러나는 **인물** 차원에서만 뒤집어엎는 것으로는 완전한 뒤바꿈이 이루어질 수 없다. 대신에 대립 그 자체를 발생시키는 **배경**인 제2항 자체가 뒤바뀌어야만 한다. 그렇게 하기 위해서, 우리는 인물과 배경 둘 다 결정 불가능한 그런 조건들을 발전시키지 않으면 안 된다. 제1항 / 제2항의 위계를 고정시키는 논리적 유형화가 작동 불가능하도록 만들어야만 한다.

데리다의 해체론은 이런 임무를 완수한다. 그러나 우리는 과거의 모든 '독창적'인 철학들치고 해체적이지 않은 게 있었느냐고 물을 수 있다. 해체적이지 않은 게 없다는 사실은 그 철학들에 대한 해체적 읽기의 확립을 가능하게 만든다. 철학에서의 변화란 단지 역사적 환경의 변화에 의해서만 촉발되는 것은 아니다. 그것은 또한 바로 철학 그 자체의 본성이 변화된 결과로 나타나기도 한다. 철학이란 궁극적인 규정과 완결이 불가능한 일종의 자기 지시적인 체계다. 그러나 만일 그렇

---

2) 같은 책, p.130.
'개별적 / 보편적' 쌍은 '현상 / 실재'의 쌍에 상응하지만, 그 '개별적 / 보편적' 쌍이 자리 바꿈을 통해서 '추상적 / 구체적' 쌍으로 변하게 되면 '이론 / 실재'의 쌍에 상응하게 된다. 처음의 '개별적인 것'은 '현상적인 것'이었지만, 그 '개별적인 것'이 '구체적인 것'으로 바뀌었을 땐 '실재적인 것'이 되면서 그 성격이 달라진다. — 옮긴이

다면, 철학에 대한 비판은 또 다른 이원적 대립으로 이끌릴 뿐이다. 철학보다 텍스트나 수사학이 더 우월하다는 주장이 지배적이 될 수도 있다. 그러나 이것이 이전의 사태와 어떤 차이가 있는가? 결국 그것도 텍스트에 대한 하나의 형이상학이 아닌가? 데리다는 이 문제에 대해 다음과 같이 이야기한다.

> 철학적 담론이 언어의 울타리 안에 갇혀 있다고 주장하는 사람은 그 주장을 펼치기 위해서 여전히 그 언어 안에서 그리고 그 언어가 제공하는 대립쌍들을 가지고 나아가지 않으면 안 된다. 일정한 형식이 될 정도로 습관화된 규칙에 따르듯이, 철학은 항상 자기 자신의 경계를 넘어서는 담론을 또다시 자기 나름의 것으로 흡수해 버린다 *reappropriate*.
>
> 언어 안에 갇혀 있을 수밖에 없음을 철학자에게 확실히 그 누구보다도 과격하고 노골적으로 상기시켰던 니체였지만, 그 또한 반 세기 동안 거의 모든 분야에서 노출되어 왔던 하나의 가능성[3]에 골몰하고 있었다. 물론 철학적 관심만큼 가장 빈번하게 그 가능성을 또다시 자기 나름의 것으로 흡수했던 경우도 없지만 말이다. 상황이 이러하니 다른 사람들과 마찬가지로, 니체의 담론도 또다시 자기 나름의 것으로 흡수하는 그 규칙을 간단하게 벗어날 수는 없다.[4]

데리다 자신도 이 '규칙'을 벗어날 수 없다. 그는 '또다시 자기 나름의 것으로 흡수하기 *reappropriation*'를 피하기 위해서 끊임없이 자신의 입장을 변화시킨다. 루이 알튀세르 Louis Althusser 는 형식화에 대해 다음과 같이 말한다.

---

3) 울타리와 또다시 울타리 안의 어떤 것으로 재흡수되는 법칙을 벗어날 가능성. — 옮긴이

4) Jacques Derrida, "The Supplement of Copula: Philosophy before Linguistics," *Margins of Philosophy*, Alan Bass (trans.), Chicago: University of Chicago Press, 1982, p.177.

> 싸움의 형식과 논거들은 어쩌면 각기 다 다를지도 모른다. 하지만 철학의 전 역사가 단지 이러한 형식들의 역사일 뿐이라면, 그 형식들은 결국 그 형식들이 나타내는 불변의 어떤 경향들로 환원될 수밖에 없을 것이다. 그러한 형식들의 변화란 일종의 **헛된 장난**에 지나지 않기 때문이다. 궁극적으로 철학은 역사를 갖지 않는다. 철학이란 실제로는 아무것도 일어나지 않는, 단지 이러한 아무것도 아닌 것의 **반복**만이 일어나는, 그런 이상한 이론적 자리다.[5]

그러므로 이원적 대립의 위계를 뒤집는 일이나 대립 그 자체를 던져 버리는 일은 의미와는 아무런 상관이 없는 형식적인 문제일 뿐이다. 그러나 알튀세르도 이어서 말하듯이, 그러한 일들이 완전히 **쓸모없지**는 않다.

> 철학에서, 철학의 공공연한 담론 안에서 일어나는 이 전도는 형식적으로는 아무것도 아닌 것이지만 그렇다고 쓸모없는 것은 아니다. 아니 오히려 그것은 폐기 처분의 한 결과, 즉 이전의 위계를 정반대의 위계로 대체한 결과다. 모든 철학 체계들을 지배하는 궁극적 범주들에서 철학적으로 문제가 되는 것은 그러므로 이러한 위계의 의미, 즉 이처럼 하나의 범주가 우월한 지위를 차지한다는 것이 지니는 의미다.[6]

그러나 내가 한 마디 하고 싶은 것은 이 '의미'가 철학 안에서는 결정될 수 없다는 점이다. 그것이 아무리 급진적이라 하더라도 그 전도는 어떤 경우에는 단지 또 하나의 형식적 게임에 지나지 않는 것으로 끝나 버릴 수도 있으며, 또 다른 경

5) Louis Althusser, "Lenin and Philosophy," *Philosophy and the Spontaneous Philosophy of the Scientists*, Gregory Elliot (ed.), London: Verso, 1989, p.192.

6) 같은 책, p.194.

우에는 우리가 미처 알아차리기도 전에 이미 지배적인 이데올로기가 되어 있기도 한다. 관념론이 오히려 혁명적인 의미를 수행하고, 또 유물론이 오로지 보수 반동적 의미만을 지니는 그런 시대와 장소도 있는 법이다. 그러므로 철학 안에서 철학의 '의미'를 결정한다는 것은 불가능하다. 그것은 오직 철학 바깥에서 그리고 형식 바깥에서만 결정될 수 있기 때문이다. 그러나 일단 그런 바깥이 개념적으로 포착되고 나면, 그것은 더 이상 바깥이 아니다. 바로 여기에, 드 만이 '감옥으로서의 형식주의'라고 이름 붙인 문제의 중요성이 웅크리고 있다. 밖으로 나가는 길은 있는가?

제3부

가르치는 것과 파는 것

열셋

유아론

1931년 괴델의 불완전성 정리가 발표되었을 때 수학계와 철학계에 엄청난 충격을 주었다. 앞선 장들에서 나는 이 정리가 다른 담론들에 어떤 영향을 미쳤는지를 보여 주려고 했다. 이제 나는 괴델의 정리에 대한 중요한 반응 가운데 하나로 비트겐슈타인의 반응을 살펴보고자 한다. ≪철학적 탐구 *Philosophical Investigations*≫(1936)를 쓰는 동안 비트겐슈타인은 괴델이 일으킨 야단법석에 무심한 것처럼 보였다. 그러나 ≪수학의 기초에 관한 고찰 *Remarks on the Foundations of Mathematics*≫을 발표한 해가 1937년이라는 것이 증언해 주는 것처럼 그는 수학에 대한 관심을 버리지 않았다. 그리고 실제로도 괴델의 정리가 수학에 가한 충격을 그가 완전히 회피할 수 있었으리라고는 생각하지 않는다. 더 중요한 것은 ≪철학적 탐구≫가 이러한 상황을 고려하지 않고서는 제대로 이해될 수 없다는 것이다. 비트겐슈타인이 괴델을 언급한 경우는 매우 드물며 언급한다 하더라도 그것은 다음과 같이 러셀을 비판할 때뿐이었다. "러셀의 논리학을 안에서가 아니라 밖에서 공격하는 것, 그것이나의 과제다." "나의 과제는 (예컨대) 괴델의 증명에 대해서 말하는 것이 아니라, 그것을 비껴가는 것이다."[1]

이 '밖'이나 '비껴간다'는 표현이 의미하는 것은 무엇일까? 괴델이 '러셀의 논리학을 안에서 공격하고 있다'는 말은 불완전성 정리가 작동하는 메커니즘의 윤곽을 분명하게 보여 준다. 즉, 불완전성 정리는 결정 불가능성을 끄집어 냄으로써 형식 체계를 그 안에서부터 붕괴시키는 것이다. 이런 맥락에서 보면 앞의 말은 비트겐슈타인 자신도 괴델과 동일한 결과에 도달하겠지만 그것은 '밖'으로부터 이루어진다는 것을 가리키는 것 같다. 비트겐슈타인은 실제로 괴델을 무시했다. 괴델의 방법은 러셀이 설정해 놓은 한계에 갇혀 있었기 때문이다. 좀더 솔직하게 이야기하면 비트겐슈타인이 보기에 괴델은 형식화라는 굴레 그 자체를 벗어던지지 못했다는 것이다.

괴델은 겉으로 드러내지 않았지만 어쨌든 플라톤주의자였다. 그는 게오르그 칸토르의 연속체 가설[2]이 결정 불가능하다는 것을 보여 주었는데, 그것은 비록 그 가설의 오류가 형식적으로는 증명될 수 없을지라도 성찰을 통해서는 직관될 수 있다고 주장함으로써 이루어진다. 즉, 괴델은 더 이상의 기초를 필요로 하지 않는 어떤 수학적 실재란 것이 존재한다고 믿었기 때문에, 더 나아가 그 가설의 결정 불가능성 또한 하나의 형식적인 증명 과정을 통해 드러내 보일 수 있었다. 다시 말해 그는 그 실재를 적극적으로 새겨 놓는 대신에 소극적으로 넌지시 나타내고 있었던 것이다. 그렇다면 비트겐슈타

---

1) Wittgenstein, *Remarks on the Foundations of Mathematics*, p.383.

2) 무한 집합의 크기에 대응되는 수를 초유한수라고 하는데, 자연수 집합에 대한 초유한 수 다음으로 큰 초유한수는 실수 집합에 대한 초유한수라는 가설. — 옮긴이

인이 넌더리를 낸 것은 러셀이 아니라 오히려, 겉으로는 형식주의자의 기초를 지지하면서 실제로는 그것을 해체시킨 괴델의 '부정 신학'이었다고 말할 수 있다. 괴델의 방법이 해체와 관계가 있다면, 비트겐슈타인은 그와 유사한 듯하면서도 미묘하게 **근본적으로** 다른 방법을 가리키고 있다.

괴델을 가리키면서 비트겐슈타인은 다음과 같이 주장했다. "이상하게 들릴지 모르지만 괴델의 증명에 관한 한 내가 할 일이란, '이것이 증명될 수 있다고 가정하자'와 같은 명제가 수학에서 무엇을 의미하는지를 분명하게 밝히기만 하면 되는 것 같다."[3] 비트겐슈타인의 의도는 '증명' 자체를 그 뿌리에서부터 의심하는 것이었으며, 그것은 괴델을 사로잡고 있던 결정 가능성/결정 불가능성의 구분을 비껴가기 위한 하나의 절차였다. 수학은 그것이 공리들로부터 연역되는 한에서는 '견고하다'고 여겨진다. 그러나 이러한 연역은 과연 이루어질 수 있는가? 비트겐슈타인은 증명이란 내놓기만 하면 그냥 자동으로 받아들여질 수 있는 그런 것이 아니라 오히려 그 규칙에 복종하겠다고 나선 사람들에 의해서만 받아들여질 수 있는 것이라고 강조한다.

플라톤은 '대화'를 방패삼아 기하학적 증명을 확장시켰다. 좀더 정직하게 말하자면, 플라톤은 증명을 하나의 대화로 도입하면서 동시에 대화 그 자체의 본래 목적을 제거해 버림으로써 그 이전의 수학을 견고하게 만들었다. 플라톤의 ≪메논 *Meno*≫에서 소크라테스는 기하학을 잘 모르는 한 젊은이에게 어떤 정리를 증명하도록 강요한다. 이 증명 과정에서 소크라테스는 '가르치는 것'도 '배우는 것'도 없으며 오직 '상기'만이

3) Wittgenstein, *Remarks on the Foundations of Mathematics*, p.388.

있음을 증명해 보인다. 이것은 '메논의 역설' 또는 가르침의 역설이라고 알려져 있다. 이 증명은 '대화'의 형태로 수행된다. 그러나 그 대화는 특별하다. 여기서 소크라테스가 하는 것이라고는 단지 묻는 것뿐이다. "메논아, 너도 알지. 나는 가르치는 게 아냐……. 나는 단지 묻기만 할 뿐이야."[4] 확실히 소크라테스는 가르치고 있지 않다. 그 대화에서 미리 전제되어야 할 것은, 다음과 같은 것을 요구하는 하나의 규칙이다. 즉, 어떤 기본 전제(공리)를 받아들인 다음에는 그것과 모순되는 것은 어떤 것도 해서는 안 된다. 그 젊은이가 만일 자신이 앞에서 말했던 것과 모순되는 어떤 것을 말하게 되면 증명은 물 건너간 것이 된다. 이런 규칙이 소크라테스와 그 젊은이 사이에 암묵적으로 공유된다.

한 무리의 공통 규칙들 속에서 진행된 대화는 '타자'와의 대화라고 할 수 없다. 그러한 대화, 즉 내적 변증술은 일종의 독백으로 변환될 수 있고 또 그것으로 간주될 수도 있다. 소크라테스의 방법은 아테네의 법률 제도에 기초하고 있었다. 니콜라스 레셔 Nicholas Rescher 는 논박의 형태 또는 재판 절차에 의거해서 변증술을 재검토한다. 여기서는 한 대화자(검사)가 먼저 자신의 의견을 개진하면 반대자(변호사)가 그와 반대되는 입장을 취하고 그러면 그 대화자는 또 그에 대응한다.[5] 이 과정에서 그 대화자가 이야기하고자 하는 바는 절대적으로 필증적이고 논박 불가능한 것이 아니어도 된다. 그의 주장에 대

4) Plato, "Meno," *The Collected Dialogues of Plato, Including the Letters*, Bollingen Series LXXI, Edith Hamilton & Huntington Cairns (ed.), Princeton: Princeton University Press, 1961, p.366.

5) Nicholas Rescher, *Dialectics: A Controversy-Oriented Approach to the Theory of Knowledge*, Albany: State University of New York Press, 1977.

항하는 어떠한 효과적인 반론이 제기되지 않는 한 그것은 참으로 받아들여질 수 있다. 그러한 논박의 과정에서는 오직 말을 꺼낸 사람만이 *onus probandi*, 즉 증명의 부담을 진다. 반대하는 쪽은 증거 제출의 의무가 없다. 소크라테스의 방법은 확실히 이 과정을 따른다. 소크라테스의 재판을 기술하면서 플라톤이 ≪메논≫을 시작한다는 것은 의미 심장한 구석이 있다. 이러한 대화식의 재판에 대한 신뢰가 너무 강해서 그러한 재판의 결과로 주어진 자기 자신의 죽음까지도 받아들일 수 있었던 소크라테스였기 때문이다. 비록 그 평결이 참된 것이 아니라고 밝혀졌더라도, 소크라테스에게는 재판 절차 그 자체가 무엇보다 중요했다. 그는 이러한 재판 절차를 통과한 것만이 참된 것이라고 인정했다.

법정에서는 서로 반대되는 양편 모두 하나의 공통된 규칙에 복종하지 않으면 안 된다. 따라서, 언제든지 검사가 피고측 변호사가 될 수 있고 또 거꾸로 변호사가 검사가 될 수 있다. 법의 그 말놀이를 인정하고 옹호하지 않는 사람은 법정 바깥으로 쫓겨나거나 재판관들에 의해 무자격자라는 낙인이 찍히게 된다. 이런 종류의 게임에서는 그들이 아무리 강력하고 열정적으로 서로에 대해 반대를 하더라도, 그 어느 쪽도 '타자'의 위치를 차지하지 않는다. 레셔가 주장하는 것처럼 이 대화는 일종의 독백이 될 잠재성이 있다. 아리스토텔레스와 헤겔의 작업에서 변증술은 모두 독백이 되었다. 그리고 플라톤의 대화도 비록 서로 이야기를 주고받는 식으로 쓰여져 있지만 궁극적으로는 독백으로 간주되어야 한다. 서양 철학은 따라서 내성적인, 즉 독백의 성격을 지니는 **대화**로서 시작되었던 것이다.

소크라테스(플라톤)가 피력했던 것은, 이성이 세계나 자아 속에 내재적으로 깃들어 있다는 생각이 아니라, 대화를 거친 명제들만이 합리적인 것으로 인정될 수 있다는 생각이었다. 대화를 거부하는 사람들은 아무리 깊이 있게 또 아무리 열심히 자신들의 진리를 논증한다 하더라도 비합리적인 것으로 간주된다. 소크라테스 이전의 철학자들을 '면밀히 검토'할 때 쓰는 잣대가 바로 이러한 것이다. 합리적이라는 것은 곧 대화를 하나의 전제로 받아들인다는 것이다. 증명은 그것이 다른 사람들과 '함께 진리를 탐구하여'[6] 성취되었을 때에만 힘을 발휘할 수 있었다. 수학은 특별한 대접을 받는 탐구 양식이다. 그것의 범위가 한 단일한 주관의 범위를 넘어서 있기 때문이다. 그러나 이러한 힘을 수학이 본래부터 가지고 있었던 것은 아니다. 진리를 산출하는 수학의 힘은 재판의 대화에서 살아남은 것만을 수학으로 인정하는 플라톤식의 명제로부터 나온 것이다. 플라톤 이후로 수학적 증명은 그 범위가 개인적인 시야를 넘어서 확장되는 상호 주관적 인식으로 보여지게 된다.

진리의 원천으로 이해된 대화, 바로 그것이 비트겐슈타인의 진짜 비판 대상이었다. 비트겐슈타인에게 수학은 어떤 한 무리의 규칙들로 환원될 수 없는 다양한 규칙 체계들로 이루어져 있다. 더구나 비트겐슈타인은 체계에 대한 이러한 설명을 수학에만 한정시키지 않고 말놀이 전반에 적용시켰다. 그러나 잊지 말아야 할 것은, 비트겐슈타인의 비판이 기본적으로 향하는 곳은 수학과 수학에서의 증명과 같이 특권적 지위에 있는 담론이었다는 것이다. 비트겐슈타인은 그리하여 플라톤식의 대화를 문제삼는다. 그것은 타자를 포함하지 **않으며**,

6) Plato, "Meno," *The Collected Dialogues of Plato*, p.368.

그리고 종종 하나의 독백이 되기 때문이다. 타자를 내면화하기 위해서는 그 타자가 한 무리의 공통 규칙들을 공유하고 있어야만 한다. 그러나 타자라는 말뜻 자체가 이미 어떤 무리의 공통 규칙들도 공유하지 않는 이를 가리키는 말이 아닌가? 대화란 오직 그런 타자와만 하는 것이 아닌가? 비트겐슈타인은 그의 ≪철학적 탐구≫에서 더 이상 내면화될 수 없는 이런 타자, 즉 타자의 타자성을 받아들이려 했다. 그리고 이러한 시도를 하는 과정에서 그는 플라톤이 내던져 버렸던 가르침이란 것을 다시 끌어들였다.

열넷

가르침의 관점

우리는 보통 비트겐슈타인이 ≪논리 철학 논고 *Tractatus Logico-Philosophicus*≫(1921년에 완성)를 집필하던 시기를 그의 전기라 부르고, ≪철학적 탐구≫(1937년에 시작)의 시기를 후기에 해당한다고 본다. 그 사이엔 긴 침묵의 시기가 있었다. 철학을 그만두고 비엔나로 돌아온 비트겐슈타인은 제1차 세계 대전 중에는 전쟁터로 나갔으며, 3년 동안은 초등학교 교사로 일했고(1922~5년 사이), 그 다음 2년 동안(1926~8년)에는 건축가가 되었다. 이런 일들을 모두 비트겐슈타인이 자신의 노이로제를 치료하기 위해 내린 일종의 처방으로 보는 것은 적절하지 않다. 그의 가족과 친구들은 사실 그렇게 생각했는데, 그들은 비트겐슈타인이 철학으로 돌아가기를 바랐던 것이다. 또한 이 기간을 그의 두 철학적 시기 사이의 과도기로, 즉 전기에서 후기로의 '전환기'로 간주하는 것도 옳지 않다. 이 두 시기 사이에 비트겐슈타인이 철학을 완전히 포기했다는 것은 거의 의심할 여지가 없다. 철학이란 '시간과 돈이 남아도는' 사람들이 하는 것이기 때문에 고상하다는 아리스토텔레스의 주장에

진실이 깃들어 있다고 한다면, 비트겐슈타인이 가족의 재산을 포기하기로 결정했다는 것은 곧 철학 자체를 포기했다는 것으로 이해될 수 있을 것이다.

≪철학적 탐구≫에서 한 가지 눈에 띄는 부분은 그가 틈만 나면 **아이들을 가르치는 것**을 예로 든다는 점이다. 비트겐슈타인에게 아이들은, 외국인과 마찬가지로, 동일한 규칙을 공유하지 않는 타자의 대표적인 예다.

> 우리 말을 모르는 어떤 사람, 즉 어떤 외국인이 "기왓장 하나 가져와!"라고 누군가가 소리치는 것을 자주 들었다고 가정해 보자. 그 사람은 그가 들은 소리가 한 단어며 아마도 자기네 말로는 '벽돌'이라는 뜻일 거라고 믿고 있을지도 모른다.[1]

외국인이나 아이들과 의사 소통한다는 것은 곧 공통의 어떤 규칙들을 공유하지 않는 사람들을 가르치는 것이다. 이러한 상황에서는, 공통의 약호를 공유할 수 없다는 것이 타자에게도 똑같이 의미 있는 것이다. 즉, 타자 — 어떤 공통의 규칙들을 공유하지 않는 — 와의 의사 소통은 항상 가르침 - 배움의 관계를 형성한다고 말할 수 있는 것이다. 의사 소통에 관한 지금까지의 이론들은 모두 공유되는 어떤 공통의 규칙을 예외없이 가정하지만 외국인, 아이들, 정신병자들과의 대화에선 어떠한 공통 규칙도, 적어도 처음에는, 당연한 것으로 받아들여질 수 없다.

우리는 모두 한때는 아이들이었으며, 우리의 부모들로부터 언어를 습득했다. 최초의 의사 소통은 항상 가르침 - 배움의 관계 속에서 일어났다. 우리의 일상적인 의사 소통조차도 어

---

1) Wittgenstein, *Philosophical Investigations*, p.9e.

는 정도 통약 불가능성 *incommensurability* 을 안에 품고 있기 때문에 결국엔 어쩔 수 없이 서로간의 가르침이 필요하게 된다. 만일 어떤 공통의 규칙이 표면 위로 나타난다면, 그것은 다만 이러한 가르침-배움의 상황의 한 결과일 뿐이다. 가르침-배움의 이러한 비대칭적인 관계가 바로 의사 소통의 근본적인 선행 조건을 이룬다. 우리가 보통 정상이라고 아무 생각 없이 받아들이는, 어떤 공통의 규칙을 **가지고 하는** 대화란 것도 실제로 알고 보면 오히려 예외적인 경우다. 미하일 바흐친 Mikhail Bakhtin 같으면 아마도 이러한 경우를 독백이라고 부를 것이다. 비트겐슈타인이 타자를 도입했다는 것은 바로 이러한 비대칭 관계를 도입했다는 것을 말한다.

가르치는 입장은 권위를 행사하는 쪽이 아니라, 오히려 둘 중에서 더 약한 쪽이다. 가르치는 쪽은 다른 누군가가 지식을 습득할 수 있도록 거기에 매달려야 하기 때문이다. 이러한 열세는 사고 파는 사람의 관계에서 파는 입장에 비유될 수 있을 것이다. 마르크스가 보여 준 것처럼, 고전 경제학자들이 각각의 상품에 내재한다고 주장했던 가치는 사실 거기에 포함되어 있지 않다. 만일 하나의 개별 상품이 팔리거나 교환되지 않는다면, 그것은 교환 가치도 사용 가치도 가질 수 없다. 나중에 보겠지만 파는 입장은 사는 사람(화폐 소유자)의 뜻에 매달려야 하기 때문에 판매 - 구매 관계 역시 비대칭적이다. 고전 경제학뿐 아니라 신고전 경제학에서도 이러한 비대칭 관계는 지워져 버리는데, 이는 판매와 구매를 똑같이 취급하는, 평등하고 매끄러운 판매-구매 과정을 위해서다.

C-M. 상품의 첫번째 변형, 또는 판매. 가치가 상품에서 금으로 그 몸을 바꾸는 도약은, 내가 다른 곳에서도 말한 것처럼, 상품

의 **운명을 건 도약**이다. 만일 이 도약이 실패한다면, 상품 자체야 별 상관 없겠지만 상품 소유자에게는 분명 큰 타격이 아닐 수 없다.[2)]

고전 경제학에서는 화폐와 상품 간의 차이, 즉 상품의 등가적인 가치 형태와 상대적인 가치 형태 사이의 차이가 무시된다. 가치 형태 그 자체가 사라지는 것이다. 고전 경제학에서는 '공통의 본질'(노동)이 모든 상품에 내재적으로 구현되며, 그것의 척도가 화폐다. 그러한 경제적 사고의 모델이 존재하기 위해선, 교환에는 어디든 따라다니는 — 마르크스가 강조한 바 있는 — **통제할 수 없는 위험 요소**가 반드시 무시되지 않으면 안 된다. ≪자본론≫을 통해서 마르크스는 고전 경제학의 정적인 틀에 가치의 형태를 주입시켰으며, 그렇게 함으로써 그는 파는 입장의 관점에서 생각을 꾸려 갈 수 있게 되었다.

의미가 있고 없다는 차원에서 보면 말에 대해서도 똑같은 비대칭성이 관찰될 수 있다. 비트겐슈타인에게는 사적 언어란 존재하지 않았다. 대부분의 경제학자들과 언어학자들이 교환이란 규칙에 의해 틀지어진다고 주장한 반면에, 마르크스와 비트겐슈타인은 그 교환 현상에 대해 근본적으로 다른 방식으로 접근했다. 비트겐슈타인에게 '우리 말을 모르는 어떤 사람, 즉 외국인'은 별 생각 없이 타자들 가운데서 선택된 하나의 예로 끝나지 않는다. 타자는 그의 '방법적 회의'에 없어서는 안 될 것이다. 예컨대 우리가 "기왓장 하나 가져와"라고 말할 때, 거기에는 알게 모르게 이해되는 어떤 **내적** 의미가 있다. 그러나 만일 '타자'에게 그 말이 다른 어떤 것, 예를 들어 '벽돌'을 의미한다고 한다면, 우리의 내적 의미는 의문스러

2) Marx, *Capital*, vol. 1, pp.200～1.

워진다. 이런 종류의 내적 회의는 데카르트의 근본적 회의와 다르지 않다.

크립키의 말을 빌리면 '이상 야릇한 회의주의자'로 그 모습을 드러내는 비트겐슈타인의 '타자'는 우리의 내적 의미와 과정의 건축성을 갉아먹는다. 비트겐슈타인은 말한다. "이것이 우리의 역설이었다. 하나의 규칙에 의해 하나의 행동 방식이 정해진다는 것은 불가능한 일인 것 같다. 어떠한 행동 방식도 다 그 규칙에 맞아들어갈 수 있기 때문이다."[3] 크립키는 이 역설을 수학 등식을 가지고 자세히 보여 준다. 그가 써 놓은 것에 따르면, 우선 2 + 2 = 4라는 등식은 모든 사람들이 받아들인다. 두 번째 등식인 2 + 3 = 6은 우리가 만일 '+' 기호를 '더하기'가 아니라 '곱하기'로 이해한다면 틀린 것으로 볼 필요가 없다. 두 번째 등식을 맞닥뜨리고 나서 우리는 두 사례 모두의 조건을 만족시키는 어떤 공통 규칙을 발견한다. 그리고 나서 또 하나의 등식 2 + 4 = 6이 불려 온다. 이 등식에서도, 만일 '+'의 결과가 6보다 크면 모두 6이라는 규칙을 만들어 버리면 모순은 해결될 수 있다. 똑같은 방식으로, '+' 기호의 의미나 규칙은 새로운 등식이 불려 올 때마다 무한히 변형될 수 있다. 단, 새로운 조건에 마주칠 때까진 '+'의 다음 의미나 규칙은 밝혀질 수 없다. 이런 메커니즘은 일반적인 언어에도 적용될 수 있다.

크립키를 따라서, 세 번째 등식의 '+'를 더하기 대신에 **두하기**로, 그 식을 덧셈 대신에 **둣셈**이라고 불러 보자. 그리고 나서 '타자'가 나타나서는, 이미 첫번째 등식에서부터 '+'를 **두하기**로 해석했어야 한다고 우겨 대는 상황을 상상해 보

3) Wittgenstein, *Philosophical Investigations*, p.81e.

자. 나는 그런 주장을 반박할 수 없다. 크립키에 따르면 비트겐슈타인의 '회의주의자'는 바로 이런 방식으로 나타난다.

> 지나간 행동들 속에서 내 정신이 밟아 온 자취를 아무리 더듬어 보더라도 — 심지어는 전지한 신이나 되어야 알고 있을 것을 더듬어 보아도 — 내가 의미한 것이 더하기였는지 아니면 두하기였는지를 확실히 정해 줄 수 없을 거라는 것을 그것(회의주의적 도전)은 보여 주고자 한다. 하지만 그렇게 되면 내가 의미했던 것이 두하기가 아니라 더하기였음을 보여 줄 수 있는 나에 관한 어떠한 **사실**도 없다는 결론이 나오는 것 같다. 만일 나의 내적인 정신사나 외적인 행위의 어떠한 것도, 사실은 내가 두하기를 의미했다고 우겨대는 회의주의자에게 대답이 되지 못한다면, 어떻게 그런 사실이 있을 수 있겠는가? 내가 의미했던 것이 두하기가 아니라 더하기였다는 그런 사실이 과거에도 없었다면 그것은 또한 현재에도 있을 수 없다. 우리가 처음에 그 역설을 제시했을 때, 우리는 어쩔 수 없이 언어를 사용하지 않으면 안 되었으며, 현재의 의미를 당연한 것으로 받아들여야만 했다. 이제 우리는, 우리가 짐작했던 대로, 이 잠정적인 허용이 참으로 허구적이었음을 본다. 내가 '더하기'라는 말로 의미하는 것과 관련된 어떠한 사실도 있을 수 없다. 이는 언제 무슨 말을 하든 마찬가지다. 사다리는 결국 치워 버려야만 한다.[4]

이런 종류의 회의는 가르치는 입장을 끝간 데까지 전개시켜야만 이루어진다. (그러나 나는 크립키가 이 역설의 결말을 '공동체의 우선성'으로 잡는 데는 동의할 수가 없다. 나중에 보겠지만, 이런 결론은 부정확하고 잘못 나간 것이다.) 그가 지적한 중요한 점은, 타자와의 대면에서 발생하는 결정 불가능성은 '전지한 신조차

---

4) Saul A. Kripke, "The Wittgensteinian Paradox," *Wittgenstein on Rules and Private Language: An Elementary Exposition*, Cambridge, Mass.: Harvard University Press, 1982, p.21.

도 알 수 없는 것'이라는 점이다. 그 타자는 **신**으로 대체될 수 없다. 전지한 신은 타자가 아니라, 단지 자아를 이상화한 것일 뿐이기 때문이다.

데카르트의 회의와 비트겐슈타인의 회의 사이를 분명하게 구별시켜 주는 것은, 그렇다면 단순히 자아의 명증성에 대한 그들의 서로 다른 태도, 즉 데카르트는 회의를 시작하면서 회의하는 자아의 명증성을 획득하게 되는 반면, 비트겐슈타인은 자신의 회의를 통해서 자아의 명증성을 거부하기에 이르른다는 점만은 아니다. 오히려 더 상관이 있는 부분은 데카르트가 신이 자신을 속일지도 모른다는 의심으로 시작해서 결국엔 신을 통해서 **코기토**를 안전하게 지켜 내고 그 기초를 굳건하게 다지는 것으로 끝을 내는 부분이다. 데카르트는 그리하여 신이라는 타자에 의해서 자아의 명증성을 보장받고자 했다. 데카르트의 방법 속에 일종의 '운명을 건 도약'이 감추어져 있다는 것은 분명하다. 비록 데카르트주의라는 것은 이런 도약을 억누르는 것으로 등장하기는 했지만 말이다. 반면에 비트겐슈타인은 내적 확실성을 갉아먹는 타자를 결코 신으로, 즉 **절대적** 타자로 그리지 않는다. 비트겐슈타인의 타자는 언제나 아이고 외국인인, 즉 **상대적** 타자다.

이러한 접근법은 ≪논리 철학 논고≫의 다음 진술, 즉 "말할 수 없는 것에 대해서는 침묵해야만 한다"[5]와 놀라운 대조를 보여 준다. 여기서 '말할 수 없는 것'은 신을 가리킨다. ≪철학적 탐구≫에서 비트겐슈타인은 더 이상 이런 접근법을 따르지 않는다. 앨런 재닉 Allan Janik 과 스티븐 툴민 Stephen Toulmin 은 비트겐슈타인이 러셀과 달리 칸트적 문제 의식을 지녔으

5) Ludwig F. Wittgenstein, *Tractatus Logico-Philosophicus*, C. K. Ogden (trans.), London: Routledge & Kegan Paul, 1992, p.189.

며 러셀이 비트겐슈타인에게 제공했던 것은 단지 새로운 기술뿐이었다고 보았다. 그들은 이렇게 말한다. "일단 이러한 진단이 받아들여진다면, 비트겐슈타인의 생각에서 '논리적'인 측면과 '윤리적'인 측면을 화해시키기는 어렵지 않다. 그의 책의 **핵심**은 — 그 자신이 차근차근 주장하는 것처럼 — **윤리적**인 것이다. 그가 명제 논리로부터 가지고 온 것은 형식적인 기술뿐이다."[6] 그러나 ≪철학적 탐구≫에서 비트겐슈타인은 더 이상 과학/논리와 윤리/미 사이의 칸트적 구분을 떠받들지 않는다. 물론 이것이 그가 윤리학에 무관심해졌다는 뜻은 아니다. 대신에 그는 본래부터 자연스럽게 언어 속에 존재했던 하나의 윤리적 문제를 찾아 냈다. 크립키의 다음 진술은 비트겐슈타인이 어떻게 일종의 키에르케고르적인 윤리적 관심을 공유했는지를 밝혀 줄 수 있을 것 같다.

> 어떤 단어가 어떤 것을 의미하는 그런 것은 있을 수 없다. 우리의 새로운 적응 행위는 그 하나하나가 모두 어둠 속에서의 도약이다. 현재의 의도는 그 어떤 것이든 우리가 선택할지도 모르는 어떤 것에 맞도록 해석될 수 있는 것이다. 그러므로 맞는 것도 없고 맞지 않아 부딪치는 것도 없다. 일치나 불일치는 있을 수 없다.[7]

그와 같은 엄청난 상황에 직면해서도, 비트겐슈타인이 결코 신에게 호소하여 의지처를 구하지 않았다는 점은 주목할 만한 대목이다. 여기서 밑줄 쳐야 할 곳은, 철학적 문제들을

---

6) Allan Janik & Stephen Toulmin, *Wittgenstein's Vienna*, New York: Simon & Schuster, 1973, p.169.

7) Kripke, "The Solution and the 'Private Language' Argument," *Wittgenstein on Rules and Private Language*, p.55.

가르침이라는 관점에서 성찰하도록 뒤를 밀어 주는 비트겐슈타인의 '세속성'이다. 확실히, 이러한 '어둠 속에서의 도약'은 마르크스가 상품의 '운명을 건 도약'이라고 불렀던 것과 다를 바 없다. 그리고 아마도 파는 입장에서 그 문제에 접근함으로써 그 같은 관심을 함께한 이는 마르크스뿐일 것이다. 바로 여기에 그들의 **윤리학**이 놓여 있다.

> 상품은 얼핏 보면 극히 분명하고 별다른 것이 없는 물건으로 보인다. 그러나 그것을 분석해 보면, 실제로는 형이상학적인 미묘함과 신학적인 고상함으로 가득 찬 이상한 물건이라는 것이 밝혀진다.[8]

상품의 '운명을 건 도약'은 키에르케고르의 ≪죽음에 이르는 병 *Sickness unto Death*≫에서도 볼 수 있다. 키에르케고르가 절망의 극한 형태(죽음에 이르는 병)라고 부른 것은 다음과 같은 자아의 상태, 즉 비록 자아는 타자를 기초로 해서 확립되지 않으면 안 됨에도 불구하고 '그것은 자기 자신이고자 하는 절망적인 바람 때문에 결국 절망하는' 상태를 말한다. 이것은 팔리지 않는 상품을 생각나게 하지 않는가? 실제로, 상품 자체가 '신학적인' 문제를 포함한다고 이해될 수 있는 것이 바로 이런 식이다. 그러나 고전 경제학과 헤겔주의자들은 교환의 위기에 대해서 거의 또는 전혀 관심을 갖지 않았는데, 그들은 둘 다 상품의 가치를 사후에나 예정 조화의 관점으로 바라보았기 때문이다. 이런 견지에서 보면, ≪자본론≫에서 마르크스가 한 헤겔 비판은 단순히 헤겔 변증법을 뒤집어엎는 것만이 아니라 일종의 키에르케고르적인 '질적 변증법'을

8) Marx, *Capital*, vol. 1, p.163.

확립한 것에 더 가깝다 하겠다. 고전 경제학자들은 교환 가치와 사용 가치가 하나로 합쳐짐으로써 상품이 등장한다고 주장했다. 그러나 마르크스에게서는 이러한 종합이 키에르케고르가 인간을 유한과 무한의 종합으로 보는 것과 더 가까운 것처럼 보인다. 상품이 사용 가치와 교환 가치의 종합이기 위해선 '도약'이 하나의 통과 의례로서 행해져야만 하기 때문이다. 고전 경제학과 헤겔은 둘 다 이 현상을 잘못된 방향에서 해석했다. 이들은 그 해석을 교환의 조건들을 가지고 시작한 것이 아니라 그 **결과**로부터 시작했던 것이다.

여기서 지적해야 할 중요한 점은 마르크스와 비트겐슈타인 둘 다 데카르트와 키에르케고르와 다르게, 교환의 문제를 세속적으로 다루었다는 것이다. 그러나 이런 특성은 마르크스의 토대 / 상부 구조의 틀로부터 나온 것이 아니다. 거기서는 경제가 토대를 이루고, 상부 구조는 비교적 자율적이기는 하지만 그 토대에 의해 규정되는 모양새를 이룬다. 그러나 오히려 경제가 자율적인 상부 구조로 이해되어야만 한다. 그래서 상품에 대한 모든 분석도 형이상학적이고 신학적인 문제들 너머에 있는 것을 볼 것을 요구한다. ≪자본론≫ 이외의 다른 곳에서 마르크스의 철학을 찾는 것은 쓸데없는 일이다. 역설적이게도, 상품에 대한 마르크스의 담론들을 '철학'이라는 제목 아래 포함시키는 것 또한 쓸데없는 짓이다. 판매와 가르침은 솔직히 말해서 철학적인 문제들을 설명하는 데는 유용하지 않다. 그러나 그것은 철학자들이 날마다 마주치면서도 꼼꼼히 살펴보는 일은 거의 없는 그러한 종류의 것이다. 바로 이 판매와 가르침에서 타자와의 비대칭적인 의사 소통 관계가 있는 그대로 드러난다. 철학적 담론들은 바로 이러한 비대칭성을 지워 버림으로써 자신들의 근거를 유지해 왔던 것이다.

열다섯

은유로서의 건축

지금까지 기술해 온 타자와의 비대칭 관계는 이제 '비트겐슈타인의 건축'이라는 맥락에서 검토될 것이다. 비트겐슈타인의 누이 마가레트 슈톤보루 비트겐슈타인 Margaret Stonborough Wittgenstein 의 요청으로 폴 엥겔만 Paul Engelmann 이 디자인한 쿤트만가세 Kundmanngasse 의 집은 비트겐슈타인의 참여로 2년 만에 완성되었다. 비트겐슈타인의 전설적인 강박적 완벽주의 때문에 그 집은 눈금에서 1밀리미터도 벗어나지 않게 지어졌다. 그는 그 집을 '나의 건축물'이라고 불렀다. 비록 이러한 엄격주의가 어느 정도 ≪논리 철학 논고≫를 살아 있게 한 그 꼿꼿한 정신을 생각나게 하지만, 거기에는 분명한 차이가 있다. 그 디자인은 엥겔만의 것이었으며, 엥겔만은 그 과정 내내 열과 성을 다해 헌신했다. 게다가 비트겐슈타인의 누이는 대단히 개인주의적이어서 그 집이 그녀 자신의 생활 방식을 반영해야 한다고 고집했다. 엄밀한 의미에서 그 집은 '비트겐슈타인의 건축물'이 아닌 것이다.

비트겐슈타인이 그 집을 '나의 건축물'이라고 불렀다고 해서 그가 자신을 그 집의 작자 *author* 라고 주장하려는 것은 아니다. 그는 단순히 작자의 디자인을 실현하는 것이 건축이라고 생각하지 않았다. 만일 그렇게 생각했다면, 그는 엥겔만의 디자인을 거부했을 것이다. 처음부터 그 건물은 다양한 외적 요인들, 즉 그의 누이의 취향, 가족 구성원들(하녀와 하인을 포함), 주변의 다른 건물들과의 관계 등등에 의해서 결정되었다. 비트겐슈타인의 엄격주의는 결코 그가 완전하게 모든 것을 통제한다는 것을 가리키는 게 아니다. 따라서 그는 아예 시작부터 모든 요소를 하나도 빼놓지 않고 자신이 다 창조하겠다고 나서지 않았다. 이 건물은 물론이고 모든 건축이 다 다양한 참여자들 사이에서 이루어진 대화의 결과라는 것을 비트겐슈타인은 그 누구보다도 잘 알고 있었다.

이데아라 할 수 있는 어떤 디자인을 실현하는 것이 바로 건축이라는 생각보다 더 건축과 상관 없는 것도 아마 없을 것이다. 의뢰인과의 대화와 설득 그리고 다른 스탭들과의 협력이 훨씬 더 지배적인 요인이다. 처음에 마음 속에 품던 디자인은 그것을 실행하는 과정에서 변형되게 마련이다. 비트겐슈타인이 말하는 것처럼 그것은 '우리가 놀이를 해 나가면서 규칙을 만들어 가는' 그런 놀이와 비슷하다.

> 언어와 놀이 사이의 유사성이 여기에 빛을 던져 주지 않는가? 우리는 사람들이 풀밭에서 공을 가지고 처음에는 옛날부터 있던 여러 놀이를 따라하다가, 그 놀이들을 끝까지 하지도 않고 이리저리 뛰어놀면서 중간중간에 공을 이유 없이 공중에 던지기도 하고 서로 장난으로 공 잡은 이를 쫓아가기도 하고 서로 공을 집어던지기도 하면서 즐겁게 노는 것을 쉽게 상상할 수 있다. 그런데 이제 누군가가 이렇게 말한다. 즉, 그들은 내내 공놀이만 하고 있으며 공을 던질 때마다 일정한 규칙들을 따르고 있다고.

> 또한 우리가 놀이를 해 나가면서 규칙들을 만들어 나가는 경우도 있지 않겠는가? 심지어 우리는 놀이를 해 나가면서 그 규칙들을 변경하는 경우도 있다.[1]

어떤 건축가도 어떻게 지어질지를 미리 알 수는 없다. 어떠한 건축도 맥락을 떠나서 존재할 수 없다. 건축은 탁월한 하나의 사건이다. 비트겐슈타인이 주장했듯이, 그것은 수학과도 같다. 플라톤은 은유로서의 건축가는 찬양했지만, 인간으로서의 건축가는 경멸했다. 실제의 건축가와 건축은 우연에 완전히 노출되어 있기 때문이다. 그러나 건축의 이러한 우연적 상태가, 실제의 건축이 이른바 이상적인 건축과는 정반대되는 것으로서 이차적이고 붕괴의 위험 속에 놓여 있다는 것을 뜻하지는 않는다. 오히려 그것이 함축하는 것은 어떠한 건축가도 타자(의뢰인)와의 관계로부터 자유로운 상태에서 디자인을 결정할 수 없다는 것이다. 건축가들은 모두 알 수 없는 타자와 마주하고 있다. 달리 말해서 건축은 의사 소통의 한 형태고, 이 의사 소통은 공통의 규칙들 없이도 가능하도록 그 조건이 마련되어 있다. 그 의사 소통은 타자와의 관계에서 일어나는 것이고, 그 타자는 함께 공유할 수 있는 규칙들의 무리를 따르지 않기 때문이다.

건축가는 절대적인 어떤 힘이 뒤에서 받쳐 줄 때에만 이 상대적 타자와의 만남에서 생겨나는 우연으로부터 벗어날 수 있다. 몇몇 건축가들은 확실히 이런 불가능한 상황을 꿈꾼다. 건축이 하나의 사건이고 그래서 우연적일 수밖에 없지만, 그렇다고 해서 건축가를 하나의 은유로 사용하는 플라톤을 반박하기 위해 시인을 불러들일 필요는 없다. 그렇게 하는 것은

1) Wittgenstein, *Philosophical Investigations*, p.39e.

단지 또 다른 신성화로 우리를 이끌 뿐이다. 만일 은유로서의 건축을 버리고자 한다면, 그 대신에 세속적인 건축을 그 자리에 놓으면 된다.

비트겐슈타인이 수학의 형식주의적/건축적 시도에 대해 반론을 제기했을 때 그가 강조했던 것은 애초부터 수학을 옭아매고 있는 결정론이었다. 플라톤 시대에 이집트에선 '지름에 대한 원둘레의 비율'에 대한 계산법이 이미 실용적인 필요성 때문에 고안되었다. 그러나 플라톤에게 이것은 수학으로 인정될 수 없었다. 수학은 견고하고 공리들로부터 연역이 가능해야만 하기 때문이다. 그러나 '지름에 대한 원둘레의 비율'에 대한 계산이 왜 수학이 아닌가? 공리로부터 연역된 원리만이 수학이라고 불릴 수 있다면 수학은 아예 처음부터 발전이란 것이 불가능했을 것이다. 게다가 형식적인 수학이 자연적인 세계에 적용될 수 있다는 사실을 설명하는 것도 완전히 불가능해질 것이다. 이른바 수학에서의 위기를 야기시켰다고 이야기되는 비유클리드 기하학자들이 단순히 유클리드의 제5 공준을 변형시킨 것만으로 대안이 되는 새로운 기하학을 구성하는 데 성공했다는 것도 상상하기 어렵다. 만일 제5 공준을 이같이 단순히 변형시키는 것만으로 이런 일이 일어날 수 있다고 한다면, 비유클리드 기하학을 적용하여 자신의 상대성 이론을 전개한 아인슈타인의 능력은 설명될 수 없을 것이다. 수학의 기초에 관한 이론들은, 수학은 왜 적용 가능한가라는 소박하지만 기초적인 물음을 무시함으로써 가능하게 된 것이다.

19세기 말의 비유클리드 기하학자들은 처음에는 강한 천문학적 관심에서 출발했지만 자신들의 비유클리드적 궤도를 그대로 밀고 나가서는 심지어 공리적 기초 그 자체마저도 빼먹어 버리는 지경에까지 이르렀다. 그러나 어떤 의미에서 수학은 언제나 응용 수학이었기 때문에 자신의 적용 가능성을 항상 가슴 속에 고이 간직해 왔다. 이러한 적용 가능성의 **신비**는 수학의 기초를 보존하고자 하는 사람들에게는 하나의 아포리아, 즉 해결 불가능한 하나의 막다른 골목을 이루었고, 그것은 결국 괴델의 증명에 이르는 길을 닦는 셈이 되었다. 그러나 널리 믿어지는 것처럼 괴델의 증명이 그렇게 수학을 불가능하게 만들지는 않았다. 그의 증명이 마비시키고 문제삼은 것은 공리들로부터 연역될 수 있는 체계들뿐이었기 때문에 그것은 오히려 문외한들이 수학에 부당하게 지우는 견고함이라는 짐으로부터 수학 일반을 해방시켰다.

18세기까지만 해도 수학자들은 수학을 일종의 놀이로 간주했다. 이는 수학의 공리적인 견고함과 심각함과는 너무나 모순된다. 이처럼 수학은 견고함에 의해서는 별다른 영향을 받지 않고 발전을 계속해 왔다. 비트겐슈타인이 형식 체계의 필수 조건 — 즉, 형식 체계는 공리들로부터 견고하게 연역되어야만 한다는 것 — 을 거부했을 때 그가 도입했던 것은 어떠한 무리의 공통 규칙들을 공유하지 않는 타자였으며, 그것은 곧 하나의 동일한 규칙 안으로 내면화될 수 없는 **다른 무리의 규칙**들을 도입하는 것, 바로 그런 몸짓이라 할 수 있다. 괴델은 비유클리드 기하학의 기초들을 유클리드 기하학의 기초들로, 그리고 나서 그것들을 다시 자연수로 번역한 후에, 자신의 증명을 자세히 증명해 보인다. 비트겐슈타인은 이런 절차에 대해 다음과 같이 말한다.

> 하나의 증명 체계를 또 다른 증명 체계에 대응시킨다면 그것은 어떠한가? 거기에는 하나의 번역 규칙이 있어서 그것에 의해서 한쪽의 증명된 명제들이 다른 쪽의 증명된 명제들로 번역될 수

> 있는 것이다.
>
> 이제 우리는 오늘날 수학의 몇몇 또는 모든 증명 체계들이 그런 방식으로 하나의 체계, 즉 러셀의 체계에 대응되었다고 생각해 볼 수 있다. 그렇게 되면 모든 증명이 좀 번거롭기는 하지만 이 체계 내에서 수행될 수 있을 것이다. 그러면 단 하나의 체계만이 존재하게 될까? 그리고 더 이상 여러 개의 체계는 필요 없어지는 걸까? 그러나 그렇기 위해서는 그 **하나**의 체계가 여러 체계들로 분해될 수 있다는 것을 확실하게 보여 줄 수 있어야만 한다. 그 체계의 **한** 부분은 삼각법의 특성들을 처리할 것이고 다른 부분은 대수의 특성들을 처리할 것이라는 식으로 말이다. 그리하여 우리는 다음과 같이 말할 수 있다. 이 부분부분들마다 다른 전문적인 기법들이 사용된다고.[2]

비트겐슈타인은 모든 수학적 활동들의 근거를 집합론에 두고자 하는 러셀과 그 외의 다른 사람들의 시도에 반대했다. 러셀의 생각에 따르면 1, 2, 3은 1, 1 + 1, (1 + 1) + 1……로 번역될 수 있다. 그러나 84 × 23과 같은 것을 이 러셀의 방식으로 기술한다면, 그것은 너무나 성가신 일이 될 것이다. 비트겐슈타인이 말한 것처럼, "수학적 증명은 한눈에 그대로 보여져야 한다."[3] 한눈에 보여지는 그런 계산은 십진법이 출현하고 나서야 비로소 가능해졌다.

러셀은 1, 1 + 1, (1 + 1) + 1……을 사용하는 계산이 수학에 기초를 제공할 것이라 믿었고 그래서 그러한 계산을 본질적인 것으로 믿었다. 반면에 비트겐슈타인에게는 십진법을 사용하는 계산 그것마저 하나의 '수학적 발명'이며 본질적인 하나의 증명 체계였다. "나는 이렇게 말하고 싶다. 만일 당신이

---

2) Wittgenstein, *Remarks on the Foundations of Mathematics*, part 3, #46, pp.176~7.

3) 같은 책, part 3, #1, p.143.

한눈에 그대로 보여지지 않는 어떤 증명 유형을 가지고 있는데, 기호법을 바꿔서 그걸 한눈에 볼 수 있는 어떤 것으로 만든다면, 당신은 이전에는 결코 없었던 하나의 증명을 만들어 내는 것이다."[4] 비트겐슈타인에게는 더 이상 어떤 '일반적인 기초'를 가지고 수학적 체계를 증명할 필요가 없었다. 그가 쓰듯이, "증명 뒤에 있는 어떤 것이 증명을 하는 것이 아니라 증명이 증명을 하는 것이다."[5] 새로운 표현 형식이나 새로운 수학적 증명들은 그것만으로도 스스로 새로운 개념들을 만들어 낸다.

> 이제 확실히 우리는 간단하게 다음과 같이 말할 수 있다. 만일 어떤 사람이 십진법으로 계산하는 것을 발명했다면 그것은 하나의 수학적 발명이 될 것이다! — 비록 그에게 이미 러셀의 ≪수학 원리 *Principia Mathematica*≫가 주어져 있었다고 할지라도.[6]

> 그것(수학)은 계속해서 새로운 규칙들을 만들어 낸다. 그것은 언제나 왕래를 위한 새로운 도로를 닦는다. 이전의 도로가 갖추고 있는 그 망을 확장시킴으로써.[7]

> 그러나 수학자는 발견자가 아니다. 그는 발명가다.[8]

때때로 수학에선 동일한 정리들이 여러 다른 분야와 다른 맥락에서 나오는 경우가 있다. 수학을 다양한 체계들로 이루어진 것으로 보는 비트겐슈타인은 그것을 동일한 하나의 것

4) 같은 책, part 3, #2, p.143.

5) 같은 책, part 3, #42, p.173.

6) 같은 책, part 3, #46, p.176.

7) 같은 책, part 1, #166, p.99.

8) 같은 책, part 2, #2, p.111.

으로 여기기보다는 오히려 그것들 각각이 다른 규칙 체계에 속한다고 여겼다. 그는 "내가 말하고자 하는 것은 수학이란 증명의 기술들이 **가지각색으로 뒤얽혀 있는 하나의 묶음** *MOTLEY*이라는 것이다. 그리고 바로 이것에 수학의 다양한 적용 가능성과 그 중요성이 기반을 두고 있다"[9]라고 쓴다. 비트겐슈타인이 반대했던 것은 다양한 규칙 체계들의 기초를 하나의 단일한 체계에 다 두려는 것이었다. 그러나 다양한 수학 체계가 서로 완전히 분리되어 있거나 서로 아무 관계도 없이 있는 것은 아니다. 비록 그것들이 서로 번역될 수 있다(서로 교환될 수 있다) 하더라도 그것들은 똑같은 체계를 공유하는 게 아니다. 그는 그와 같이 '유사한 것들이 서로 겹치고 엇갈리는 복잡한 그물'[10]에 '가족 유사성'이라는 이름을 부여한다.

> 우리가 언어라고 부르는 모든 것에 공통된 어떤 것을 내놓는 대신에, 내가 말하고자 하는 것은, 이러한 현상들에는 우리가 그 모든 것에 똑같은 단어를 사용하도록 하는 어떤 공통된 하나가 전혀 없다는 점이다. 하지만 그것들은 여러 가지 다른 방식으로 서로 친척을 이룬다. 그리고 이러한 친척 관계, 아니 이러한 친척 관계들 때문에, 우리는 그것들을 모두 '언어'라고 부르는 것이다.[11]

수학이라는 말로 함께 묶여지는 여러 현상들도 마찬가지로 하나의 중심으로 모일 수 없는 다체계다. 비트겐슈타인은 이러한 이질성을 강조했는데, 이는 수학이 여러 과학들이 하는 것과 마찬가지로, 이질적인 자연을 다루는 데 실제로 쓰이

9) 같은 책, part 3, #46, p.176.

10) Wittgenstein, *Philosophical Investigations*, p.32e.

11) 같은 책, p.31e.

기 때문만은 아니다. 그것은 또한 그 이질성의 출현이 곧 내면화될 수 없는 타자를 인정하는 것이기도 하기 때문이다. 비트겐슈타인의 형식주의 비판은, 그렇다면 타자의 타자성, 즉 타자와의 관계가 지니는 우연성을 배제하려는 형식주의의 경향에 초점이 맞춰져 있었다고 할 수 있다. 전지한 신조차도 받아들일 수 없을 이러한 우연성은 결코 형식화될 수 없다.

열여섯

규칙에 대해서

비트겐슈타인은 크립키와 마찬가지로 사적 언어보다 사회적 언어가 앞선다고 주장했다. 그러나 사회적 언어가 사적 언어(그리고 유아론)보다 우월하다고 하는 이러한 대담한 주장은 잠정적으로 받아들여야 한다. 비트겐슈타인이 유아론을 부정했다고는 하지만, 그가 실제로 반박한 것은 상호 주관성에 본래부터 깃들어 있는 유아론이었다. 바로 이러한 유아론 속에서 수학적 증명이 이루어진다. 한 가지 지적하고 싶은 것은, 유아론은 자아의 존재를 인정하고 사실상 그것에 특권을 부여할 뿐만 아니라, 자아에 참인 것은 보편적으로도 참이어야 한다고 주장한다는 점이다. 이런 주장이 가능하기 위해서는 타자가 이미 자아 속에 내면화되어 있어야만 한다. 나는 또한 **대화** *dialogue* 라는 낱말도 정의해 보고자 한다. 대화란 어떠한 무리의 공통 규칙들도 공유하지 않는 타자와 마주서서 서로 묻고 대답하는 것 이외의 어떤 것도 아니다. 달리 말해서, 진정한 대화는 비대칭적이다. 만일 대칭적인 대화와 비대칭적인 대화 사이의 구분이 유지되지 않는다면, 대화에 관한 여러 논의들이 서로 다른 '말놀이'의 틀 안에서 이루어짐에도 불구하고 그것들이 똑같은 것으로 보여지게 될지도 모른다. 실제로 그와 비슷한 혼동이 있었다.

예를 들어 비트겐슈타인의 '말놀이'라는 개념은 종종 소쉬르의 **랑그**와 동일시되어 왔다. 사실, 소쉬르와 마찬가지로 비트겐슈타인도 설명을 위한 하나의 은유 또는 비유로 체스 게임을 사용한다. 체스가 중요한 이유는 체스가 언어의 형식적 측면에 대한 예를 보여 주기 때문이다. 체스 게임에서 그 게임의 규칙은 체스 말들 사이에서 이루어지는 여러 관계들의 차이 체계에서 결정된다. 만일 체스 말의 기능과 배치가 달라지면 체스는 완전히 다른 게임이 될 것이다. 체스의 은유가 보여 주는 것은 언어란 그것이 지시하는 것과는 독립적으로 존재하는 차이의 형식 체계라는 것이다. 이를 바꾸어 이야기하면, 언어가 지시하는 것은 체계 그 자체의 산물이라는 것이다. 그러나 비트겐슈타인의 말놀이론은 이와 달리 이러한 형식주의적 전제를 거부하기 위해서 제안되었다.

더욱이 체스의 비유뿐만 아니라 은유의 대상이 되는 일반적인 게임들을 보면, 규칙은 분명하게 주어질 수 있는 것이어야 한다는 일반적인 선입견으로 우리를 이끄는 경향이 있다. 예를 들어, 문법은 대개 언어의 규칙으로 이해된다. 그러나 일본말을 하는 사람이라고 해서 자기네 문법을 아는가? 문법이란 원래 외국어와 고전어를 배우기 위한 한 방법으로 고안된 것이기 때문에, 외국인들이 그 언어를 완전히 자기 것으로 만들도록 도와 주기는커녕 오히려 언어 습득을 매우 어렵게 만드는 하나의 규제일 뿐 규칙이 아니다. 게다가 모국어의 문법이라는 것은 생각할 필요도 없을 뿐만 아니라 생각하는 것도 불가능하다. 근대 민족주의가 도래하기 이전에는 사람들이 자기네 말에 문법이 있다는 것에 대해서 꿈도 꾸지 않았다는 것을 생각해 보라.

언어의 규칙들은 그 언어를 이미 말하는 사람들의 관점에서가 아니라, 그 언어를 배우고 싶어하는 '외국인들'의 관점에서 구성된다. 나 자신은 내가 말하는 일본어의 문법을 배울 필요도 없고, 또 그럴 수도 없다. 그렇지만 어떤 외국인이 일본어를 말하면, 나는 그의 문법적 실수를 지적할 수 있다. 나는 일본어 문법을 안다. 그럼에도 불구하고 나는 그 외국인의 실수에 대한 문법적 토대를 증명할 수는 없다. 내가 말할 수 있는 것이란 "우리는 어쨌든 그런 식으로 말하지 않습니다"일 뿐이다. 이것이 함축하는 것은, 나는 일본어 문법을 '아는 게 아니라,' 단지 일본말을 사용할 줄 알 뿐이라는 것이다.

부모는 자녀에게 언어의 규칙을 가르치지 않는다. 그들은 단지 아이들에게 말을 해 주고 아이가 말하기 시작하면 그들의 실수를 고쳐 줄 뿐이다. 부모들은 언어의 규칙을 알지 못한다. 그들은 단지 그것을 행할 뿐이다. "내가 하나의 규칙을 따를 때, 나는 선택하는 게 아니다. 나는 **맹목적으로** 그 규칙을 따르는 것이다."[1)]

우리가 한 아이에게 언어의 문법을 가르칠 수 있는 것은, 그 아이가 이미 그 언어를 알고 있을 때뿐이다. 플라톤이 자세히 보여 주는 것처럼 '메논의 역설'은 다음과 같이 읽힐 수 있다. 즉, "내가 방금 네 놈이 짓궂다고 이야기했는데도 지금 또 네 놈이 내가 널 가르칠 수 있느냐고 묻는구나. 내가 가르침과 같은 그런 것은 없고 오직 상기만이 있다고 말하는데도 말이다."[2)] 이는 어떤 규칙이 있다고 하더라도 그 규칙을 분명

1) Wittgenstein, *Philosophical Investigations*, p.85e.

히 드러내 보여 주는 것은 불가능함을 보여 준다.

그럼에도 불구하고 가르침은 존재한다. 메논의 역설의 경우, 소크라테스와의 대화를 통해서 기하학의 정리를 증명했던 그 소년은 '이미' 하나의 규칙을 배웠다. 그러나 플라톤이 주장했던 대로 그 선생은 결코 분명히 드러나게 그 규칙을 보여 줄 수 없기 때문에 '가르침'과 같은 그런 것은 없다. 규칙의 가르침－배움의 과정 안에선 **합리적으로** 설명될 수 없는 어떤 **도약**이 일어난다. 플라톤은 이 역설을 **상기** *anamnesis*, 즉 회상으로 해결하고자 했다. 이 교의는 모든 사람들 속에 동일하고 본질적인 어떤 것이 있다고 가정한다. 현대 철학사에서 이 교의는 다양한 형태를 띠는데, 선험적 형식·초월적 자아·변형 문법 등이 그것이다. 이것들은 모두 **상기** 신화의 단순한 변형에 지나지 않는다. 그것들 각각은 모두 가르침－배움의 상황 또는 사건이 있은 뒤에, 그 사건을 해석하기 위해 그 이전에 뭔가가 먼저 있어야 한다고 생각해서 꾸며 낸 것들에 지나지 않는다.

이와 반대로, 비트겐슈타인은 이러한 관계나 사건을 더 이상의 설명이 필요 없는 자연스런 역사적 사실로 간주했다.

> 우리는 때때로 동물들은 말하지 않는다고 하면서, 동물들이 정신적 능력이 없기 때문이라고 그 이유를 댄다. 즉, "동물들은 생각을 안 해, 그러니까 그들은 말을 안 하는 거야"라고. 그러나 동물들은 그냥 말하지 않을 뿐 거기에 다른 이유란 없다. 또는 더 잘 표현하자면, 동물들은 그냥 언어를 사용하지 않을 뿐이다. 물론 가장 원초적인 형태의 언어들은 예외로 하고 말이다. 명령하고 질문하고 설명하고 잡담하는 것은 걸어다니고 먹고 마시고 노는 것만큼이나 우리 자연사의 한 부분이다.[3]

---

2) Plato, "Meno," *The Collected Dialogues of Plato*, p.364.

이는 우리가 말하는 것이 우리가 규칙을 알기 때문이 아니라 단지 우리가 그렇게 하기 때문이라는 것을 의미한다. 이것은 정당화할 필요도 근거를 댈 필요도 없는, 또 그렇게 할 수도 없는 '자연스런 역사적 사실'이다. 예를 들어, 우리가 세는 법을 알고 있는 것은 우리가 그 규칙을 완전히 자기 것으로 만들었기 때문이 아니다. 오히려 "계산한다는 현상을 우리는 우리가 계산하고 있는 것을 보고 알고, 마찬가지로 말이라는 현상을 우리는 우리가 말하고 있는 것을 보고 안다"[4]는 것이 그 이유다.

앞의 인용에서 비트겐슈타인은 동물들도 넓은 의미에서 말놀이에 참여한다고 말하는 게 아니다. 대신에 그가 의미하는 것은 동물들이 '타자'라는 것이다. 고대 사회에서 외국인의 말은 종종 동물의 말에 비유되곤 했고, 거꾸로 동물들은 타자로 숭배되었다. 비트겐슈타인이 하는 모든 설명은 공통의 어떤 규칙을 공유하지 않는 타자를 가리킨다.

내가 이미 암시했던 것처럼, 핵심은 언어의 어떤 규칙을 이해하기 위해선 또 다른 언어를 반드시 불러 오지 않으면 안 된다는 것이다. 만일 규칙이란 게 분명히 드러나게 보일 수 있는 것이라고 한다면, 우리는 외국인이 이미 우리 안에 들어와 있다고 생각해야 할 것이다. 실제로, 우리는 우리가 원하면 언제든지 외국인 대신에 그 입장에 설 수 있다고 믿는다. 이런 식으로 사용될 때 '외국인'이라는 말은 타자를 지시하는 게 아니다. 같은 동포가 그 자리에 있다고 해도 아무런 차이가 없다. 그러므로 어떤 규칙이 — 그것이 어떻게 사용되든지 간에 — 분명히 드러나게 보여질 수 있다는 생각은

---

3) Wittgenstein, *Philosophical Investigations*, p.12e.

4) Wittgenstein, *Remarks on the Foundations of Mathematics*, p.209.

결국 자기 자신 안에 들어와 있는 타자와 대화하는 독백으로 끝날 뿐이다.

우리는 그 또는 그녀가 '규칙을 따르는' 한에서 그 사람을 공동체가 받아들인다고 생각한다. 즉, 영어의 규칙을 따를 때 그 사람은 영어로 말하는 공동체에 의해 이해되는 것이다. 크립키가 지적했던 것처럼, 비트겐슈타인은 이 명제를 거꾸로 바꿔 놓았다. 즉, 만일 그 또는 그녀가 그 공동체에 의해 받아들여지지 않는다면 그 사람은 '규칙을 따르지 않는' 자로 이해될 것이다. 이 약간의 변형은 근본적인 것이지만 쉽게 이해되지 않는다. 이런 변형의 중요성을 강조했던 크립키조차도, 결국엔 공동체가 앞선다고 주장했다.

이 상황을 더 자세하게 기술하면 다음과 같다. 즉, 내가 한 단어의 의미를 아는지 모르는지는 내가 그 단어를 사용하는 것이 공동체로 이해되는 타자에 의해서 받아들여지느냐 아니냐에 의해 결정된다. 내가 틀렸다면, 타자는 웃거나 또는 '틀렸소'라고 말할 것이다. 그리고 어떤 규칙도 그 자체로 보여질 수는 없기 때문에, 공동체는 그저 '아니오'라고 말할 수밖에 없다. **사적으로** '규칙을 따르는' 것이 불가능한 것은 규칙을 명시적으로 보여 주는 것이 불가능한 것과 마찬가지의 것이다. 비트겐슈타인의 유명한 정의, "한 단어의 의미는 언어에서의 그 사용이다"라는 말은 의미의 거부로 이해되어서도 안 되고, 또 의미를 화용론적으로 보는 것으로 이해되어서도 안 된다. 오히려 그것이 제시하는 바는, 우리가 말의 쓰임새나 규칙을 아는 것은 실천을 통해서지 이론을 통해서가 아니라는 것이다. "그러므로 '규칙을 따른다'는 것은 하나의 실천이다. 그리고 규칙을 따른다고 **믿는 것**은 규칙을 따르는 것이 아니다. 따라서 '사적으로' 규칙을 따른다는 것은 불가능하다.

그게 가능하게 되면 규칙을 따른다고 믿는 것이 규칙을 따르는 것과 똑같은 것이 되어 버리기 때문이다."[5] 비록 내가 어떤 외국어의 규칙들을 안다고 믿어도 타자가 그것을 인정해주기 전까진, 나는 내가 그것을 실제로 실천적으로 알고 있다는 것을 증명할 수 없다. 그리고 내가 비록 규칙에 맞게 우리말을 하지만 내가 그 규칙을 명백하게 아는 건 아니다. 나는 무의식적으로 그 규칙을 따르는 것이다. 결국, 비트겐슈타인이 그토록 집요하게 하고자 했던 것은, 타자와의 관계에 본래부터 달라붙어 있던 비대칭성을 실증해 보이는 것이었으며, 그와 동시에 그 비대칭성을 무시하는 사고 방식에 대해서 비판을 가하는 것이었다.

소쉬르의 작업은 우리가 언어의 규칙들을 알 수 있다고 믿게 했다. 언어를 하나의 객관적인 영역으로 받아들이던 언어학자들과는 달리, 그는 '말하는 주체'와 함께 출발했다. 소쉬르의 **랑그** 개념은 민족 언어와 같은 하나의 제도로 이해되는 것이 아니라 오히려 민족 언어를 가능하게 하는 하나의 형식으로 이해되어야 한다. 그러나 주체를 출발점으로 삼게 되면 타자를 규제하면서 동시에 주체 자체를 생산하거나 구성하는 이 **랑그**에 접근할 수 있는 어떤 길도 남아 있지 않게 된다.

소쉬르가 언어 자체를 단지 실질적인 항들이 없는 순수 가치들의 관계 체계일 뿐이라고 주장할 때, 그는 자신도 모르게 한 언어를 다른 언어와 비교, 번역한다. 플라톤의 이데아에 대해서도 똑같은 것을 말할 수 있는데, **이데아**란 것도 언어들 간의 차이에 아무런 영향을 받지 않는 일반 개념인 것이다. 그러나 소쉬르의 경우, 그는 두 언어의 비교, 번역 과정

5) Wittgenstein, *Philosophical Investigations*, p.81e.

에서 번역자는 비록 2개 국어에 능통하다 해도 일단은 그 두 언어 가운데 하나나 다른 하나에 자기 자신을 놓지 않으면 안 된다는 것을 알고 있었다. 언어들 사이에 있는 중립적이고 보편적인 입장이란 없다. 이러한 비대칭성은 결코 대칭적으로 될 수 없다. 그러나 다른 구조주의자들이 했던 것처럼 소쉬르도 그의 연구의 다른 측면들에서는 비대칭성을 빼먹어 버렸다. 앞에서 지적했던 점으로 돌아가 보면, 유아론이란 비대칭성을 생략하여 나와 우리를 동일시하는 것이라고 할 수 있다.

이런 과정에 의해서 구조 언어학은 현상학적 유아론으로 포섭되었던 것이다. 이는 데리다가 왜 후설 해체를 통해서 구조주의 비판을 시작하는 것이 필수적이라고 생각했는지를 설명해 준다. 데리다는 현상학에서 자명한 것으로 간주되는 것은 '자기에로의 현전,' '자기가 말하는 것을 듣기'에 의존한다고 주장한다. "목소리는 의식**이다**"[6]라는 것은 의식이란 본질적으로 자신과의 대화, 즉 독백이라고 말하는 것이다. 소쉬르의 '말하는 주체'는 '자기가 말하는 것을 듣는' 현상학적 주체와 다르지 않다. 그것은 이미 말을 듣는 주체, 즉 **타자**가 말하는 주체 안에 들어와 내면화되어 있는 독백이다.

데리다는 '말하기 / 듣기'의 결과로 창출된 그 무엇, 즉 이 주체 속에서 하나의 틈을 찾아 낸다. 아니, 어쩌면 그는 이 틈을 주체성을 가능케 하는 구조로 본다고 말하는 것이 더 정확할 것이다. 데리다는 이 구조를 **흔적** *trace* 혹은 **차이** *la différance* 라고 부른다. 그러한 "흔적은 — 우리가 이 말을 이렇게 써도 바로 모순에 봉착하거나 나중에 뜻을 어그러뜨리는 일이 생기

---

6) Jacques Derrida, *Speech and Phenomena and Other Essays on Husserl's Theory of Signs*, David B. Allison (trans.), Evanston: Northwestern University Press, 1973, pp.79~80.

지나 않을지 모르겠지만 어쨌든 — 현상학적으로 근원적인 것보다 더 '근원적'이다."[7] 데리다는 음성 중심주의/로고스 중심주의를 당장 거부하기보다 오히려 그것들이 **차이**의 숨김에 의존한다는 것을 폭로한다. 이러한 구조에 대한 데리다의 자리 매김, 그의 해체론은 '안으로부터 러셀을 공격한' 괴델의 전략과 유사하다. 그리고 그것은 바로, 데리다의 비판이 항상 증명의 형식을 취하는 이유다. 비록 데리다가 철학적 담론들을 뒷받침하는 형이상학적 장치들과는 직접적인 대결을 피하고자 하지만, 이 증명이야말로 플라톤 이래로 형이상학의 토대를 형성해 온 것이다.

비트겐슈타인은 타자, 다시 말해 가르치는 입장, 즉 공통의 말놀이(공동체)가 더 이상 전제로서 기능할 수 없는 위치 *topos* 에서만 달성될 수 있는 어떤 것을 도입함으로써 이 증명을 밖으로부터 무장 해제하고자 했다. 우리가 타자를 직면하는 것은 그와 같은 위치에서뿐이다. 그렇다면 타자는 내적 독백이나 헤겔의 '또 다른 자기 의식'으로 포섭되지도 않으며, 또한 문화 인류학자들이 이야기하는 이방인/괴물도 아닌 것으로 이해되어야 할 것이다. 내가 이야기하는 타자는 본질적으로 **나**와는 무관한 자다.

저자 노트 1

바흐친은 소쉬르의 언어학 모델이 주관주의적 모델이라고, 즉 '일반 언어의 개체화'라고 주장한다. 바흐친은 대신에 '타자에게 말해지는 언어'를 가지고 시작해야 한다고 강조한다. 하지만 이 '타자에게 말해짐'이란 측면을 강조하는 것만으로는 그렇게 충분한 것 같지 않다. **통약 불가능한 규칙들의 무리를**

7) 같은 책, p.67.

따르는 타자란 것이 여기에 더 더해져야만 한다. 그리고 바로 이 지점에서 가르치는 입장이 얻어진다. 바흐친의 객관적 언어학은 말하는 사람과 듣는 사람 모두를 위에서 내려다볼 수 있도록 스스로를 위치시킨다. 따라서, '대화'와 '다성 *polyphony*'의 개념들은 하나의 초월적 입장으로 이해되는 경향이 있다. 하지만 바흐친은 독백 형태로 쓰여진 도스토예프스키의 소설 ≪지하 생활자의 수기 *Notes from the Underground*≫를 다성적 작품의 한 예로 사용하는데, 거기서 주인공은 결코 자기 자신 안으로 내면화될 수 없는 '타자에게 말하고 있기' 때문이다. 그 주인공은 자기 말놀이 공간 안으로 타자를 끌어들이려 하지만, 타자는 헤겔의 '또 다른 자기 의식'과 달리 그에게 무관심하고 그 때문에 그는 실패한다. 바흐친은 단순히 타자에게 이야기하는 쪽보다 타자를 가르치는 것에서 더 많은 의사 소통을 보았다. 소쉬르와 마찬가지로 바흐친도 언어가 사회적이라고 믿었다. 그러나 우리가 다음 장에서 보게 될 것처럼, 바흐친에게 있어 사회는 공동체와 분명히 구분되어야 한다. 타자에게 말해진 언어가 사회적이고 대화의 형태를 띠며 다성적 특성을 가지려면 그 타자가 어떤 공통된 규칙들의 무리를 공유하는 공동체 바깥에 있는 사람이어야 한다. 한 '공동체' 안에서의 대화는 단지 독백일 뿐이다. 이런 식으로 읽으면, 바흐친의 '다성적'이란 말은 비트겐슈타인의 '가지각색으로 뒤얽혀 있는 묶음'과 짝을 이루기 시작한다.

저자 노트 2

하이에크는 사회주의를 자유주의와 모순되는 어떤 것으로 보고 이를 공격한다. 그러나 동시에 그는 '자발적 질서'를 가리키기 위해 '사회'라는 단어를 사용한다.

> 가족, 농장, 대농장, 중소 합자 회사, 대규모 주식 회사, 다양한 협회들, 그리고 정부를 포함한 모든 공적인 기관들, 이들은 차례대로 점점 더 포괄적인 자발적 질서로 통합되는 조직체들이다. '사회'라는 말은 이 자발적인 질서 전체를 가리키기 위해서 남겨두는 것이 현명할 것이다. 그래야 우리는 그것을 그 속에서 조직을 이루어 존재하게 될 더 작은 그룹들과 구분할 수 있을 것이며, 뿐만 아니라 그래야만 유목민의 무리, 종족, 씨족과 같이 그 구성원들이 적어도 몇몇 측면에서는 공통의 목적을 위해서 하나의 중심을 향해 움직이는 그러한 다소 고립된 더 작은 그룹들과도 구별될 수 있을 것이다.[8]

마르크스에게도 '사회'란 역시 하나의 공동체나 체계라기보다 여러 공동체들과 체계들 간의 의사 소통으로 파악된다. 그 결과 사회는 **자연 생장**과 연결된다.

많은 마르크스주의자들이 그랬던 것처럼 하이에크도 마르크스가 국가 통제주의자나 정부주의자임을 밝히고자 했음에도 불구하고, 그의 입장은 아이러니컬하게도 마르크스의 입장과 매우 비슷하다. 그러나 그들의 차이는 자발적 질서와 **자연 생장** 간의 차이에서 명백하게 표현된다. 하이에크의 자발적 질서라는 개념은 말하자면 '(신의) 보이지 않는 손'에 의해 보호되는 반면에, 마르크스의 '사회'는 의사 소통 / 교환이 본래적으로 지니는 운명적인 도약을 언제나 포함한다.

---

8) F. A. Hayek, *Law, Legislation, and Liberty*, vol. 1: *Rules and Order*, Chicago: University of Chicago Press, 1973, pp.46~7.

열일곱

사회와 공동체

우리는 비트겐슈타인이 아이들과 외국인들을 어떻게 한 무리의 공통 규칙들을 따르지 않는 타자로 골라 냈는지를 살펴보았다. 그렇게 하면서 그는 공동체들 사이에서의 교환이라 할 수 있는 어떤 것을 발견했는데, 이는 하나의 공동체 안에서 그리고 오직 한 무리의 규칙들 아래서 이루어지는 의사 소통에 의해 다스려지는 교환과는 다른 것이다. 마르크스는 이를 ≪자본론≫에서 다음과 같이 강조한다.

> 상품들의 교환은 공동체들의 경계선에서, 즉 공동체가 다른 공동체 또는 그 구성원들과 접촉하는 지점에서 시작된다. 그러나 생산물들이 일단 한 공동체의 대외 관계 속에서 상품으로 되기만 하면, 그것들은 반사적으로 그 공동체 내부에서도 상품으로 된다.[1]

내가 이미 언급했던 것처럼, 생산물의 교환은 서로 다른 가족, 부족 또는 공동체들이 접하게 되는 지점에서 발생한다. 문명의

1) Marx, *Capital*, vol. 1, p.182.

> 초기에는 사적인 개인들이 아니라 가족이나 부족 등이 독립적인 지위에서 만나기 때문이다. 서로 다른 공동체들은 자신들의 자연 환경 속에서 서로 다른 생산 수단과 생존 수단을 찾아 낸다. 따라서, 그들의 생산 양식과 생활 양식은 그들의 생산물만큼이나 다르다. 바로 이렇게 자발적으로 발전한 차이가, 서로 다른 공동체들이 접하게 될 때 생산물들의 상호 교환을 부추기고 이어서 점차 그 생산물들을 상품으로 전환시킨다.[2]

이러한 기술 방식은 그가 가치의 형태를 분석할 때 사용했던 논리적 기술 방식과는 질적으로 다르다. 여기서는 교환과 화폐의 발생이 역사적 (발생적) 관점에서 고찰되기 때문이다. 놀랄 일은 아니지만 마르크스주의자들 사이에서 이러한 기술 방식의 차이와 관련하여 논쟁이 있었다. 화폐의 출현에 대한 그의 논리적 기술이 비역사적이긴 하지만, 마르크스가 위의 구절에서 기술하는 것 또한 문화의 초기 단계에 국한된 것만은 아니다. 교환은 현재에도 어떤 한 무리의 공통 규칙들을 공유하지 않는 공동체들 사이에서 일어난다. 그러므로 공동체는 무엇보다도 먼저, 그것의 실제 규모와 상관 없이, 어떤 규칙들의 체계 안에 갇혀 있는 공간으로 재정의되어야만 한다. 마을, 인종, 민족 국가, 서방 세계 그리고 심지어는 자아(독백적 공간에 담겨 있는 자아)조차도 공동체로 보여질 수 있다.

마르크스는 한 공동체 안에서 일어나는 교환과는 구별되는, 한 무리의 공통 규칙들을 공유하지 않는 공동체들 사이의 교환이 지니는 고유한 특징을 기술하기 위해서 '사회적'이라는 말을 사용했다.

---

2) 같은 책, pp.471~2.

그러므로 상품 형태가 지니는 그 신비함은 간단하게 말해서 상품이 인간 노동의 사회적 성격을 노동 생산물 그 자체의 객관적 성격인 것처럼, 즉 그 생산물들이 지니는 사회적이면서도 자연적인 속성들인 것처럼 보여 준다는 사실에서 성립한다. 따라서 그것은 또한 생산자들과 노동의 총합 간의 사회적 관계도 객관적인 대상들 간의 사회적 관계로, 즉 생산자의 외부에 생산자와 떨어져서 존재하는 어떤 관계로 비춰 보여 준다.

앞에서의 분석이 이미 보여 준 것처럼, 상품 세계의 이러한 물신 숭배적 현상은 상품을 생산하는 노동의 특이한 사회적 특성으로부터 나온다.[3]

이러한 '노동의 사회적 특성'은 '**상품**을 생산하는 노동만이 지니는 특이한' 것이어야만 한다. 이는 한 공동체 안에서의 노동이 그 자체만으로 그와 같은 '사회적 특성'을 얻을 수 없기 때문이다. 즉, 이 사회적 특성은 노동의 일반적인 특징이 아니라 상품들의 교환에 의해서 노동에 속하게 되는 어떤 것이다. 그러므로 이 '사회적 특성'은 노동 그 자체로부터가 아니라 공동체들 '사이에서' 일어나는 교환으로부터 뽑아 내야만 한다.

상품은 화폐와 교환되고, 그 다음에 그 화폐를 가지고 다른 상품들이 구매된다. 그렇다면 모든 상품들은 (어떤 비율에 따라) 등가의 것이 될 수 있는 형태로 존재해야만 한다. 왜 그러한가? 고전 경제학의 입장에서라면 모든 상품 안에는 하나의 공통 본질인 인간 노동이 포함되어 있다고 봐야 하기 때문이다. 그러나 실제로는 그 반대다. 어떤 상품들이 물질적으로 교환되었기 때문에, 그것들이 공통 본질을 갖는 것으로 이해되는 것이다. 내가 이 책을 써서 번 인세로 오렌지 하나를

3) 같은 책, pp.164~5.

산다고 가정해 보자. 고전 경제학에 따르면, 나의 정신 노동과 플로리다나 다른 곳에서의 어떤 노동자의 육체 노동은 등가의 것이다. 이 두 활동은 그것들이 등가의 것으로 간주되었기 때문에 공통된 인간 노동으로 보여지는 것이지, 그 반대가 아니다. 즉, 그것이 공통된 인간 노동으로 보여지기 때문에 등가인 것은 아니다. 우리가 그것을 항상 깨닫는 것은 아니지만, 우리가 세계 도처의 타자들과 연결되는 것은 바로 그 팔고 사는 메커니즘을 통해서다. '사회적'이란 말은 앎이 불가능한 어떤 불가피한 상황(사회적 관계의 무의식적 성격)에 의존한다. 마르크스는 거의 항상 바로 이런 의미에서 '사회적'이란 용어를 사용했다.

> 그러므로 사람들은 자신들의 노동 생산물을 단지 동질적인 인간 노동의 물질적인 외피라고 보기 때문에 그 물건들이 서로 가치로서 관계 맺는다고 생각하지 않는다. 실제로는 그 반대다. 즉, 그들이 자신들의 서로 다른 생산물들을 교환을 통해 똑같은 가치로 만듦으로써 자신들의 서로 다른 종류의 노동을 똑같은 인간 노동으로 만드는 것이다. 그들은 이것을 의식하지 않은 채 그렇게 한다. 그러므로 가치는 자신의 이마에 가치라고 써붙이고 다니지 않는다. 가치는 오히려 모든 노동 생산물을 하나의 사회적 상형 문자로 변형시킨다. 나중에, 사람들은 그 상형 문자를 해독하려고 하며 그들 자신의 사회적 산물의 비밀을 파헤치려고 한다. 사용 대상이 가치가 된다는 특징은 언어만큼이나 인간의 사회적 산물이기 때문이다. 노동 생산물들은 그것들이 가치인 한 단지 그것들을 생산하는 데 소비된 인간 노동의 물질적 표현에 지나지 않는다는 후일의 과학적 발견은, 인류 발전사에서 한 획을 긋는 것이기는 하지만 결코 노동의 사회적 성격에서 비롯된 객관성의 가상을 없애 버리지는 못한다.[4]

4) 같은 책, pp.166~7.

사회적 교환은 그 과정에서 규칙들이 — 비록 사후에 구성되는 것이긴 하지만 — 변경되게끔 되어 있다는 점에서 '놀이를 해 나가면서 규칙들을 만들어 나가는' 비트겐슈타인의 놀이와 비슷하다. 사회적 교환은 일종의 '도약'을 요구한다. '사회적' 교환/의사 소통은 ≪독일 이데올로기≫에 나오는 마르크스의 말을 인용하자면, 그 전체를 파악할 수 없는 하나의 이질적인 체계를 형성하는 교통(*Verkehr*)이다. 그러므로 사회는 분명하게 공동체와 구분되어야만 한다. 그리고 공동체들 사이에 있는 그러한 사회적 공간은 — 물론 그것이 눈에 보이는 것은 아니지만 — 시장이라고 불린다. 나는 이것을 '상호 교차 공간'이라고 부르고 싶다. 이 사이에 있는 공간이 거대한 단 하나의 공동체를 형성하기 위해서 모든 개별 공동체들을 포섭하려고 팽창할 때 어떤 규칙성(규칙들의 체계)이 나타나는 것이며, 바로 여기서 경제학이 하나의 '과학'으로 가능하게 되는 것이다. 고전 경제학이 바로 이런 식으로 등장했다. 고전 경제학은 단일하게 균형 잡힌 닫힌 체계를 모델로 하여 출발해서는 경제 현상들을 물리학의 모델들을 가지고 바라보는 것이다.

교환이 서로 다른 규칙 체계들 사이에서 일어난다는 것은 화폐가 계속해서 자본으로 바뀌는 데 토대가 된다. 이는 자기 증식하는 화폐인 자본이 자신의 잉여 가치를 발견하는 곳이 바로 체계들 간의 차이 속에서이기 때문이다. 이는 또한 자본주의가 내적 위기에 의존하는 이유이기도 하다. 판매에 본래부터 속해 있는 위험(그리고 모순)은 궁극적 해결이 불가능하다. 고전학파와 신고전학파, 심지어 마르크스주의자들도 하나의 균형 잡힌 체계의 모델에 사로잡혀 있다. 시장 경제의 균형 효과 그 자체는 개별적 교환의 과정 속에서, 즉 화폐 소유자의 무자비한 선택과 상품 소유자의 운명을 건 도약 사이의 불연속성 속에서, 오직 사후에나 파악될 수 있을 뿐이다. 엥겔스는 시장 경제의 '사회적인 요인들과 무정부적인 요인들' 간의 상관 관계를 인식하지 못했다. 그는 단순히 무정부적인 요인을 합리적으로 통제하기만 하면 사회주의가 출현할 것이라고 믿었다. 엥겔스는 사회가 하나의 공동체 / 하나의 단일한 체계로 전환될 거라고 믿었는데, 이러한 믿음은 단지 고전 경제학자들의 생각을 조금 더 늘여 놓은 것에 지나지 않는다.

레비스트로스는 이러한 교환 개념을 현대 자본주의에만 나타나는 하나의 편향일 뿐이라고 비판했다. 레비스트로스에게는 친족 체계가 이미 완전히 성숙한 교환 체계고, 거기서 선물과 답례는 자동으로 생산물 교환의 역할을 한다. 그러나 미개 사회는 원시 사회와 같지 않다는 것이 이야기되지 않으면 안 된다. 미개 사회라는 것은, 어떤 역사적 발전 단계에서, 다른 사회들과의 교통을 스스로 닫아 버린 공동체를 이르는 말이다. 이것은 역사의 어떤 단계에서도 일어날 수 있다. 그러나 그런 공동체에서 금기인 것은 레비스트로스가 주장한 것처럼 근친상간이 아니다. 그것은 오히려 자신들의 자기 충족적 체계를 위협할 바깥(타자성)의 위협이다. 그러므로 그와 같은 하나의 공동체 안에서의 교환을 **교환** — 조르쥬 바타유 Georges Bataille가 말한 '일반 경제'의 견지에서 교환을 보는 것 — 으로 보는 것은 결국 사회적 교환 그 자체가 본래부터 가지고 있던 수수께끼를 생략하는 것이 된다. 비록 이것이 현대 경제학의 우세한 이론들을 거부하는 것처럼 보일지도 모르지만, 사실은 가장 현대적인 사유 방식(가장 신고전적일 것 같은 학파)에 걸맞는 것이다. 이는 인공 두뇌학적 균형 체계가 미개 사회에서 발견된다는 것에서도 잘 보여진다. 자아나 유아론을 거부하는 것처럼 보이는 바로 그 사고 방식 자체가 유아론에 딱 어울린다.

열여덟

언어적 전회와 코기토

리처드 로티 Richard Rorty 가 그러는 것처럼, 의식보다도 언어에 더 많은 특권을 부여하면 유아론이 깨질 거라고 믿는 것은 잘못이다. 로티의 '언어적 전회'는 그 자체가 유아론의 또 다른 형태일 뿐이다. 우리가 보통 데카르트를 비판하는 것은 자율적 주체나 자아의 명증성을 인식의 확실성의 기초로 삼으려 했기 때문이다. 그러나 내성적인 철학적 성찰을 처음으로 시작한 사람은 데카르트가 아니었다. 소크라테스 이래의 거의 모든 철학자들이 이러한 방식의 사유에 종사했다. 그러한 비판과는 반대로, 데카르트적 **코기토**가 중요한 것은 그것이 독백을, 즉 "자아에 참인 것은 보편적으로도 참이어야만 한다"는 것을 파괴시키는 한 방법으로 등장했다는 점이다.

데카르트가 확실성을 보장하는 수단으로 의식에 눈을 돌린 것은 그 때까지의 철학이 언어에, 그 가운데서도 특히 문법에 의존해 왔기 때문이다. (이러한 철학에는 유럽 언어들의 지방자치적인 공동체성이 그 기초를 이룬다.) 공동체의 관습과 공통 규칙을 따르면 안정된 상태는 보장되는 것이다. **코기토 에르고**

숨 *Cogito ergo sum* 이라는 것은 (공동체들 간의 차이로서) 공동체들 '사이에' 그 위치를 잡고 있는 어떤 존재라 할 수 있다. 데카르트의 ≪방법 서설 *Discourse on Method*≫은 레비스트로스가 말하는 그 '인류학자'의 관점에서 쓰여진 것이다. 비록 레비스트로스 자신은 데카르트를 상당히 비판했지만 말이다. 일반적으로 믿는 것처럼 내적 과정의 확실성에서 출발하는 것이 아니라 오히려 데카르트는, 확실성이란 단지 이 유럽 공동체 안에서 양육된 하나의 꿈일 뿐이라고 주장했다. 그러므로 그는 이 꿈보다 더 밑바닥에 놓여 있는 어떤 것으로 자신의 방법의 근거를 삼으려고 했다.

데카르트는 **코기토**에 의해 마련된 증명이 그 자신에게만 충분할 뿐 다른 사람에게는 그렇지 못하다는 것을 알고 있었다. 게다가 그는 대화를 확실성의 보증인으로 받아들이기를 거부했다. 전통적인 내성적 사유에서는 자아란 일반적인 자아의 한 특수한 경우로 이해되는 반면에, 데카르트의 **코기토**가 발견해 낸 것은 특수 자아 – 일반 자아로 이루어진 회로로부터 완전히 연결이 끊어진 **단독적인 자아** *singular self* 였다. 이러한 단독성에 직면하여 데카르트는 확실성의 보증인으로서 신에 의지하지 않을 수 없었다. 그러나 **코기토**로부터 출발하여 신의 존재를 증명하려는 시도는 그 자체가 하나의 **앞뒤가 맞지 않는 생각** *para doxa* 이다. 그것은 순환적 추론에 지나지 않는다. 그러나 그것이 바로 키에르케고르가 '도약'(질적 변증법)이라고 불렀던 것이다. 데카르트는 특수성 – 일반성 *particularity-generality* 의 회로 대신에 단독성 – 보편성 *singularity-universality* 의 회로를 도입했다.

데카르트주의의 이런 측면은 그 이후의 철학자들에 의해 무시되었다. 임마누엘 칸트는 **코기토**를 보편적으로 적용될 수 있는 선험적인 텅 빈 형식으로 간주했다. 즉, 칸트에게 개별적 주관성은 **일반적인** 초월적 주관성의 **특수한** 종류였다. 헤겔은 '이 똑같은' 주관성을 **가이스트** *Geist* 라 불렀고, 후설은 자기 자신의 초월적 현상학의 '신데카르트주의'의 정체를 밝혀 보임으로써 데카르트주의를 훨씬 더 먼 곳으로 가져가려고 했다. 칸트가 했던 방식으로 이 보편적 주체를 상정하는 대신에, 후설은 단독적인 **코기토**로 돌아가고자 했고, 이를 그는 방법적 유아론이라 불렀다. 그런 입장에서 출발하여 그는 타자(다른 자아)와 상호 주관성(객관성)을 이끌어 냈다. 그러나 이 다른 자아는 '타자'가 아니다. 그것은 오히려 '스스로 **자아** 속으로 포함'되는 '자아의 한 변형'이며, 따라서 타자성이 결여된 것이다. 그 '타자'란 것은 또한 생각하는 주체로부터 '존재'로 강조점을 옮기기 위해서 후설 현상학을 비판했던 하이데거에게도 없기는 마찬가지다. 하이데거는 *Mitsein*(함께 있음)을 도입함으로써 후설적 타자의 문제를 해결하고자 했다. 그러나 이것은 타자의 배제에 기반을 둔 궁극적인 공동체, 즉 나치즘으로 귀결될 뿐이었다. 이 모든 시도는 항상 특수성-일반성의 회로 속으로 되돌아갈 수밖에 없었다. 단독성-보편성의 회로에서는 어떤 '도약'과 마주치는 것이 불가피하기 때문이다.

아마 비트겐슈타인이 또한 누전시켜 못 쓰게 하려 했던 것도 바로 이 회로였을 것이다. 비트겐슈타인의 건축물은 이런 견지에서 고려되어야 할 것이다. '비트겐슈타인의 건축물'이 그렇게 불릴 수 있는 것은 그것이 비트겐슈타인의 표현이기 때문이 아니라, 비트겐슈타인이라는 이름을 둘러싸고 일어난 단독적인 사건이기 때문이다. 크립키는 고유 명사를 기술들 *descriptions* 의 집합으로 환원하는 러셀의 생각에 반대했다.[1]

이런 세세한 문제를 자세하게 논의하는 것이 이 책의 핵심은 아니지만, 어쨌든 비트겐슈타인이 러셀처럼 기술론자도 아니고 크립키처럼 반기술론자도 아니라는 것은 강조될 수 있다.

기술론자들은 '개체'를 그것의 술어들이나 집합들의 한 묶음으로 환원하려고 한다. 이것은 특수성 – 일반성의 회로 안에서 발생하는 하나의 환원이다. 구조주의 또한, 이 회로 안에서 작동한다. 구조주의는 텍스트를 한 묶음의 변형 규칙들로 환원한다. 그러나 문제는 여전히 남아 있다. 왜 우리는 끊임없이 어떤 텍스트를 지은이의 이름을 가지고 확인하려고 하는가? 그것은 '작가성에 집착하는' 우리의 반항적인 낭만주의적 개념 때문이 아니다. 만일 구조로 환원될 수 없는 어떤 것이 계속 존재한다면, 우리는 그 텍스트에 하나의 고유 명사를 붙이는 것 외에 다른 선택의 여지가 없는 것 같다. 기술론이 대세를 잡는 것은 그것이 개별적인 것들을 일반적이거나 공인된 용어들을 가지고 바라보는 과학적 이데올로기와 협력하여 작업하기 때문이다. 역사를 일반적으로 볼 때, 고유 명사를 가지고 쓰여진 역사는 기껏해야 이야기 정도밖에 되지 않지만, 사실 고유 명사가 없는 역사는 역사일 수조차 없다. 엄밀한 의미에서는, 자연 과학조차도 자연사에 속한다. 다시 말해 **이** 자연사, 즉 다른 방식으로 존재할 수도 있었지만 바로 이 방식으로 존재해 온 하나의 역사에 속하는 것이다. 이런 식으로, 이 우주, 이 은하계, 이 지구가 모두 고유 명사들이다. 다른 한편, '가능 세계'의 관점에서 러셀의 입장을 논박했던 크립키는 공동체에서의 '최초의 명명식 *primal baptism*'이 고유 명사에 선행한다고 주장했다.

---

1) Saul A. Kripke, *Naming and Necessity*, Cambridge, Mass.: Harvard University Press, 1972.

다시 한 번 더 이야기하자면, 이런 생각은 공동체와 사회를 구분할 수 없다. 예를 들어, 언어학자들은 고유 명사를 자신들의 분석 대상에서 제외하는데, 그 이유는 고유 명사가 말과 사물이 직접적으로 연결된다는 환상을 강화하기 때문만이 아니라, 고유 명사란 다른 어떤 언어로도 번역될 수 없기 때문에, 즉 어떤 **랑그** 체계에 의해서도 내면화될 수 없기 때문이다. **랑그**나 공동체 안에서 내면화되기를 거부하는 고유 명사의 이러한 외재성은 이름이란 그 자체로 '사회적'이라는 것을 가리키지 않는가? 고유 명사는 하나의 자아나 하나의 공동체에 의해서 결코 내면화될 수 없는 타자성이나 우연성을 포함한다. 이것은 크립키가 말한 이름을 주는 자와 이름을 받는 자 간의 의사 소통 관계를 살펴보면 간단히 이해할 수 있다. 즉, 그 관계는 가르침－배움의 관계고, 거기선 공통의 규칙이 아직 확립되어 있지 않다. 그렇게 보면 의사 소통에서 사회성이 완전히 드러나는 경우는 언어학자들이 무시한 그 고유 명사와 더불어 있을 경우다.

한 개체의 단독성은 하나의 고유 명사에서 뚜렷이 드러난다. 특수성과 구별되는 단독성은 어떠한 집합들의 다발, 어떠한 일반성으로도 환원될 수 없기 때문이다. 단독성은 그것이 풍기는 뉘앙스와 정반대로, 부르주아적 개인주의와는 아무런 관련이 없다. 아주 역설적이게도, 단독성은 사회와 분리될 수 없으며 공동체들 '사이에' 있음으로부터도 분리될 수 없다. 단독성은 데카르트가 자신의 철저한 회의의 방법을 시작했던 공간이며, 결국엔 공동체의 패러다임 안으로 빨려들어가 그 속에 갇혀 버린 공간이다. 그러므로 그러한 문제틀을 둘러싸고 구성된 데카르트주의를 단순히 언어적 전회만으로 거부한다는 것은 쓸데없는 짓이다.

데카르트를 비판하는 사람들은 보통 비판하는 과정에서 언어나 대화에 호소한다. 어떤 비판자들은 오직 임의의 형식(기표)만이 존재하며 그 다음에 거기에서 주체 / 객체 또는 내적 의미 / 지시체의 갈라짐이 생겨난다고 주장할지도 모른다. 우리가 이미 보았던 것처럼, 이런 종류의 비판은 언어학이나 정신 분석학에서 나온 것이 아니라, 가장 일반적인 의미에서의 형식주의에서 나온 것이다.[2)]

데카르트에 대한 또 다른 비판은 대화의 중요성을 강조한다. 레셔는 '데카르트 이후 현대 인식론의 자아 중심적 관점'을 비판하면서 다음과 같이 쓴다. "회의주의자는 결과적으로, 확립된 노선에 따라 합리적으로 사고해 나가도록 이를 지배하는 명증한 규칙들을 따르고 싶어하지 않는 것에서 등장한다."[3)] 이 점을 강조하면서 레셔는 계속해서 말한다. "개인화되었다고 이야기되는 어떤 탐구의 기준들을 위해서 이러한 규칙들을 포기하는 것 ― 아무리 잘 의도되었다 하더라도 어쨌든 사적인 기준을 사용하는 것으로 물러나는 것 ― 은 합리적 이성을 가진 사람들의 공동체와 단절하는 것이고, 합리성의 기획 자체를 포기하는 것이다."[4)] 레셔의 '대화'나 위르겐 하버마스의 '의사 소통적 합리성'과 같은 핵심 용어들은 그것들이 공통의 규칙을 공유하는 하나의 공동체 안에 마련되어

---

2) 이런 유형의 비판에서는 후기 비트겐슈타인을 언어 중심적 접근의 대표적인 인물로 생각하지 않을 것이다. 즉, 후기에 비트겐슈타인은 형식주의라는 형식주의는 모두 다 비판하려 했다는 것을 염두에 두어야만 한다. 그에게 '언어적 전회'는 더 이상 의미가 없다. 그의 초기 작품인 ≪논리 철학 논고≫가 이미 그런 전회를 시도했다. 그 ≪논리 철학 논고≫를 비판하는 것, 그것이 바로 후기에 그가 스스로 하겠다고 작정한 과업이다.

3) Rescher, *Dialectics*, pp.58, 94～5.

4) 같은 책, p.60.

있는 한, 사회적 장에서의 대화와 같아질 수 없다. 오히려 그것들은 서구인이 아닌 '타자'를 배척하는 것으로 기능한다. 그러나 사적 언어에 대한 비트겐슈타인의 비판이 이런 견지에서 읽혀져서는 안 될 것이다. 그것은 또한 장 프랑수아 료타르 Jean-François Lyotard 의 작업에서 이야기하는 포스트모던적 다원론으로 읽혀서도 안 될 것이다.

데카르트적 회의의 알맹이는 그것이 보편주의나 상대주의로 환원되기를 거부하는 것에서 찾아질 수 있다. 우리가 데카르트에 대해서 아무리 비판적이라고 하더라도 우리 역시, 비록 다른 맥락에서이긴 하지만, 이 문제에 관해 그가 취했던 것과 똑같은 입장을 취하고 있음을 알 수 있다. 실제로, 그에 대한 우리의 비판들은 그 입장의 변주들일 뿐이다. 예를 들어, 그의 '문법'과 '관습'은 '패러다임'과 '인식'으로 서로 교환될 수 있다. 서로 다른 패러다임 간의 통약 불가능성에 관한 문제를 둘러싸고 과학 철학에서 보편주의자들과 상대주의자들이 벌인 논쟁은, 이미 데카르트가 제기했던 것과 똑같은 문제의 한 변주이다. 데카르트의 '증명'이 실패했던 것과 마찬가지로, 이 논쟁도 결코 해답에 이르지 못할 것이다. 실용적인 학문은 과학 철학에서 해답이 나오지 않는다 해도 전혀 영향을 받지 않는다.

잠시, 데카르트의 신 존재 증명으로 되돌아가 보자. 그것은 다음과 같다. 내가 의심하는 것은 내가 불완전하고 유한하기 때문이다. — 그것 자체가 완전하고 무한한 타자(신)가 존재한다는 증거(증명)이다. 스피노자는 데카르트의 "나는 생각한다 그러므로 나는 존재한다"를 "나는 생각하는 것으로서 존재한다"(*ego sum cogitans*)로 바꾸고, 그것은 증명(삼단 논법)이 아니라고 지적한다. 마찬가지로, 데카르트의 신 존재 증명도 사실은 엄밀한 의미에서의 증명은 아니다. 데카르트가 말하고자 했던 것은, 비록 그가 공동체 바깥에 하나의 단독자로서 — 실제로 그가 그러했던 것처럼 — 존재하기 위한 어떤 토대도 없지만, 그를 존재하게 하는 어떤 것이 여전히 있어야만 한다는 것이고, 그리고 이 어떤 것이 존재하기 때문에 그가 의심한다는 것이다. 더 구체적으로 표현하자면, 이 '어떤 것'이 정확하게 가리키는 것은 다른 공동체들, 즉 다른 무리의 규칙들을 따르는 타자들이 있다는 사실이다.

생각한다는 것이 단순히 '한 공동체의 규칙들을 따르는 것'을 의미한다면, 데카르트에게 '정신'이란 단순히 '생각하는 것'이 아니라 '의심하는 것'을 의미한다. 비록 이것이 공동체 바깥에 있는 어떤 곳으로 움직이고자 하는 시도와 다를 바 없다고 할지라도, 데카르트 자신은 이것을 그렇게 이해하지 않았다. 오히려 이 외부는 데카르트주의에서 내면화되어 버렸다. 즉, '생각하는 것' 그 자체가 '정신'으로 받아들여졌고 그와 동시에 데카르트적 회의를 그림자처럼 따라다녔던 타자성/차이는 지워져 버렸다. 데카르트에 대한 가장 중요한 초기 비판자 가운데 하나는 스피노자였는데, 역설적이게도 그가 데카르트주의를 더 발전시키려고 했다. 스피노자에게 신은 세계와 동일한 외연을 가진다. 데카르트의 '자유 의지'와 '신' 개념은 이 세계를 넘어서기는커녕, 순전히 이 세계 안에서 생산된 표상들이다. 그렇다 하더라도, 스피노자는 어떠한 단일한 공동체에 속하는 것을 거부했다. 그는 단독적인 **코기토**였고, 바깥에 있는 존재였다. 단독성은, 그 정확한 의미에서, 사회적이다.

폴 발레리는 **코기토**란 데카르트의 또 다른 이름이라고 말한다. 이것은 곧 데카르트의 단독성은 모두에게 적용될 수 있는 개체성이나 자아와는 무관하다는 뜻이다. 이것을 따라 돌면, 우리는 미셸 푸코 Michel Foucault 에게도 **코기토**는 또 다른 이름이라고 말할 수 있을 것이다. 그러나 푸코의 믿음이 받아들여지자마자, 데카르트주의에서 일어났던 것과 똑같은 것이 푸코주의에서도 다시 일어날 것이다. 우리는 푸코가 도전했던 경로를 따라 데카르트주의를 기탄 없이 비판할 수 있을 것이다. 이것이 바로 오늘날의 담론을 지배하는 유형이다. 지금은 언어나 공동체가 먼저라는 것에 대해 주의를 환기시키는 것 자체가 제도화되어 버렸다.

저자 노트

이 장의 후기로 나는 칸트에 대한 약간의 소견을 덧붙이고자 한다. 칸트가 데카르트적 **코기토 에르고 숨**을 오류 추리로 비판하고 더 나아가 **코기토**란 단지 '사유의 초월적 주체 = X'에 지나지 않는 것으로, 어떤 기원에 대한 이성의 사변적 기능의 산물일 뿐이라고 논증했던 것은 의심의 여지가 없다. 후설은 그 초월적 주체가 문제되는 상황을 칸트가 **아니라** 데카르트에게서 찾고자 했다. 그러나 '초험적 *transcendent*'과 대조하여 '초월적 *transcendental*'이란 개념을 정교화한 것은 칸트였다. 그러므로 만일 후설적 의미에서의 '초월적 주체'가 칸트에게 없었다고 한다면, 그것은 또한 데카르트에게도 없었다. **코기토 에르고 숨**이란, 내가 앞에서 보였던 것처럼, 차이에 대한 의식이면서 바깥에 있는 어떤 것이다. 그러므로 일단 그것이 그 차이성/외재성을 상실하고 적극적인 항으로 구성된다면, 그것은 세계를 끝없이 구성하려는 경향을 지니는 심리학적 자아 혹은 초월적 자아로 변하게 될 것이다. 그런데 바로 이것이 정확하게 데카르트에게서 일어났던 것이다. 스피노자는 이를 비판하면서 세계는 자연이고 그것은 또한 신이며, 따라서 세계를 구성하는 주체란 단지 세계 안에 있는 상상의 반영에 지나지 않는다고 주장했다. 이것은 **코기토**의 부정이라기보다는 차이짓기와 외재성의 극단으로 그것을 끝까지 밀고 나간 것이었다. 실제로 **코기토**라는 그 문제 상황은 역설적이게도, 전혀 그것을 주장하지 않았던, 또는 심지어 그것을 거부했던 사상가들에게서 구체화된다. 칸트의 **코기토**는 세계를 구성하는 주관성 속에서가 아니라, 바로 그의 '초월적 비판'이라는 태도 속에서 찾을 수 있다. 초월적 비판이라는 태도는 결코 적극적인 항으로 구성될 수 없다.

칸트가 '물자체'라고 부른 것은 스피노자의 세계, 즉 자연에 상응한다. 감각을 통해서 인간에 영향을 미치면서도, 그것은 단지 *Schein*(가상)으로 표상될 뿐이다. 칸트는 감히 '물자체'를 파악한다고 하는 것에 대한 비판으로, '초험적'에 대립되는 '초월적'이란 것을 세웠다. 이는 칸트의 '초월적 비판'을 후설의 '초월적 현상학'과 구별시켜 준다.[5] 후설의 현상학은 '생활세계'의 기초에 놓여 있는 보편적 이성을 찾는 것으로 만족한다. 칸트에게 '초월적 비판'은 내용이 아니라 인식 그 자체에 대한 하나의 질문이다. 즉, 그것은 우리가 '자연적'이라고 경

---

5) 칸트의 '초월적'은 단지 '경험의 한계를 벗어나 있는'을 의미하는 '초험적'과 구분되는 것으로, '모든 경험에 선행하면서도(선험적이면서도) 그 경험 인식을 가능케 하는'을 의미한다. 따라서 칸트의 초월적 비판은 '경험 바깥에 있으면서 경험을 가능케 하는 조건'에 대한 물음이다. 반면에 후설의 '초월적'은 '대상으로부터 그 인식 형성의 궁극적 원천인 주관으로 되물어가는'을 의미하며 칸트적 의미에서의 '선험적이면서도'라는 단서는 없다. 이 '선험적이면서도'라는 단서를 없앰으로써 후설은 경험 세계를 구성하는 초월적 주체를 적극적으로 상정하게 되는 것이다. 여기서는 이러한 후설의 '초월적 주관,' 후설식으로 해석된 데카르트의 코기토는 비판되고 있다. 가라타니가 강조하는 것은 차이와 타자의 맥락에서 보여지는 데카르트의 코기토와 칸트의 초월적 비판이다. — 옮긴이

험적으로 당연하게 받아들이는 것을 괄호로 묶고 그와 같은 허구적인 구성물을 마음, 즉 공동체 속에 갖도록 하는 형식적 조건들을 철저히 조사하는 것으로 이루어져 있다. 그러나 분석을 끝까지 밀고 가 보면, 데카르트적 **코기토**의 경우에서와 같이, 그 초월적 비판을 가능하게 만드는 것은 결국 담론 체계들 간의 차이다.

인간의 인식 능력 각각의 영역들, 즉 '우리의 인지적 능력,' '욕망의 능력,' '쾌락과 불쾌의 느낌' 등을 비판 / 조사한 후에 칸트는 이러한 '비판' 그 자체는 이러한 범주들 가운데 어떤 것에도 속하지 않는다고 선언했다. 그러면 이성에 의한 이러한 이성 비판, 즉 초월적 비판은 어느 영역에 속하는가? 차이라는 **토포스** *topos* 외에 다른 어느 곳에도 속하지 않는다. 이 **자리** *locus* 를 구체적인 어떤 공간을 뜻하는 것으로 이야기하면 그것은 잘못된 것이지만 그것은 칸트가 살았던 쾨니스베르크라는 물리적 지역과 분리될 수 없다. 일생동안 그가, 특히 그 지역의 정치적 중심인 베를린으로 가는 것조차 거부할 만큼 이 도시를 거의 떠나지 않았다는 것은 유명하다. 정치적으로는 중요하지 않더라도 쾨니스베르크는 발트해 연안에 있는 활동적인 항구 도시로서, 시골의 한 외진 도시가 아니라 다양한 원천들로부터 정보를 제공받는 의사 소통의 중심지였다. 이는 암스테르담이 데카르트에게 했던 역할 가운데 하나를 생각나게 한다. 칸트는 **코기토**를 '살았다.'

데카르트에 의해 그렇게도 확고하게 파악되었던 초월적 주관성이라는 문제 의식을 칸트는 상실해 버렸다고 후설이 주장한 것은 적절하지 못하다. 더군다나 후설의 골격이 지닌 제약으로부터 '초월적'이란 말의 의미를 자유롭게 하는 것이 필요한 것 같다. '초월적'이란 우리가 사로잡혀 있는 필증적

apodictic[6] 추론 공간을 의심하고, 동시에 이 공간에서 항상 작동하는 '전도 *inversion*'를 의문시하는 태도와 동일하다. 이런 관점에서 보면 니체의 '계보학,' 그리고 마르크스와 프로이트의 비판적 기획 역시 초월적 비판이라고 불릴 수 있다.

6) 후설에 따르면 '필증적'이란 존재하지 않거나 의심스러워지는 일이 불가능함을 의미한다. — 옮긴이

열아홉

판매

가르침이나 배움은 불가능하다고 주장하는 메논의 역설은 거꾸로, 모든 의사 소통이 이미 암묵적으로 가르침-배움 관계를 기본 조건으로 받아들이고 있음을 드러낸다고 말할 수 있다. 소크라테스가 플라톤의 모든 '대화'에서 가르치는 사람으로 나타난다는 점을 기억해 보라. 그가 가르치는 입장에 있음에도 불구하고, 비대칭적인 가르침-배움 관계는 대화 속에서 '함께 진리 찾아가기'라는 대칭 관계로 조심스럽게 대치된다. 이 '함께 찾아가기'의 방법인 '상기'와 관련하여 프로이트의 정신 분석으로 시선을 돌릴 필요가 있는데, 거기서의 치료란 것도 '대화'를 통해서 '상기'에 이르는 것이기 때문이다. 소크라테스와 마찬가지로 정신 분석가도 단지 환자가 상기하는 것을 돕기만 할 뿐 어떤 것도 가르치진 않는다. 대화는 환자가 의사와 동일시되거나 의사로 전이 *transference* 됨으로써 진행된다.

그러나 정신 분석은 플라톤의 대화와는 상당히 다른 부분이 있다. 프로이트에게서는 환자가 의사로 전이되는 것이 **제**

거되어야만 치료가 끝난다. 플라톤이 에로스적 결합에로 가까이 가고자 했던 반면에 프로이트는 비대칭적인 의사 – 환자 관계를 유지하고자 했다. 더 정확히 꼬집어 이야기하면, 프로이트의 분석에서는 '상기'란 항상 비대칭 관계의 폭로와 관계가 있다. '공통 본질'을 목표로 삼는 플라톤의 상기와 반대로, 프로이트의 접근법은 '공통 본질'이나 '대칭 관계' 밑에 감추어진, 그리고 그것에 의해 억눌린 것을 상기하는 것이다. 억압이란 항상 타자성의 내면화므로 이런 종류의 상기는 억압된 것의 폭로를 목표로 한다. 프로이트가 오이디푸스 콤플렉스라 부른 것은 타자(아버지)의 내면화고, 아버지와 자식 간의 비대칭 관계가 대칭적으로 된 것이다.

훨씬 더 중요한 것은, 프로이트가 무의식이란 오직 타자와의 비대칭 관계 속에서만 존재한다는 것을 보여 주었다는 점이다. 즉, 무의식은 환자나 의사 혼자만을 향해서는 존재하지 않고, 의사와 환자 간의 관계를 향해서만 존재한다. 그것은 오직 환자의 **거부**(저항) 속에서만 존재한다. 프로이트에게서 앎은 이러한 타자와의 관계를 계속 유지하는 것을 결코 포기하지 않는다. 이런 의미에서 프로이트의 방법론은 현상학적 (내성적) 접근법과 구분된다. 프로이트적 맥락에서 타자는 의사로 전이되지도 않고 의사에 저항하지도 않는, 완전히 **무관심한** 타자조차 포함한다. 우리의 맥락에서 타자의 타자성의 본질은 바로 이 무관심 속에 놓여 있다.

> 나는 우리의 치료적 노력이 왜 자기 도취적 신경증에는 먹혀들지 않는지를 전이라는 사실을 가지고 납득시킬 수 있을 것 같다……. 자기 도취적 신경증으로 고통받는 사람들은 전이 능력이 없거나 그것의 불충분한 찌꺼기만을 갖고 있다는 것을 관찰

> 은 보여 준다. 그들은 의사를 거부하는데, 그것은 적의 때문이 아닌 무관심 때문이다. 그런 이유로, 그들은 의사에게서 아무런 영향도 받을 수 없다. 의사가 말을 해도 그들은 냉담할 뿐이고 그들에게 아무런 인상도 주지 않는다. 따라서 다른 사람들에게 적용해 온 치료의 메커니즘 — 병을 초래한 갈등을 폭로하고 억압에서 비롯된 저항을 극복하는 것 — 이 그들에게는 작동될 수 없다. 그들은 이전의 모습 그대로 남는다. 종종 보면 그들이 이미 혼자서 회복을 시도한 경우도 있는데, 이것도 결국은 병리적 결과로 이끌 뿐이다. 우리는 어떤 방법으로도 이것을 바꿀 수 없다……. 그들은 전이를 나타내지 않기 때문에 우리의 노력에 접근할 수도 없고 우리를 통해서 치료될 수도 없다.[1]

여기서 우리는 프로이트가 인정하는 정신 분석의 한계를 본다. 그러나 이것이 무능력함을 가리키는 것은 아니다. 프로이트의 정신 분석은 자아 속에 포함될 수 없는 타자를 인정하기를 포기하지 않는다. (그러나 수많은 정신 병리학들이 '전이'라는 대칭 관계를 전제로 해서 작동한다는 점은 지적되어야 할 것이다.) 따라서 프로이트는 자아와 타자 간의 대칭 관계라는 가정에 대해 근본적인 비판을 가한다. 정신 분석적 지식은 실제의 '대화적' 관계와 떨어져서는 존재할 수 없고, 따라서 어떤 이론화를 통해서 보편적으로 적용되는 것이 불가능하다. 칼 포퍼를 포함한 많은 사람들이 정신 분석을 과학이 아니라고 공격해 왔다. 우리가 하나의 표준으로 인정하는 '대화'의 개념이 있고 그것을 우리는 과학의 기초라고 생각하는데, 정신 분석은 그 개념에 대해 근본적인 의문을 제기하기 때문이다.

프로이트가 자신의 환자들에게 그들 관계의 조건이 친구

---

1) Sigmund Freud, *The Complete Introductory Lectures on Psychoanalysis*, James Strachey (trans.), New York: W. W. Norton, 1966, p.447.

가 아니라 일종의 거래라는 것을 정기적으로 '상기'시키기 위해서 높은 가격을 청구하는 것이 절대적으로 필요하다고 생각했다는 것은 흥미로운 일이다. 의사에 대해 잠정적으로 부정적인 결과들을 가지게 되는 치료 과정상의 한 전환점에서, 치료가 완결되기 위해서는 환자가 의사를 그저 의사로 보기 시작하고, 그리하여 스스로 의사와 거리를 두지 않으면 안 된다. 이런 상황은 소크라테스의 상황과는 상당히 다르다. 다른 소피스트들과 달리 소크라테스는 자신의 봉사에 대한 대가로 어떠한 것도 청구하지 않았으며, 그리하여 가르침-배움의 비대칭 관계를 지워 버렸다. 그와 반대로 프로이트는 비대칭 관계를 유지하기 위해서 요금을 청구했던 것이다.

돈은 단순히 치료의 또 다른 부분만은 아니다. 정신 분석가들은 자신들의 노동을 통해서 생계를 유지한다. 즉, 환자를 치료하기 위해서 요금을 청구하는 것이 아니라, 오히려 의사들이 돈을 벌기 위해 환자들을 치료하는 것이다. 돈의 이런 측면이 간과되는 것은 이상하다. 더욱이 프로이트는 제자들에게 소크라테스가 자신의 제자들을 대했던 것과 똑같은 입장을 취했다. 그는 자신의 교육적 분석의 대가로 제자들에게 요금을 청구하지 않았고, 이 요금을 받지 않는 관계는 궁극적으로 에로스적으로 하나가 되는 비밀 교리 집단 같은 것을 형성했다.

노동으로서의 치료와 돈 사이의 이러한 교환(등식)에서 어떤 토대가 만들어졌는가? 마르크스가 주장했던 것처럼 교환에는 토대가 없다. "그들은 그것을 의식하지 못하면서 그렇게 한다."[2] 이런 유형의 '무의식'은 정신 분석의 영역 바깥에 존

2) Marx, *Capital*, vol. 1, pp.166~7.

재한다. 그런 이유로, 마르크스의 '가치 형태'에 대한 이론은 라캉 학파의 정신 분석이 했던 것처럼 해석되어선 안 된다. 판매 - 구매의 비대칭 관계가 예술, 과학, 종교 등 탐구의 모든 분야나 영역에 그 그림자를 드리운다. **세속성** 혹은 비대칭 관계를 경시하는 사유는 어떤 것이든 모두 형이상학으로 흡수된다. 키에르케고르는 생의 마지막 무렵에 쓴 일기에서 자신의 책들이 팔려서 인세를 받게 됐다는 것에 대해 놀라움을 표현한다. 이 **놀라움**은 그가 그 책들 속에 써 놓았던 것들에게도 똑같이 중요한 하나의 문제를 감추고 있다. 비록 '그것을 의식하지 못하면서' 자신과 관련된 타자와 연결되어 있기는 했지만 어쨌든 자신의 유산을 다 써 버렸을 즈음에 죽음을 맞이했던 키에르케고르로서는 이 문제를 깊이 생각할 필요가 없었다.

아리스토텔레스에게 있어서는 상품에 어떤 공통의 가치도 내재해 있지 않았고, 따라서 교환에도 아무런 합리적인 토대가 없었다. 교환은 그에게 단지 "실제적인 목적을 위한 임시방편"[3]이었을 뿐이다. 마르크스는 아리스토텔레스가 고전 경제학자들도 모르던 '가치 형태'를 알고 있었다며 그를 칭찬했다. 아리스토텔레스에 관해서 마르크스는 다음과 같이 썼다. "무엇보다도 그는 상품의 화폐 형태는 다만 가치의 단순한 형태 — 한 상품의 가치를 임의로 선택된 다른 상품으로 표현하는 것 — 의 보다 발전된 형태일 뿐이라고 아주 분명하게 말한다."[4] 아리스토텔레스가 이렇게 말할 수 있었던 것은 그가 상업을 경멸했기 때문이다. 아리스토텔레스가 보기에는,

3) 같은 책, p.151. 마르크스는 Aristotle, *Nicomachean Ethics*, London: Loeb, 1926, bk. 5, ch. 5, pp.287~9에서 인용.

4) Marx, *Capital*, vol. 1, p.151.

철학만이 동일한 본질(**이데아**)을 발견할 수 있었다. 그러나 그는 이 동일성이란 동일시한 결과로서만 발견될 수 있다고 생각했는데, 이는 플라톤과 다를 바 없다. 플라톤은 "가르침과 같은 것은 없다"고 주장했던 것이다. 고전 경제학은 이것을 다른 차원에서 다음과 같이 되풀이한다. 상품들은 그것들의 공통된 본질 때문에 서로 교환될 수 있다, 그리고 그 때문에 판매와 구매는 똑같은 것이다라고. 이것은 **판매** 같은 것은 없다고 말하는 것과 마찬가지다.

유리한 우리 입장에서 보면, 판매와 구매는 완전히 구별되는 일이다. 마르크스는 가치의 단순한 형태를 다음과 같이 보여 준다.

20미터의 삼베 = 한 벌의 저고리
(가치의 상대적 형태) (등가물 형태)

상품들 사이에서 이루어지는 삶의 방식을 나타내는 이 등식은, 20미터의 삼베의 가치는 혼자서 자신의 가치를 표현할 수 없기 때문에 먼저 한 벌의 저고리와 등가가 된 이후에만 자신의 자연적인 형태로 표현될 수 있다는 것을 보여 준다. 다른 한편, 한 벌의 저고리는 항상 앞의 것과 교환되는 위치에 있다. 상품 숭배에 대한 마르크스 분석의 비밀은 바로 이 등가물 형태에 있다. 한 벌의 저고리로 가장하고 마치 그 저고리가 자신 속에 어떤 내재적인 가치를 포함하고 있는 듯이 보이도록 하는 것이 바로 이 등가물 형태인 것이다. 따라서 "상품의 등가물 형태는 다른 상품들과의 직접적인 교환을 가능케 하는 형태다."[5] 달리 말하면 가치의 상대적 형태는 '파는

5) 같은 책, p.147.

입장'을 대변하고 등가물 형태는 '사는 입장'을 대변한다. 그러므로 가치의 단순한 형태는 '판매 - 구매'의 비대칭 관계가 응축된 것이라 할 수 있다. "가치의 상대적 형태와 등가물 형태는 서로에 의존하면서도 서로를 제약하는 떨어질 수 없는 두 계기들이지만, 동시에 가치 표현의 서로 배타적인 또는 서로 대립하는 양 극단, 즉 양극이기도 하다."[6]

이 단순한 등식에서 한 벌의 저고리가 항상 등가물 형태를 취하는 것은 아니다. 이는 20미터의 삼베도 등가물 형태의 입장을 취할 수 있기 때문이다.

> 물론 20미터의 삼베 = 한 벌의 저고리 또는 20미터의 삼베는 저고리 한 벌의 가치가 있다라는 표현은 또한 그것의 역, 즉 한 벌의 저고리 = 20미터의 삼베 또는 저고리 한 벌은 20미터의 삼베의 가치가 있다라는 표현도 포함하고 있다. 그러나 그렇다 하더라도 저고리의 가치를 상대적으로 표현하기 위해서는 그 등식을 뒤바꾸어야만 한다. 그리고 그렇게 한다면 저고리 대신에 삼베가 등가물이 된다. 그러므로 똑같은 상품이 똑같은 가치 표현에서 동시에 양쪽 형태로 나타날 수는 없다. 이러한 양쪽 형태는 오히려 서로를 정반대의 극으로 배척한다.
>
> 하나의 상품이 상대적인 형태로 있는지 아니면 반대로 등가물 형태로 있는지는, 오로지 그 가치를 표현하는 데 있어서 그 상품이 그때 그때 차지하는 위치에 의하여, 다시 말하면 상품이 자신의 가치를 표현하는 상품인지, 아니면 남의 가치를 표현해 주는 상품인지에 의해 결정된다.[7]

이 시점에서는 둘 가운데 어느 것이든 다 등가물 형태로 출현할 수 있다. 이는 각 상품의 소유자는 사는 입장을 취하

---

6) 같은 책, pp.139~40.

7) 같은 책, p.140.

려 하고 파는 입장을 피하려 한다는 중요한 사실을 함축한다. 마르크스는 가치의 단순한 형태에서, 특정 상품이 배타적으로 등가물 형태를 차지하고서는 다른 모든 상품들의 가치를 상대적인 형태로 만들어 버리는 가치의 일반적인 형태로의 '발전'을 상세하게 기술한다. 하지만 상세하게 그 발전을 따라가 볼 필요는 없을 것 같다. 그렇지만 이 한 가지는 특별히 강조해 둘 필요가 있다. 즉, 비록 이러한 기술이 헤겔의 '발전'과 유사하지만, 실제로 마르크스가 가치의 더 발전된 형태들이 감추게 되는 가치의 단순한 형태로 되돌아간 것은 계보학적 회고를 통해서라는 점 말이다.

> 등가물 형태의 신비감은, 오직 그것이 완성되어 화폐의 형태로 나타나는 그 때에야 비로소 정치 경제학자의 조잡한 부르주아적 시야에 들어오게 된다. 그 때에야 그는 금과 은의 신비한 특성을 설명하기 위하여 그것들을 그보다 덜 반짝거리는 상품들과 바꿔치기해 보고, 일찍이 상품의 등가물 역할을 한 적이 있는 모든 열등한 상품들의 목록을 술술 풀어 내고는 언제나 새삼스러운 듯 만족해하는 것이다. 그는 20미터의 삼베 = 한 벌의 저고리와 같은 가장 단순한 가치 표현조차도 이미 우리가 풀어야 할 등가물 형태의 수수께끼를 던져 주고 있다는 것을 깨닫지 못한다.[8]

가치의 단순한 형태는 여러 가지 것들을 그려 보여 준다. 먼저, 그것은 어떤 것이 등가물 형태가 되는 타고난 본성을 설명하는 것이 아니다. 예컨대, 금이 등가물 형태나 화폐일 수 있는 것은 **금**이기 때문이 아니라, 그것이 등가물 형태가 되기 때문이다. 통화주의자들 *Monetarists* 은 금을 화폐로 사용하

8) 같은 책, pp.149~50.

게 된 것은 금이 지닌 고유한 특성에 비밀이 있다고 믿었다. 그러나 금은 화폐로 인정되었기 때문에 특별한 것이지 **그 역이 아니다**. 이것은 한 장의 종이 조각이 그것만으로도 법정 화폐라는 사실을 생각해 보면 분명해진다. 그 종이 조각이 화폐가 되는 것은 오직 등가물 형태가 되는 한에서일 뿐이다.

화폐에 대한 숭배가 가장 분명하게 관찰될 수 있는 곳은 화폐 제도 속에서다. 마르크스의 목적은 화폐의 가상적 본성을 비판하는 것이 아니었다. 이것은 이미 고전 경제학자들에 의해서 완수되었다. 그들에게 화폐는 상품이 지닌 내재적 가치(노동 시간)의 척도거나 유통 수단이었기 때문이다. 그들은 물건의 생산을 경제의 가장 중요한 측면으로 간주했고, 그리고 나서는 '신비감'이 자본주의에 본래적인 동력으로서 중요하다는 사실은 묵과해 버렸다. 더욱이, 고전 경제학은 **자본** — 구매의 관점 — 과 오직 자신의 노동만을 상품으로 가지고 있으면서, 항상 파는 입장을 떠맡도록 강요당해 온 **임금 노동자**들 사이의 비대칭 관계를 보지 못했다. 고전 경제학은 따라서 자본의 바로 그 필수 조건에 의해서 생겨나는 '위기'를, 즉 자기 증식을 계속하기 위해서 자본은 적어도 한번은 파는 입장에 서지 않으면 안 된다는 것을 완전하게 무시해 버렸다.

마르크스에게는 화폐에 대한 숭배를 비판하는 것만으로는 충분치 않았다. 반복해서 말하지만, 화폐는 이미 고전 경제학에서 **탈신비화**되어 버렸기 때문이다. 그는 대신에 상품에 대한 숭배에 강조점을 두었다. "그러므로 화폐 물신의 수수께끼는 상품 물신의 수수께끼일 뿐이다. 다만 그것이 이제서야 우리 눈에 띄게 되어 우리 눈을 어지럽히는 것이다."[9] 마르크스

9) 같은 책, p.187.

가 상품 물신을 우선적으로 강조했던 것은 판매 - 구매의 본질적으로 비대칭적인 관계를 추출해 내기 위해서였다. 어떻게 진행되든지 간에 자본주의적 발전은 이 비대칭 관계를 결코 지양할 수 없다. 다만 그것을 숨길 수 있을 뿐이다.[10)]

10) 마르크스의 상품 물신주의에 관한 이론은 루카치에 의해 전개된, 그리고 많은 현대 사상가들에게 계속해서 중시되는, '물화 *reification*'라는 개념과는 질적으로 다르다는 것에 주목해야 한다. 마르크스의 상품 개념으로부터 파생된 물화가, 상품은 "생산자들의 사회적 관계를 반영하며…… 이는 물건들 사이의 사회적 관계로 나타난다"고 주장하는 것과 달리, 《자본론》은 어떻게 그런 관계가 작동하는지를 탐색한다. 교환에 합리적인 근거란 없으며, 따라서 판매 입장은 항상 '운명을 건 도약'을 요구한다. 이런 까닭에, '물화'의 이론 그 자체만으로는 《자본론》의 총체적인 모습에, 특히 위기에 의해 부추겨지는 자본의 동적 운동에 접근하는 것이 불가능하다.

스물

상업 자본

마르크스의 이론적 틀은 상당히 많은 부분 고전 경제학에 빚지고 있다. 정치 경제학 '비판'에서 마르크스는 고전 경제학 **이전에** 속했던 문제들, 즉 상업 자본주의에서 처음부터 문제가 되었던 본성을 재평가한다. 아리스토텔레스에 대한 마르크스의 평가는 하나의 좋은 예를 제공한다.

> 화폐 제도의 환상은 어디서부터 왔는가? 그 화폐 제도의 지지자들은 금과 은이 사회적 생산 관계의 하나인 화폐를 대표하고 있다는 것을 알아차리지 못하고 다만 그것을 특이한 사회적 속성들을 가진 자연물의 형태로만 보았다. 그러면 화폐 제도를 그토록 경멸적으로 내려다보는 오늘날의 정치 경제학은 어떠한가? 그것의 물신주의적 성격 역시 그것이 자본을 다룰 때 아주 명백해지지 않는가? 지대는 사회로부터가 아니라 땅으로부터 나온다는 중농주의적 환상이 사라진 것이 얼마나 되었는가?[1]

---

1) Marx, *Capital*, vol. 1, p.176.

위의 인용에서 마르크스는 단순히 화폐 제도의 환상에 지나지 않는 본성을 경멸하는 것만은 아니다. 고전 경제학의 시대에 주기적으로 닥쳐온 위기 상황에서 나타난, 화폐를 위해서 상품을 버리는 현상은 '환상'이 아니라 사실이었다. 고전 경제학자들은 이러한 현실을 우연으로 간주했고, 사람들을 화폐로 돌아서게 한 그 '환상'을 비웃었다. 사람들이 화폐쪽으로 돌아선 것은, 일반적인 등가물 형태가 바로 직접적인 교환 가능성을 제공하기 때문이다. 화폐에 대한 이러한 물신주의는 파는 입장, 즉 타자의 의지에 자기 자신을 종속시키는 것을 피하고, 대신에 언제든지 바로 교환할 수 있는 입장을 쫓으려는 우리의 욕망 속에서 표현된다.

가치 형태에 대한 마르크스의 이론은 고전 경제학자들이 너무나 경멸적으로 비웃었던 화폐 물신주의를 재평가하려는 시도였다. 상품의 가치 형태가 어떻게 화폐 형태로 발전되는지를 구체적으로 보여 주려고 시도하기보다는 오히려 마르크스는 상품 - 화폐, 또는 판매 - 구매 관계에 있는 비대칭성을 가장 근본적인 차원에서 드러내고자 했다. 그는 이를 **계보학적 회고**라 할 수 있는 것을 통해서 보여 주었다. 대신에 가치 형태의 '발전'은 그 근본적인 비대칭성을 감추는 것으로 기능한다. 반복하자면, 화폐는 고전 경제학에선 무시되었다. 이러한 무관심은 고전 경제학자들이 이전의 중상주의를 부정하고 산업 자본을 상업 자본과는 본질적으로 다른 것으로서 강조하는 것과 일맥 상통한다. 그리하여 상품의 가치는 하나의 물건 속에 포함되어 있는 인간의 노동에 의해서 이해되고, 사회적인 '노동 시간'의 관계로 표현된다. 상품의 등가 교환은 의문시되지 않는 반면, **차이**(부등가 교환) 속에서 잉여 가치(이윤)가 얻어진다는 사실은 생략된다. 자본주의를 몰고 가는 힘은 용품(재산 또는 사용 가치)을 생산하는 것이다. 따라서 금(화폐)을 축적하려는 **동기**는 비윤리적이고 병적인 것으로 배척된다.

이런 종류의 분석을 떠나서, 마르크스는 산업 자본을 상업 자본의 문제로 돌아가서 분석했다. 산업이든 상업이든 간에, 자본 그 자체는 똑같은 동기에 의해 움직인다. 그러나 그것은 재산을 축적하려는 욕망과는 무관하다.[2] 비록 상업 자본과 산업 자본이 다르다는 것이 사실이긴 해도, 그들의 차이를 강조하는 것은 자본주의의 진정한 본성을 이해하는 데 방해가 되기 때문이다.

유통에 관해서 마르크스가 얘기했던 것을 요약하면 다음과 같다. 유통 과정인 C-M-C(상품 – 화폐 – 상품)에서 C-M(판매)과 M-C(구매)는 분리되어 있다. 따라서, 생산물의 직접적인 교환인 C-C에서와는 달리, 교환의 영역이 시공간 양면에서 무한히 팽창할 수 있다. 그럼에도 불구하고 C-M이 함축하는 '운명을 건 도약' 때문에, 따라서 더 정확하게 표현하면 C,-M이 될 바로 그것 때문에, '위기의 가능성'이 어디서나 존재한다. 유통이 C-M-C라는 주기로 표현된다면, 이 과정은 C,-M뿐만 아니라 반대 과정인 M-C도 또한 동시에 포함한다. (반대 과정은 M-C-M이 아니라는 데 주의해야 한다.) 다시 말해, 화폐의 운동은 실제로는 상품들의 유통일 뿐 **그 역은 아니다**. "그러므로 화폐의 운동이란 상품들의 유통을 표현한 것에 지나지 않지만, 겉으로 보기에는 오히려 반대로 상품들의 유통이 화폐 운동의 결과처럼 보인다."[3] C-M-C와 M-C-M의 운동은 똑같은 주기의 앞과

---

2) 막스 베버는 산업 자본의 '합리성'이 일단은 비합리적인 '금욕주의'(청교도주의)에 의해 동기지어졌다는 점에 특별히 주의를 기울이면서 상업 자본과 산업 자본의 차이를 강조한다.

3) Marx, *Capital*, vol. 1, pp.211~2.

뒤인 것처럼 보인다. 그러나 그 둘은 서로 완전히 다르다. 유통의 주도권은 전적으로 화폐(소유자)의 손에 쥐어져 있기 때문이다.

간단하게 표현하면, 자본의 운동은 M-C-M, (M + △M)이다. 우리의 관점이 변화함에 따라 그 주기는 화폐의 유통이라기보다 상품의 유통인 것처럼 보이고, 그리하여 자본의 운동은 상품의 유통 안에 감춰져 버린다. 고전 경제학에서 자본의 자기 운동이 상품들의 유통 안에서, 즉 **재산 형성** 또는 이와 똑같은 말인 **소비 과정**의 회로 속에서 이미 해소된 것으로 이해되었던 것도 바로 이런 방식으로다. 그러나 단순히 '재산 형성과 소비'로 나타나는 경제 현상들 깊숙이에는 이들과 상관 없는 왜곡된 충동이 존재하는데, 그것은 바로 화폐 물신주의다.

마르크스가 주장했던 것처럼 상업 자본은 실로 공동체들 '사이에서' 발전하며, 다양한 가치 체계들 사이의 차이에 의해 비옥해진다. 그 점에 있어선, 산업 자본도 역시 동일한 차이로부터 이윤을 얻는다(잉여 가치를 얻는다). 그 차이가 없다면 자본은 자본(자기 증식하는 화폐)일 수조차 없다. 그러나 상업 자본이 **공간적으로**, 즉 다양한 가치 체계들 사이의 차이로부터 잉여 가치를 얻는 반면에 산업 자본은 **시간적으로**, 즉 기술에 의해 이루어지는 가치 체계의 끊임없는 차이짓기에 의해 초과 이윤(상대적 잉여 가치)을 얻는다. 이것은 상업 자본이 시간적 차이로부터는 이윤을 얻을 수 없는 것과 마찬가지로 산업 자본은 동일한 시간 내에서는 이윤을 얻을 수 없다는 것을 의미하는 것은 아니다. 잉여 가치는 그 무엇이든 어떠한 수단에 의해서도 획득될 수 있다.

마르크스에 관한 나의 이전 책에서, 나는 자본의 자기 운동이 노동 시간이란 개념에 의존하지 않고서도 설명될 수 있다는 것을 논증했다.[4] 그러나 이 장에서 내가 초점을 맞추고자 하는 것은, 자본의 자기 증식이 어떻게 가능한가라는 것보다 왜 자본의 운동이 지속되는가 하는 물음이다. 심지어는 산업 자본이 출현하기 이전에도 자본주의적 장치는 모두 이미 그 자리에 있었다. 산업 자본은 단순히 이 장치를 자신의 필요에 맞게 개조했을 뿐이다. 그러면 경제의 자본주의적 운동에 동기를 부여한 이 '도착 *perversion*'은 무엇인가? 두말할 것도 없이 그것은 화폐고, 더 정확히 말하자면 상품 물신주의다.

상업 자본의 물줄기가 시작되는 곳에서 마르크스는 실제로 이러한 화폐 물신주의에 빠져 살아가는 **구두쇠**를 찾아 냈다. 화폐를 소유하는 것은 곧 '사회적 특권'을 소유하는 것이며, 이를 통해서 사람들은 무엇이든 언제 어디서나 교환할 수 있다. 구두쇠(화폐 축적자)는 이러한 '권리'를 위해서 교환에서의 실제적인 사용 가치를 포기한 사람이다. 돈을 끌어모으고자 하는 충동은 물질적 필요로부터 나오는 것이 아니다. 그것은 돈을 매개체로 다루는 것이 아니라 돈 그 자체를 바람의 대상이 되는 어떤 것으로 다루기 때문이다. 반대로, '하늘에 부를 쌓기' 위해서 이 세상에 무관심한 **독실한 신자**처럼 구두쇠는 물질적인 것에 관심이 없다. 구두쇠들에게서 우리는 종교적 광신과 유사한 어떤 성질을 발견하게 된다. 실제로 처음에는 공동체들 '사이에' 형성되었다가 점차적으로 공동체 속에 자리잡게 된 바로 그 유통이 세계화되자마자 나타난 것이, 돈을 저축하는 것(축적하는 것)과 세계 종교다. 종교인과 구두쇠에게서 똑같이 숭고한 도착증이 나타난다. 타자의 욕망에

4) Kojin Karatani, *Marx: The Center of His Possibilities*, Tokyo: Kodansha, 1978.

의해 매개되었든 그렇지 않든 간에, 돈을 저축하려는 동기는 물질적인 것에 대한 욕망(사용 가치)으로부터 오지 않는다. 이 동기를 분석하려는 심리학적이거나 생리학적인 접근은 모두 구두쇠 그 자신보다도 더 저속하다. 참으로 그 구두쇠의 동기를 알려 주는 것은 **종교적인** 문제 의식이기 때문이다.

이처럼 구두쇠적인 욕망은 파는 입장을 피하려는 시도, 다시 말해서 사는 입장으로 남아 있으려는 시도가 동기가 된다. 실제로 우리는 사자마자 파는 입장을 떠맡지 않으면 안 된다. 그 때 필요한 것은 사는 입장을 계속해서 차지하는 것이다. 화폐 물신주의는 돈을 저축하고자 하는 구두쇠에게서 가장 전형적으로 구현된다. 아니, 오히려 구두쇠의 화폐 물신주의에 의해서 저축 그 자체가 생겨난다. 만일 돈이 저축되면 물질적인 것은 언제든지 살 수 있고, 사재기 같은 것도 필요 없기 때문이다. 즉, 저축 자체는 돈의 저축으로 시작한다. 화폐 경제의 영역 외부에 있는 어느 '공동체'에서도 결코 저축 그 자체를 목적으로 삼는 충동은 없었다. 조르쥬 바타유가 설명한 대로, 그런 공동체에서는 초과 생산물은 그냥 버려진다.

필요나 욕망에 의해 이끌리기는커녕, 저축은 그것과 완전히 반대되는 도착에 뿌리를 두고 있다. 필요 이상의 필요와 잡다한 욕망을 우리 안에 만들어 내는 것이 바로 저축인 것이다. 물론 구두쇠의 저축과 자본가의 저축은 같지 않다. 구두쇠는 '많이 팔고 적게 사기'로 유통 과정을 무시하고자 하는 반면, 자본가는 M-C-M, (M + △M)이라는 자기 운동 속으로 자발적으로 뛰어들지 않으면 안 된다.

> 그러므로 결코 사용 가치는 자본가의 직접적인 목표로 취급되어서는 안 된다. 어떤 단 하나의 거래에서의 이윤 또한 마찬가지

다. 자본가의 목표는 오히려 이윤을 추구하는 끊임없는 운동이다. 부를 향한 무한한 충동, 이 열렬한 가치 추구는 자본가와 구두쇠에게 공통적이다. 그러나 구두쇠가 단지 얼빠진 자본가에 지나지 않는다면 자본가는 합리적인 구두쇠다. 구두쇠는 돈을 유통으로부터 끄집어 냄으로써 가치의 끊임없는 증식을 추구하지만, 보다 영리한 자본가는 오히려 유통 속으로 자꾸만 돈을 던져 넣음으로써 그것을 달성하는 것이다.[5]

상업 자본의 운동 동기는 구두쇠의 저축 충동(화폐 물신주의)과 같은 종류의 것이다. 상업 자본에서의 돈의 저축은 물론 물질의 저축이다. 그러나 그 물질의 저축은 여러 곳에서 나온 다양한 생산물들의 축적이 아니라 유통 과정, 즉 생산과 소비 과정의 확장으로 나타난다. 산업 자본에 대해서도 똑같이 말할 수 있다. 즉, 그것은 고전 경제학자들이 생각했던 것처럼, 재산(사용 가치)의 증식을 목표로 하지 않는다. 이런 의미에서, 산업 자본의 동기와 관련하여 막스 베버가 사용 가치에 대한 **금욕적** 반응이라고 주장했던 것은 적절하다. 말하자면, 청교도들은 합리적인 구두쇠들이었다. 그러나 자본주의를 몰고 간 것은 그들의 합리성이 아니라, 그들의 도착이었다. 교환에서 파는 입장을 피하려는 이러한 시도는 결국 교환을 더욱더 확장하기 위한 원동력으로 기능한다.

---

5) Marx, *Capital*, vol. 1, pp.254~5.

스물하나

신용

자본주의의 작용 전체에 초점을 맞추는 것이 이 연구의 기본적인 목적은 아니다. 그렇지만 무엇보다도 우리가 보지 않으면 안 될 중요한 것은 자본의 운동이 그 운동을 강요하는 어떤 도착에 뿌리를 둔다는 것이다. 자본 운동의 이러한 측면을 이해하기 위해선 신용에 대해 되씹어 보는 것이 필수적이다. 자본의 운동은 구두쇠가 가장 두려워하고 또 피하고 싶어하는 C-M 주기(판매)를 거치지 않으면 안 된다. 만일 그 주기가 완결되지 않는다면 그 운동은 그 결과 M = C로, 즉 돈은 없고 물질만 남는 것으로 끝날 것이기 때문이다. 이런 위험을 일시적으로 피하기 위해선 신용에 호소하는 것이 필요하다. 마르크스의 수사학에 따르면, 이것은 **관념적으로** 미리 판매(C-M)를 가정하는 것이다. 즉, 신용은 교환의 형태를 취하는데, 여기서 말하는 교환이란 실제의 지불이 일시적으로 유보되기는 하지만 그 부족분을 메우는 일/지불 결제가 나중에 일어나는 그러한 형태를 말한다. 물론 은행 어음(또는 수표)도 신용이고, 그런 점에서 화폐 그 자체도 이미 일종의 신용이다.

화폐의 기원을 종교적 사건으로 이해하는 분야인 경제 인류학에서는 마르크스의 관점을 근대적이라고 비판한다. 그러나 마르크스가 주장했던 점은 교환에는 어떠한 합리적 근거도 없다는 것이다. 이런 식으로 이해되었다고 해서 교환이 선물과 답례라고 하는 바타유의 '일반 경제'와 반드시 모순되는 것은 아니다. 원시적인 물물 교환 체계에서, 서로 다른 계절에 나온 두 생산물이 어떻게 교환될 수 있는가? 선물 A를 받았던 쪽은 나중에 B를 돌려 줌으로써 보답할 것이다. 몇몇 원주민 부족들의 마음 속에서는 이런 사건이 어떤 표상을 통해서 이야기된다. 즉, A 안에는 어떤 신령스런 힘(**마나** *mana*)이 들어 있기 때문에 그들이 B로 답례를 하지 않는다면 저주를 받을 거라는 식으로 말이다. 여기서는 마치 선물이 교환을 이룬 것처럼 보인다. 그러나 정반대로 교환의 필요가 단순히 선물의 형태를 취한 것일 뿐이라는 주장도 있을 수 있다. 마르크스는 교환 과정에서 '그들이 그것을 의식하지 않으면서 그렇게 한다'는 것에 주목했다. 여기서 중요한 것은 인간들이 다른 방식으로 그것을 **의식한다**는 것을 이 진술이 또한 함축하고 있다는 점이다. 미개하든 현대적이든 간에 어떠한 교환에서도 합리적인 근거란 없다. 선물이 아니라 오히려 교환이 앞선다고 역설함으로써, 심지어는 화폐를 지불 수단으로 하는 교환을 보더라도 화폐가 **마나** 같은 (사회적, 강제적인) 힘을 포함하고 있음을 우리는 말할 수 있는 것이다. 이것이 바로 우리가 '신용'이라고 부르는 그것이다. 더욱이 화폐는 그 안에 신용이 존재하는 한 무엇이든지 어떠한 형태라도 취할 수 있다. 바로 그런 이유 때문에 (수표나 은행 어음 같은) 단순한 종이 조각이 구속력을 행사할 수 있는 것이다.

마르크스가 관찰한 대로, 유통이 확장되면서 그와 함께

자생적으로 존재하게 된 신용 제도가 이제는 거꾸로 유통 그 자체를 확장시킨다. 신용 체계는 자본 운동의 주기를 가속화하고 영구화한다. 이 체계를 가지고 자본가들은 M-C-M 주기의 결과물을 기다리지 않고서도 새로운 투자를 시작할 수 있기 때문이다. 그러나 신용의 기원이 **자생적**이라는 사실은 그것이 합리적인 근거를 갖지 않는다는 것을 의미한다. 신용은 한 국가나 한 공동체 안에서 형성되는 것이 아니라, 그것들 '사이에서,' '사회적' 관계 속에서 형성된다. 어떠한 정치 권력도 자유롭게 자기들이 원하는 신용 체계를 고안하고 구축할 수 없다. 정치 권력은 신용 체계에 오직 법적인 뒷받침만을 해 줄 수 있을 뿐인데, 이는 실제로는 정치 권력 그 자체가 사회적 신용 체계에 의존하기 때문이다.

신용의 본질은 파는 입장이 본래부터 지니고 있는 위기를 피하는 것, 즉 현재의 위기를 미래의 어느 시점으로 연기하는 데 있다. 회계 균형은 결국엔 돈으로 치러야만 하지만, 그것은 언제나 연기될 수 있다. 이러한 일시적인 연기는 어떤 의미에서 자본의 운동인 M-C-M을 거꾸로 뒤집어 버린다. 파는 입장의 불안정성은 즉각적으로 표면화되지 않을 것이다. 판매는 신용의 본성 때문에 마치 이미 이루어진 것처럼 나타난다. 위험은 미래에 돈을 지불하는 것의 불확실성으로 변형된다. 그렇게 되면 신용 체계 아래서 자본의 자기 운동은 저축을 위한 욕망 때문이 아니라 지불 결제를 기약 없이 연기하려는 절망적인 요구 때문에 발생하게 된다. 이 순간부터 자본의 자기 운동은 자본가들 개개인의 의지를 뛰어넘어 하나의 강박이 된다.

신용은 자본의 운동을 무기한으로 실행시키고 동시에 자본의 자기 증식을 촉진하며 **판매**가 떠안고 있는 위험을 제거

한다. 전체적으로 보면, 자본의 자기 운동은 임시 방편으로 **지불 결제**를 계속해서 무기한 연기하지 않으면 안 된다. 앞에서 지적한 것처럼 차이(잉여 가치)를 보장하기 위해서 자본의 운동은 끊임없는 차이짓기를 필요로 한다. 이런 맥락에서 보면, 기술 혁신이 진보 이데올로기에 의해서 생겨나는 것이 아니라, 진보 이데올로기 그 자체가 자본 운동의 한 결과로서 발생하는 것이라고 말할 수 있다. 그러나 신용의 입장에서 생각해 보면, 자본의 운동은 더 이상 단순히 이윤 창출을 위해 없어서는 안 될 것이 아니고, 지불 결제를 위해 하지 않으면 안 될 그런 것이다. 끊임없는 차이짓기의 과정 속에서 분명히 드러나는 자본주의의 **시간성**은 결코 **무한한** 미래를 향한 진보가 아니며, **기약 없는** 미래로 지불 결제를 끊임없이 연기하는 것이다.

확실히, 지불 결제의 순간이 이따금 돌발적으로 일어난다. 이것은 신용이 완전히 발전한 곳에서만 나타나는 것으로, 이 위기는 거의 신용의 붕괴나 다름없는 것처럼 보인다. 그럼에도 불구하고 신용은 단순한 환상도, 또 하나의 이데올로기도 아니다. 비록 통화 경제가 하나의 **환상에 불과한** 체계를 만들어 낼 뿐이라는 주장에 어떤 진실이 있다 해도, 일단 이 **환상**이 붕괴되었을 때 사람들이 부딪치는 그 **현실**이 전혀 자연스럽게 받아들여지지 않는다는 것 또한 사실이다. 그것은 결국 돈이기 때문이다.

> 그런 위기는 지불의 계속되는 고리와 그 지불을 청산하기 위한 인위적인 조직이 충분히 발전된 곳에서만 발생한다. 이 메커니즘에 전반적인 교란이 있을 때는 언제든, 그 원인이 무엇이든지 간에, 돈은 갑자기 그리고 즉각적으로 단순히 계산을 위해서 쓰

이는 이름뿐인 형태에서 현금으로 변해 버린다. 속세의 상품은 더 이상 현금을 대신할 수 없다. 상품의 사용 가치는 무가치하게 되고, 상품의 가치는 그들 자신의 가치 형태 앞에서 사라지고 만다. 부르주아는 호경기와 거만한 자기 확신에 취해서 돈을 순전히 상상의 산물일 뿐이라고 공언했다. 그들은 "상품만이 돈이다"라고 말했다. 그러나 이제는 그 반대의 외침이 전세계 시장에 울려퍼지고 있다. 오직 돈만이 상품이다. 신선한 물을 찾아 헐떡거리는 심장처럼, 부르주아의 영혼은 유일한 부富인 돈을 찾아 헐떡거린다. 위기 속에서, 상품들과 상품들의 가치 형태인 돈 사이의 대립은 절대적인 모순으로까지 고양된다. 따라서 겉으로 드러나는 돈의 형태 역시 여기서는 중요한 것이 아니다. 지불이 금으로 이루어져야 하는지 아니면 은행 어음과 같은 신용 화폐로 이루어져야만 하는지와는 상관 없이, 돈 가뭄은 여전히 완화되지 않는다.[1]

위기의 시기에 사람들이 매달리는 것은 상품의 물질적 형태가 아니고 상품의 '직접적인 교환 가능성'(등가물 형태), 즉 돈 그 자체다. 일종의 정신 분석적 회고를 통해서 마르크스는 위기를 하나의 징후로 읽고, 이를 자본주의가 날 때부터 지녔던 비대칭 관계 속에 있는 근본적인 질병이라고 진단한다. 마르크스의 분석 대상은 물론 고전적 위기다. 그러나 이 병은 자본주의의 근본적인 붕괴를 예고하는 것이 아니다. 더 정확히 말하면, 그것은 번영 주기 전 과정(번영－위기－침체－번영)의 한 부분이다. 위기와 그에 뒤따르는 침체는 단지 자본주의적 생산 그 자체가 폭력적(자유주의적)으로 재편성되는 과정의 부분들일 뿐이다. 그러나 바로 이러한 침체가 불가피하다는 것이 자본주의의 주된 결점이라고 생각하고서, 만일 번영 주기를 '의식적으로' 잘 관리하면 그 문제는 풀릴 것이라고 생각

1) Marx, *Capital*, vol. 1, pp.236~7.

한다면 맥을 잘못 짚은 것이다. 그것이 불러일으킬 정치적 귀결이 무엇이든지 간에, 위기는 자본주의의 붕괴 신호가 아닌 그 전체 주기의 한 부분이다.

이미 분명해졌을 테지만, 경제 과정은 이른바 하부 구조와 같은 것이 아니다. 그것은 오히려, 종말이 무기한적으로 연기되는 종교적 과정이다. 그리고 그것이 자본주의의 위기든 종교의 위기든 간에, 실제의 위기는 교환 또는 타자와의 의사소통 속에 있다. 따라서, 경제적이든 종교적이든, 또는 다른 것이든, 위기를 그 위기의 이론적 메커니즘 안에서 해결하려고 시도하는 어떤 형이상학적 비판이 어디서나 있게 마련이다. 키에르케고르는 헤겔이 종교를 철학 속으로 녹여 버렸다고 비판했다. 헤겔에 따르면, 그리스도는 인간으로 육화된 신이며, 이는 곧 인간이 신이라는 것을 의미한다. 바로 이 순간에, 헤겔 **좌파** *die Linke* 에 의한 기독교 비판이 시작된다. 포이어바흐에게 신은 개개인들이 날 때부터 지닌 '유類적 본질'이 스스로를 소외시킨 것이다. 이러한 논리는 고전 경제학에 대한 마르크스의 초기 비판과 동일한 구조인데, 거기서 마르크스는 화폐란 개개의 상품들 속에 들어 있는 공통 본질(노동)이 스스로를 소외시킨 것이라고 이야기한다.

만일 고전 경제학을 헤겔 철학과 같은 위치에 놓는다면, 고전 경제학에 대한 마르크스의 비판이 헤겔 철학에 대한 키에르케고르의 비판과 짝을 이루는 것을 볼 수 있다. 헤겔은 기독교가 역사적으로 발전했기 때문에 그리스도가 신이었다고 말하는 사후적인 증명(합리화)을 수행했다. 이와 반대로, 키에르케고르는 자신을 완전히 '낮춘' 채 나타난 신인 그리스도를 '동시대적으로' 마주 대하는 것이 중요하다고 강조한다. 그러나 여기서 주목해야 할 점은 그리스도를 신으로 인정하기 위해서 우리가 호소할 수 있는 근거는 아무것도 없다는 것이다. 이를 인정하기 위해서는 일종의 '도약,' '어둠 속에서의 도약'이 필요하다. 키에르케고르가 말하듯이, "기독교인들은 실제로는 자신들도 모르는 가운데 그리스도 정신을 없애 버렸다. 따라서, 만일 어떤 것이 행해져야 한다면, 우리가 해야 할 것은 기독교인들 속으로 그리스도 정신을 다시 불러들이는 일이다."[2)]

돈은 자신을 완전히 '낮춘' 채 나타난다. 하지만 우리는 그것을 얻기 위해서 '운명을 건 도약'을 되풀이한다. 이런 사실에도 불구하고, 사람들은 모두 돈을 단순히 상품의 가치를 나타내 주는 수단으로만 생각한다. 마르크스의 고전 경제학 비판은 키에르케고르의 표현을 다음과 같이 다시 씀으로써 이해될 수 있다. "실제 통화 경제는 자신도 모르는 가운데 통화를 없애 버렸다. 따라서, 만일 어떤 것이 행해져야 한다면, 우리가 해야 할 것은 통화 경제 안으로 통화를 다시 불러들이는 일이다." 달리 말해서, C-M(판매)에 내재해 있는 위기 — 지양될 수 없는 비대칭 관계 — 를 관찰하는 것이 필수적이다.

더 덧붙이자면, 자본주의의 시간성은 무기한으로 연기된다는 점에서 유태 - 기독교의 시간성과 유사하다. 그러나 내가 그런 유비를 통해서 강조하고 싶은 것은 종교 현상과 경제 현상이 서로 평행선상에 있다거나 서로 관련이 있다는 점이 아니다. 우리가 종교를 믿든 믿지 않든 간에 상관 없이, 자본주의는 우리를 종교의 구조와 비슷한 구조 속에 놓여 있도록 하기 때문이다. 우리를 움직이는 것은 **관념**도 아니고 현실적 필요나 욕망도 아니다. 우리를 움직이는 것은 오히려 형이상학

2) Søren Kierkegaard, *Practice in Christianity*, Howard V. Hong & Edna H. Hong (ed. & trans.), Princeton: Princeton University Press, 1991, p.36.

과 신학이다. 이 형이상학과 신학은 상품 그 자체의 형태 속에 새겨져 있으며, 이것은 또한 우리의 의사 소통과 교환 속에 내재한 근거 없음과 위기 속에 그 뿌리를 두고 있다. ≪자본론≫에서 거둔 마르크스의 진짜 업적은 '타자'를 녹여 없애려는 사유 양식에 대한 철저한 비판이다. 이 타자는 절대적인 타자가 **아니라**, 세속적인 타자라는 점에 주목하는 것이 무엇보다도 중요하다. 이 세속적인 타자는 그 세속성 때문에 그것이 무엇이든 어떠한 유형의 절대적 **관념**에 의해서도 결코 녹아 없어지지 않는다. 마르크스는 이렇게 해서 '상대적 관계'의 **절대성**을 드러내 보였다.

간단히 말하면, 자본의 운동은 전세계에 걸쳐 사람들을 사회적으로 연결한다. 그러나 이 사회성은 어떤 매개를 통해 이루어진 것이기 때문에 우리는 그것을 의식하지 못한다. 실제로 우리는 서로 연결되어 있음에도 불구하고 그것을 깨닫지 못한다. 선진국의 몇몇 이데올로그들은 예를 들어, 계급 투쟁은 단지 근대의 허구일 뿐이라고 주장하고, 대신에 '대화'에 의한 이성의 재건을 역설한다. 이것들 역시 **허구**다. 물론 이 허구는 그들이 그들 자신의 규칙들을 제3 세계 사람들에게 억지로 떠맡김으로써 가능하게 된 것들이다. 사실로 존재하는 절대적으로 확실한 관계들에 반하는 주장을 하는 것은, 그것이 이러한 허구들과 이데올로기들 때문이 아니더라도 결국엔 불가능하다.

상업 자본과 산업 자본의 운동에 의해 하나로 통합된 '세계 시장'의 등장과 함께 비로소 존재하게 된 헤겔의 '세계 역사'는 이제 회고적으로 재구성된다. 자본의 운동에 의해 짜여졌기 때문에 우리의 역사는 헤겔적 종말, 즉 **텔로스**를 갖지 않는다. 이미 보아 온 것처럼, 그 종말은 무기한으로 연기되기 때문이다. 우리 세계의 이러한 측면과 관련하여 마르크스는 다음과 같이 쓴다. "우리에게 공산주의란 이룩되어야 할 하나의 **사태**, 즉 현실이 그것에 맞춰 가야 하는(가게 될) 하나의 **이상**이 아니다. 사물의 현재 상태를 철폐하는(**지양하는**) **현실적** 운동을 우리는 공산주의라고 부른다. 이 운동의 조건들은 지금 존재하는 전제들로부터 나온다."[3] 끝날 수 없는 자본의 운동은 종말을 상정하는 모든 허구를 해체한다. 마르크스가 붙잡았던 '사물의 현재 상태를 철폐하는(**지양하는**) **현실적** 운동'이란 미리 계획될 수 있는 것이 아니다. 그것은 항상 기습적으로 일어난다.

---

3) Marx & Engels, *The German Ideology*, Part One, pp.56~7. 독일어 *aufhebt*(지양하는)의 영어 번역어인 *abolishes*(철폐하는)는 그 말의 다른 측면들, 즉 "땅에서 무언가를 집어들다, 중지하다, 취소하다, 종합하다"와 같은 의미들은 표현하지 못한다. 그래서 영어로는 *sublates* 로 가장 많이 번역된다.

저자 후기

오늘날의 포스트모더니즘 논쟁들은 근본적으로 헤겔적인 **이념**의 서사에 대한 비판들이다. 헤겔에게 세계 역사란 **이념**의 자기 실현이고, 많은 사람들에게 마르크스주의란 단지 그것의 변형에 지나지 않는다. 1989년이 지나면서 일어나기 시작한 것들이 그 **이념**의 붕괴라고 할 수 있는가? 나는 그렇지 않다고 생각한다. 대신에 새로운 종류의 헤겔적인 세계 역사의 **이념**이, 이번에는 '역사의 종언'을 선언하면서 등장했다. '의사소통적 합리성'이라 불리는 성취된 계몽, 그리고 **이념**을 (단지 그것 때문에 해를 입었다는 이유만으로) 비난하는 냉소주의가 그것이다. 북반구의 선진 국가들에서는 '역사의 종언'이 외쳐지는 반면에, 남반구에서는 다양한 종교적 근본주의가 더욱더 극성을 부리고 있다. **이념**의 재평가가 절박해진 이유도 바로 이런 맥락 때문이다. 플라톤에게서 자신의 개념을 빌려 온 칸트에게 **이념**이란 '물자체'를 상상으로 꾸며서 표상한 것일 뿐이다. 어떠한 이론적 접근을 통해서도 파악되거나 표상될 수 없는 것이 바로 물자체인 것이다. 그러나 중요한 것은, 칸트의

'물자체' 개념은 플라톤의 **이데아**와 같이 참된 세계에 대한 설명으로서가 아니라 이념으로 된 모든 것은 **가상** *Schein* 이라고 비판하기 위한 토대로서 제안되었다는 점이다. 더욱이, 칸트는 아무 생각 없이 **이념**을 부정한 것이 아니었다. 결국 그는 **이념**을, 비록 이론적으로 입증될 수 있는 것이 아니고 따라서 '구성적으로'는 결코 실현되어선 안 되지만 '규제적인' 기능을 하는 필수적인 **가상**이라고 주장한다. 칸트 이후로 '물자체'는 철학자들에게 일반적으로 무시되었는데, 그 때 나타난 것이 바로 **이념**은 현실적인 것이고 현실은 이념적인 것이라는 헤겔의 입장이다. 마르크스가 아무리 유물론적으로 보여도, 그의 초기는 여전히 이러한 헤겔의 체계에 속해 있다. "철학은 프롤레타리아를 초월(**지양** *Aufhebung*)하지 않고서는 실현될 수 없고, 프롤레타리아는 철학을 실현(**구체화** *Verwirklichung*)하지 않고서는 자기 자신을 초월할 수 없다."[1] 이 구절은 철학(**이념**)은 현실적인 것이고 현실(프롤레타리아)은 이념적인 것이라는 주장과 하나의 인과적인 관계를 함축한다.

비교해 보면 《독일 이데올로기》에서부터 마르크스의 헤겔 비판은 이러한 유물론적인 전도로부터 근본적으로 이탈한다. 알튀세르는 그것을 '인식론적 단절'이라 불렀지만, 내가 보기에 그것은 칸트의 '초월적 비판'으로 돌아가는 것이다. (마르크스 자신을 포함한) 헤겔 **좌파**의 철학적 담론들을 독일 바깥에서 들여다봄으로써, 《독일 이데올로기》는 이러한 헤겔적 담론들이 단지 **가상**에 지나지 않음을 드러내 보였다. 더욱이 마

1) Karl Marx, "A Contribution to the Critique of Hegel's Philosophy of Right," *Early Writings*, Rodney Livingstone & Gregor Benton (trans.), New York: Vintage, 1975, p.257. 여기서 지양 *Aufhebung* 이란 용어가 '초월 *transcendence*' 로 번역되었다.

르크스는 모든 담론들이 오직 **가상**으로서만 가능하다는 것을 보여 주었다. 이는 역사를 '물자체'로 놓음으로써 가능해진다. 그리고 이 역사는 '**자생적인** 다양체'로서 그 어떠한 형태로도 구조화될 수 없다. 마르크스는 그 역사를 상상 속에 집어넣어 완전한 것으로 만들어 버리는 '정신'과 '초월적 자아'를 거부했다.

마르크스는 **이념**을 무조건 거부하진 않았다. 대신, 그는 그것이 이론적으로는 **가상**이라는 것을 받아들인다 해도, 피할 수 없는 어떤 측면 또한 가지고 있다는 것을 인정한다. 그가 부정했던 것은 **이념**의 '구성적' 기능이었다. 그는 미래의 어떤 사회의 발전을 위한 '구성적' 프로그램을 줄기차게 비판했다. 그의 전 저작에서 마르크스가 미래를 위한 프로그램을 아주 드물게 다루었다는 점에 우리는 주목해야만 한다. 엥겔스와 함께 작업했던 ≪공산당 선언 *The Manifesto of the Communist Party*≫과 다른 사람의 프로그램에 대해 단순한 비판적 주석으로 쓰여졌던 ≪고타 강령 비판 *Critique of the Gotha Programme*≫이 그 몇 안 되는 예이다.

마르크스는 끈질기게 이성의 '구성적' 사용을 비판하는데, 이런 종류의 이성은 러시아 혁명에서 시작된 공산주의가 실천했던 이성이다. 그러나 공산주의의 붕괴가 **이념**의 완전한 해체를 이끌지는 않았는데, **이념**이란 처음부터 단지 **가상**에 지나지 않았기 때문이다. 그리고 어떤 종류의 **이념**을 그 자리에 모셔 놓는다고 하더라도, 그것들 또한 단지 **가상**일 뿐이다. 다시 말하지만, 마르크스는 **이념**이 필요하고 또 불가피하다는 것을 알고 있었다. 초기의 ≪헤겔 법철학 비판 *Critique of Hegel's Philosophy of Right*≫에서조차도 마르크스는 포이어바흐나 헤겔 **좌파** 둘 다와 차이를 보인다. 다음 구절은 잘 알려져 있지만, 자주 잘못 이해된다.

> **종교적** 고통은 동시에 현실의 고통에 대한 **표현**이면서 현실의 고통에 대한 저항이다. 종교는 억압된 피조물의 한숨이고, 심장 없는 세계의 심장이며 영혼 없는 처지의 영혼이다. 종교는 민중의 **아편**이다.
>
> **환상**에 불과한 민중의 행복인 종교를 철폐하는 것은 그들의 **진짜** 행복을 위해 꼭 필요한 것이다. 자신들의 처지에 대한 환상을 타파하라고 그들에게 요청하는 것은, **환상을 필요로 하는 조건을 타파하라고 그들에게 요청하는 것**이다. 종교 비판이란 그러므로 그 **싹**을 보면 다름 아닌 저 **눈물의 골짜기, 즉 현세에 대한 비판**인 것이다. 종교는 바로 이 골짜기를 감싸고 있는 후광이다.[2)]

마르크스는 모든 종교가 토대로 하는 '현실의 고통'이 사라지지 않는 이상 어떠한 종교도 사라질 수 없다는 것을 말하고자 했다. 이론적으로 종교를 비판할 근거는 어디에도 없다. 그것은 오직 실천적으로만 사라질 수 있기 때문이다. 계몽 철학자들이 이성을 통해서 종교를 비판했을 때 이미 그러한 "**종교 비판**은 본질적으로 완결되었다."[3)] 비록 종교는 **가상**으로서이긴 하지만, 인간이 정념(파토스)의 존재인 한 어떤 필연성을 가지고 있다. 그것은 현실을 '구성'하지는 않지만, 현실에 대한 저항으로서 '규제적으로' 작용한다.

공산주의 또한 단지 하나의 **가상**에 불과하지만, 그 '환상'을 비판하는 것은 '환상을 필요로 하는 조건을 타파하도록 (민중에게) 요청하는 것' 이상도 이하도 아니다. 그리고 이 상태가 지속되는 한 종교는 계속 유지될 것이다. 계몽에서 출발한 대화나 비판을 통해서 우리는 결코 종교적 근본주의를 없

---

2) 같은 책, p.244.

3) 같은 책, p.243.

애 버릴 수 없다. 그럴 수밖에 없는 것이 '환상을 필요로 하는 조건을 타파하라고 그들에게 요청하는 것' 속에 그 계몽의 '환상'을 비판하는 것도 포함되기 때문이다. **이념**의 붕괴를 주창하는 것과 그것의 실현을 강조하는 것은 사실상 서로 뒤얽혀 있으며 분리될 수 없다. 그 둘 모두, 자신이 이미 그 구성원으로 속해 있는 세계 자본주의의 현실(물자체)을 각기 나름대로 표현하기는 하지만, 역시 **가상**일 뿐이다.